事例で理解する オーナーと同族会社間の税務

第2版

設立から解散まで

税理士 伊藤 正彦 [編著]

税務研究会出版局

推薦のことば（改訂版の発行に寄せて）

　税理士法第1条は、「税理士は、税務に関する専門家として、独立した公正な立場において、申告納税制度の理念にそつて、納税義務者の信頼にこたえ、租税に関する法令に規定された納税義務の適正な実現を図ることを使命とする。」と規定し、税理士が果たすべき使命を明らかにしています。

　税理士にとって、この使命は普遍的なものであり、多くの税理士は、わが国の企業の99％を占める中小企業の税務申告のみならず、経営上の問題に関与し、問題の解決に向けてたゆまぬ努力を重ねています。

　本書は、このような中、中小企業の良きアドバイザーとして研鑽を積んでいる税理士の勉強会グループが、中小企業の大半を占めるオーナー同族会社について議論し、その問題点について、現行法令・通達等の解釈に基づき、解決の方向性を示した実務書籍の改訂版です。

　初版を上梓してから3年余が経過していますが、この改訂版では3年間の間に行われた税制改正の内容が反映されています。

　役員給与等については、損金算入が認められる給与の3類型について見直しが行われ、事業承継税制については、10年間限定で特例措置が設けられ、さらに個人版事業承継税制が創設されました。これらの改正を踏まえ、この書籍の最大の特徴である事例による解説についても、初版の68事例から84事例に大幅に増加され、3年間の動向が見て取れるものになっています。

　経済環境は日々、変化を続けており、中小企業を取り巻く環境も例外ではないことから、今後もオーナー経営者と同族会社の税務実務に関連した相談は、数多く寄せられることが予想されます。

　相談相手としての税理士のニーズは、より一層高まることになるでしょう。

こうした要請に税理士が適切に対応し、助言していくためには、毎年改正される税制の動向をキャッチ・アップし、その上で知識をブラッシュ・アップしていくことが必要不可欠であり、中小オーナー会社に関連した専門書籍が重要になります。

本書には、中小企業から寄せられた経営問題や税務相談に応じるために必要となる知識が、Q&Aを用いた事例によって、幅広くコンパクトに取りまとめられており、中小オーナー会社について、理解と確認をする上で大変有益なものになると思います。

初版に引き続き、研究成果を取りまとめ、粘り強く改訂版の発刊にこぎつけた千葉県税理士会成田支部の有志の皆様の努力に敬意を表するとともに、この書籍が中小企業に携わる税理士をはじめ、公認会計士、また、企業の経営者及び実務担当者などの職業会計人の皆様を始めとする多くの方々の実務に役立つことをお祈りいたします。

令和元年11月吉日

千葉県税理士会

会長　杉田　慶一

改訂版　はしがき

平成 28 年 6 月に本書を発刊してから 3 年余りが経過しました。

この間、元号は平成から令和へと変わり、毎年行われる税制改正も 3 回経ることとなり、同族会社を取り巻く税制・環境は大きく変わってきています。

平成 29 年度税制改正では手取り額が同じ場合も定期同額給与に該当することとされ、また、平成 30 年度改正では事業承継税制における特例措置が創設され、平成 31 年度改正では個人版事業承継税制が創設されました。

このような状況を踏まえ、改訂版では 3 年間の税制改正の内容を取り込むとともに、本書の副題である「事例で理解する」ことを更に推し進め、実務においてより使い勝手が良くなるように初版本で掲載した 68 事例を 84 事例に大幅に増やしています。

主な改訂項目を掲げると次のようになります。

第 1 章の会社設立では、「会社の事業承継税制と個人版事業承継税制」の項目を追加するとともに、「株式会社と合同会社との相違点」の項目を追加しています。

第 2 章の役員給与では、定期同額給与の範囲拡大（源泉税等控除後の支給額が同額）について追加するとともに、「定期給与の改定」及び「新規設立会社における役員給与」に係る事例を追加しています。

第 3 章の金銭貸借では、「貸付金債権の評価」及び「役員から受ける債務免除益」に係る事例を追加しています。

第 4 章の不動産賃借では、最新の裁決事例を元にした項目（旧借地法）や実務で迷う事例を大幅に追加しています。

第 5 章の不動産売買では、「建物の時価の算定」、「役員から会社への低額譲

渡（時価の1/2以上、現物出資、みなし贈与）」、及び「会社と役員との土地の交換」に関する事例を追加しています。

第6章の資本取引では、専門用語が多く計算も煩雑な分野であるため、語句を正確に表現するとともに、分かりやすさの点でも修正を加えています。

第7章の自社株式承継では、事業承継税制における一般措置と特例措置の相違点を明らかにし、また、その判定次第では株式評価額が大きく異なることとなる「比準要素1の会社」について事例を追加しています。

第8章の会社清算では、「解散後の事業継続（個人成り）」の項目及び「残余財産がないと見込まれるとき」についての事例を追加しています。

本書が今後とも、税理士が実務で直面する同族会社に特有の税務に関する諸問題を解決する際の一助となることを願っています。

最後に、本書改訂版の発刊に当たってご尽力頂いた税務研究会の加島太郎氏に改めて感謝の意を表したいと思います。

令和元年10月

イト研メンバー　著者一同

目　　次

第1章　会社設立の基本

第1章のポイント……………………………………………………………2
はじめに………………………………………………………………………3
1　会社設立のメリット・デメリット……………………………………4
　（1）　会社設立のメリット………………………………………………4
　（2）　会社設立のデメリット……………………………………………10
　（3）　会社設立の有用性…………………………………………………13
2　会社の形態………………………………………………………………18
　（1）　会社の種類…………………………………………………………18
　（2）　機関設計……………………………………………………………20
　（3）　株式会社と合同会社との相違点…………………………………22
3　会社の役員………………………………………………………………25
　（1）　役員の範囲…………………………………………………………25
　（2）　みなし役員…………………………………………………………25
　（3）　執行役員……………………………………………………………30
　（4）　使用人兼務役員……………………………………………………33
4　法人成りにおける税務上の取扱い……………………………………35
　（1）　法人成りとは………………………………………………………35
　（2）　法人成りを行った場合の税務上の取扱い………………………35
　（3）　法人成りを行った場合の具体例…………………………………36
　（4）　会社の事業承継税制と個人版事業承継税制……………………38
5　会社設立時の税務上の手続……………………………………………40
　（1）　税務署へ提出が必要となる書類…………………………………40
　（2）　所轄都道府県税事務所へ提出が必要となる書類………………42
　（3）　所轄市町村役場へ提出が必要となる書類………………………44
　（4）　税務上必要となる書類の記載例…………………………………45
6　同族会社…………………………………………………………………59
　（1）　同族会社の定義……………………………………………………59
　（2）　留保金課税の適用を受ける同族会社……………………………60

（3） 同族会社の行為計算の否認……………………………………61

第2章　役員等の給与

第2章のポイント……………………………………………………64
はじめに……………………………………………………………65
1　役員報酬・賞与…………………………………………………67
（1）　定期同額給与………………………………………………67
（2）　事前確定届出給与…………………………………………79
（3）　業績連動給与………………………………………………84
（4）　過大役員給与………………………………………………85
2　役員退職給与……………………………………………………89
（1）　概要…………………………………………………………89
（2）　役員退職給与の損金算入時期……………………………90
（3）　過大役員退職給与の損金不算入…………………………93
（4）　現物支給による役員退職給与……………………………97
3　役員等に対する経済的利益と会社経費………………………101
（1）　総括…………………………………………………………101
（2）　法人税法における経済的利益……………………………101
（3）　所得税法における経済的利益……………………………103

第3章　同族会社・役員間の金銭の貸借

第3章のポイント…………………………………………………118
はじめに……………………………………………………………119
1　役員に対する金銭の貸付け……………………………………120
（1）　所得税法上の取扱い………………………………………120
（2）　法人税法上の取扱い………………………………………122
2　役員からの金銭の借入れ………………………………………125
（1）　無利息又は通常の利率よりも低い場合…………………125
（2）　通常の利率よりも高い場合………………………………126
（3）　相続財産となる貸付金債権の評価………………………128
3　役員から受ける債務免除益……………………………………139
（1）　債務免除益に対する課税…………………………………139
（2）　債務免除に伴うみなし贈与………………………………143

目　次　7

（3）　役員に対する課税関係……………………………………… 146
4　会社の借入れに対する保証………………………………… 148
（1）　役員の個人保証を受けた場合の保証料…………………… 148
（2）　役員が保証債務を履行したときの取扱い………………… 150

第4章　同族会社・役員間の不動産の貸借

第4章のポイント……………………………………………………… 156
はじめに………………………………………………………………… 157
1　建物の貸借…………………………………………………… 158
（1）　役員が会社から借りる場合………………………………… 158
（2）　会社が役員から借りる場合………………………………… 163
2　土地の貸借…………………………………………………… 166
（1）　会社が役員から借りる場合………………………………… 167
（2）　役員が会社から借りる場合………………………………… 181
3　ケーススタディ……………………………………………… 193
（1）　役員所有の土地を賃貸する場合の注意事項……………… 193
（2）　会社所有の土地を賃貸する場合の注意事項……………… 197

第5章　同族会社・役員間の不動産の売買

第5章のポイント……………………………………………………… 202
はじめに………………………………………………………………… 203
1　不動産の時価………………………………………………… 204
（1）　土地の時価の算定方法……………………………………… 205
（2）　建物の時価の算定方法……………………………………… 209
（3）　土地建物を一括譲渡した場合の譲渡価額の区分………… 210
2　課税関係……………………………………………………… 213
（1）　役員から会社への不動産の譲渡…………………………… 213
（2）　会社から役員への不動産の譲渡…………………………… 224
（3）　建物のみを譲渡した場合の借地権課税…………………… 231
（4）　会社と役員との不動産の交換……………………………… 231

第6章　同族会社・役員間の資本取引

第6章のポイント……………………………………………………238
はじめに……………………………………………………………239
1　**増資**…………………………………………………………240
　（1）　概要…………………………………………………240
　（2）　金銭出資……………………………………………243
　（3）　現物出資……………………………………………249
　（4）　DES…………………………………………………254
　（5）　無償増資……………………………………………258
2　**減資**…………………………………………………………262
　（1）　概要…………………………………………………262
　（2）　減資等の手続………………………………………262
　（3）　有償減資……………………………………………263
　（4）　無償減資……………………………………………266
　（5）　準備金の減少………………………………………269
3　**自己株式**……………………………………………………270
　（1）　概要…………………………………………………270
　（2）　取得・処分・消却時の法務………………………270
　（3）　取得・処分・消却時の会計と税務………………272
　（4）　みなし贈与…………………………………………283

第7章　同族会社の自社株式承継

第7章のポイント……………………………………………………286
はじめに……………………………………………………………287
1　**譲渡による承継**……………………………………………288
　（1）　申告分離課税制度…………………………………288
　（2）　収入金額の範囲……………………………………289
　（3）　取得価額の範囲と取得費等の計算方法…………289
　（4）　適正な譲渡価額……………………………………290
2　**贈与による承継**……………………………………………293
　（1）　暦年課税制度………………………………………293
　（2）　相続時精算課税制度………………………………294
　（3）　暦年課税と相続時精算課税の比較………………297

　　　　　　　　　　　　　　　　　　　　　　　　　目　次　*9*

　3　贈与と譲渡の比較 ……………………………………………… 300
　4　相続による承継 …………………………………………………… 303
　　（1）　遺言…………………………………………………………… 303
　　（2）　遺留分に関する民法特例…………………………………… 304
　　（3）　遺産分割協議………………………………………………… 305
　　（4）　物納………………………………………………………… 305
　　（5）　相続税申告期限後3年以内の発行会社への譲渡………… 308
　　（6）　自社株式の物納と相続税申告期限後3年以内譲渡の比較· 309
　5　事業承継税制 …………………………………………………… 311
　　（1）　制度の概要…………………………………………………… 311
　　（2）　贈与税の納税猶予制度……………………………………… 312
　　（3）　相続税の納税猶予制度……………………………………… 319
　　（4）　納税猶予制度のメリット・デメリット…………………… 323
　6　取引相場のない株式の評価 …………………………………… 325
　　（1）　原則的評価方式……………………………………………… 325
　　（2）　特例的な評価方式…………………………………………… 326
　　（3）　特定の評価会社の株式の評価……………………………… 326
　　（4）　個人・法人間取引における株式評価……………………… 329

第8章　会社の清算

　第8章のポイント……………………………………………………… 332
　はじめに………………………………………………………………… 333
　1　会社の解散・清算 ……………………………………………… 336
　2　解散・清算に係る会社法上の諸手続 ………………………… 339
　　（1）　清算人の選任と会社の機関設計…………………………… 339
　　（2）　清算人の職務………………………………………………… 341
　　（3）　会計書類と事業年度………………………………………… 342
　　（4）　残余財産の分配と清算結了………………………………… 344
　3　解散事業年度の税務 …………………………………………… 346
　　（1）　解散届の提出………………………………………………… 346
　　（2）　解散事業年度に係る確定申告書の提出…………………… 349
　　（3）　事業年度が1年に満たない場合の申告上の留意点……… 349
　　（4）　解散事業年度の確定申告に係る留意点…………………… 350
　　（5）　青色欠損金の繰越控除及び繰戻し還付…………………… 351

10

4　清算事業年度の税務……………………………………………355
- （1）　清算事業年度に係る確定申告書の提出………………355
- （2）　清算事業年度の確定申告に係る留意点………………355
- （3）　期限切れ欠損金の損金算入……………………………357
- （4）　損金算入される期限切れ欠損金額とは………………364

5　残余財産確定の日に終了する事業年度の税務………………374
- （1）　残余財産の確定と申告書の提出………………………374
- （2）　残余財産確定事業年度の確定申告に係る留意点……375
- （3）　清算結了届の提出と第2次納税義務…………………379

6　解散後の事業継続（個人成り）…………………………………380

◆事例目次◆

事例1－1	みなし役員の判定（1）……………………………	29
事例1－2	みなし役員の判定（2）……………………………	29
事例1－3	執行役員（1）………………………………………	32
事例1－4	執行役員（2）………………………………………	32
事例1－5	法人成りの税務……………………………………	36
事例1－6	法人成りの書式記載例……………………………	45
事例2－1	定期給与の改定……………………………………	68
事例2－2	臨時の増額改定……………………………………	70
事例2－3	新規設立会社における役員給与…………………	71
事例2－4	業績悪化における定期同額給与の減額改定（1）……	73
事例2－5	業績悪化における定期同額給与の減額改定（2）……	74
事例2－6	臨時の減額改定……………………………………	76
事例2－7	歩合給の取扱い……………………………………	77
事例2－8	業績悪化による事前確定届出給与の減額支給…	83
事例2－9	不相当に高額な支給（1）…………………………	87
事例2－10	不相当に高額な支給（2）…………………………	87
事例2－11	役員退職給与の損金算入時期……………………	92
事例2－12	役員退職給与の算定方法…………………………	95
事例2－13	役員退職給与の現物支給…………………………	98
事例2－14	永年勤続者への記念支給…………………………	106
事例2－15	経済的利益の課税…………………………………	108
事例2－16	会員等に係る給与課税……………………………	115

事例 3 - 1 　役員への貸付けに係る処理 ……………………………………… 123
事例 3 - 2 　相続財産となる貸付金債権の評価 ……………………………… 136
事例 3 - 3 　役員給与未支給の処理（1） …………………………………… 140
事例 3 - 4 　役員給与未支給の処理（2） …………………………………… 142
事例 3 - 5 　借入金の免除（1） ……………………………………………… 144
事例 3 - 6 　借入金の免除（2） ……………………………………………… 147
事例 3 - 7 　役員に対する保証料の支払い ………………………………… 149
事例 3 - 8 　会社に対する求償権の放棄 …………………………………… 153

事例 4 - 1 　通常の賃貸料の算定 …………………………………………… 161
事例 4 - 2 　家賃が低額な場合 ……………………………………………… 162
事例 4 - 3 　社宅の借家権の評価 …………………………………………… 163
事例 4 - 4 　高額な家賃の取扱い …………………………………………… 164
事例 4 - 5 　権利金を全く支払わない場合 ………………………………… 170
事例 4 - 6 　相当の地代の計算 ……………………………………………… 171
事例 4 - 7 　相当の地代に満たない地代を支払う場合の計算 ……………… 172
事例 4 - 8 　相当の地代方式をやめる場合 ………………………………… 174
事例 4 - 9 　底地の評価 ……………………………………………………… 176
事例 4 - 10　無償返還の届出書の提出を失念した場合 ……………………… 177
事例 4 - 11　旧借地法の効力を受ける場合 ………………………………… 180
事例 4 - 12　相当の地代に満たない地代を支払う場合の計算 …………… 184
事例 4 - 13　地代に係る課税関係 …………………………………………… 187
事例 4 - 14　無償で借地権の返還があった場合 …………………………… 189
事例 4 - 15　立退料を支払って借地権の返還があった場合 ……………… 191
事例 4 - 16　収益不動産の論点 ……………………………………………… 197
事例 4 - 17　会社所有の土地の有効活用の一例 …………………………… 198

事例 5 - 1 　土地の時価の算定 ……………………………………………… 207
事例 5 - 2 　建物の時価の算定 ……………………………………………… 210
事例 5 - 3 　役員から会社への低額譲渡（時価の1/2未満、一括譲渡） ……… 217
事例 5 - 4 　役員から会社への低額譲渡（時価の1/2以上、現物出資、みなし贈与）
　　　　　　………………………………………………………………………… 219
事例 5 - 5 　役員から会社への高額譲渡 …………………………………… 222
事例 5 - 6 　会社から役員への低額譲渡 …………………………………… 226

事例 5 - 7　会社から役員への高額譲渡 ……………………………………… 229
事例 5 - 8　会社と役員との土地の交換 ……………………………………… 234

事例 6 - 1　失権株の取扱い …………………………………………………… 244
事例 6 - 2　親族等から贈与を受けた新株引受権の数等 …………………… 246
事例 6 - 3　第三者割当増資の取扱い ………………………………………… 248
事例 6 - 4　過小評価の取扱い ………………………………………………… 249
事例 6 - 5　譲渡による収入金額の計算 ……………………………………… 251
事例 6 - 6　現物出資受入れ差額がある場合の株式の評価 ………………… 253
事例 6 - 7　現物出資型 DES の取扱い ……………………………………… 255
事例 6 - 8　資本準備金、その他資本剰余金の資本組入れ ………………… 258
事例 6 - 9　利益準備金、繰越利益剰余金の資本組入れ …………………… 260
事例 6 -10　有償減資の処理 …………………………………………………… 264
事例 6 -11　無償減資の処理 …………………………………………………… 267
事例 6 -12　自己株式取得時の取扱い ………………………………………… 274
事例 6 -13　自己株式処分時の取扱い ………………………………………… 277
事例 6 -14　自己株式消却時の取扱い ………………………………………… 279
事例 6 -15　譲渡所得と配当控除の計算 ……………………………………… 282

事例 7 - 1　著しく低い価額による自社株式の譲渡 ………………………… 291
事例 7 - 2　相続時精算課税に係る権利義務の承継 ………………………… 297
事例 7 - 3　譲渡と贈与による株式の移転に伴う税金比較 ………………… 301
事例 7 - 4　贈与税の納税猶予（一般・特例対比） ………………………… 318
事例 7 - 5　相続税の納税猶予（一般・特例対比） ………………………… 321
事例 7 - 6　比準要素 1 の会社の判定 ………………………………………… 327

事例 8 - 1　解散による事業年度 ……………………………………………… 344
事例 8 - 2　解散時の欠損金の繰戻し還付 …………………………………… 354
事例 8 - 3　残余財産がないと見込まれるとき（1） ……………………… 359
事例 8 - 4　残余財産がないと見込まれるとき（2） ……………………… 361
事例 8 - 5　「残余財産がないと見込まれること」を説明する書類 ……… 362
事例 8 - 6　期限切れ欠損金の損金算入 ……………………………………… 365
事例 8 - 7　残余財産の確定と申告書の提出期限 …………………………… 375
事例 8 - 8　清算事業年度中の債務免除 ……………………………………… 377

凡例

本書に使用した法令、通達等の略称はおおむね次のとおりです。

法　　法……法人税法
法　　令……法人税法施行令
法　　規……法人税法施行規則
所　　法……所得税法
所　　令……所得税法施行令
所　　規……所得税法施行規則
相　　法……相続税法
相　　令……相続税法施行令
相　　規……相続税法施行規則
消　　法……消費税法
消　　令……消費税法施行令
措　　法……租税特別措置法
措　　令……租税特別措置法施行令
地　　法……地方税法
復確法……東日本大震災からの復興のための施策を実施するために必要な財源の確
　　　　　保に関する特別措置法
国通法……国税通則法
国徴法……国税徴収法
商登法……商業登記法
会社規……会社法施行規則
会計規……会社計算規則
法基通……法人税基本通達
所基通……所得税基本通達
相基通……相続税法基本通達
評基通……財産評価基本通達
消基通……消費税法基本通達
措　　通……租税特別措置法に係る所得税の取扱いについて
　　　　　　租税特別措置法(株式等に係る譲渡所得等関係)の取扱い
自己基準……自己株式及び準備金の額の減少等に関する会計基準
自己指針……自己株式及び準備金の額の減少等に関する会計基準の適用指針
会計指針……中小企業の会計に関する指針

　本書の内容は、原則として平成31年4月1日現在の法令通達等に基づいています。

第1章

会社設立の基本

─── 第1章のポイント ───
（会社設立の基本）

○　現行の会社法では、取締役1名のみで資本金1円から株式会社を設立することが可能となりました。また従来と比べて、会社維持運営上の登記コストも削減でき、会社の新規設立や個人事業からの法人成りが格段に容易となりました。

○　外部利害関係者・内部利害関係者（経営者・従業員）・経営面・税務面から、会社設立と個人事業とを比較すると、経営面及び税務面の一部で個人事業にメリットがあるものの、総体としては会社にメリットがあると考えられます。

○　今後、会社を新規に設立する場合は、資本金が1,000万円未満であっても、設立第1期目から消費税課税事業者になるケースがあり、特定新規設立法人に該当するか否かの判定が必要になります。

○　会社法では、会社の種類は、出資者の責任態様の違いにより、特例有限会社、株式会社（公開会社）、株式会社（株式譲渡制限会社）、合名会社、合資会社、合同会社の6つに区分されています。

○　設立した会社が同族会社に該当する場合は、法人税法上、留保金課税、行為計算の否認及びみなし役員の3つの特別な取扱いが適用されます。

○　役員については、①会社法上の役員、②法人税法上の使用人兼務役員、③法人税法上のみなし役員の3種類に分類し、それぞれの立場で異なる点につき注意が必要です。

○　執行役員とは、通常、使用人としての地位を保持した状態で、会社業務を執行する権限と責任を有するが、会社との委任関係がないため、取締役会での議決権を有していない者をいいます。税務上、経営に従事していない執行役員は使用人として取り扱われ、経営に従事している執行役員は役員として取り扱われます。

○　会社を設立した場合には、所轄税務署と所轄都道府県税事務所・所轄市区町村役場に対して、法人の設立に伴う様々な届出書及び申請書を提出しなければなりません。

はじめに

　平成 18 年 5 月 1 日から施行された会社法により、旧商法で規制されていた株式会社の最低資本金制度（資本金 1,000 万円以上）が撤廃され、取締役会及び監査役の設置が任意となりました。さらに取締役、監査役の任期についても、最長 10 年に伸長されました。

　現行の会社法では、取締役 1 名のみで資本金 1 円から株式会社を設立することが可能となり、従来と比較して会社の維持コストも削減できることから、会社の新規設立や個人事業からの法人成りが格段に容易になりました。

　これらの現状を踏まえ、本章では、会社と個人事業とを比較して、外部利害関係者からの視点、内部利害関係者からの視点、経営面、税務面の多角的な観点より会社設立のメリット・デメリットについて解説します。また、株式会社を中心とした組織形態を概観し、役員の税務上の取扱いを中心に説明します。さらに、法人成りを行った場合の税務上の取扱いと会社設立時の税務上の手続を例示し、最後に、同族会社に該当した場合の特有の税制である留保金課税、同族会社の行為計算否認について解説します。

1 会社設立のメリット・デメリット

（1） 会社設立のメリット

個人事業と比較すると、会社設立のメリットは、外部利害関係者、内部利害関係者（経営者・従業員）、経営面、税務面で存在すると考えられます。

① 外部利害関係者に対するメリット

イ 法人登記による社会的信用力のアップ

個人事業では登記が不要です。そのため、国家資格又は公的団体が認めた資格を除いて個人事業の公的な証明をする機関がありません。

会社を設立する場合は、法務局に登記する必要があり、登記によって会社名、本店所在地、会社の成立年月日、事業目的、代表取締役の氏名・住所、取締役の氏名、資本金の額等が公示されるため、個人事業よりも会社の方が外部に対して取引の安全性や社会的信用が向上します。業種によっては、元請会社や取引先から会社設立を求められるケースがしばしば見受けられます。これは、公的な証明がない個人事業よりも公的な証明がある会社と取引を行うことにより、事業遂行上生じるリスクを少しでも軽減させることを目的に要求されているものと考えられます。

ロ 個人と会社の資金区分による外部開示への明瞭化

資金面においては、個人事業では、事業の資金と個人の資金とが混同するケースがあり、資金の区別が不明瞭になる可能性があります。

会社の場合は、会計上、個人の資金と会社の事業資金との区別を強制されるため、会社による財産管理体制が整備され、会社のみの損益・収支が明瞭になります。したがって、会社の財務状況について金融機関及び投資家等は明確な判断ができ、社会的信用力も向上して、融資や出資を受けやすくなります。

② 内部利害関係者に対するメリット

イ 社会的信用力のアップによる人材の確保

人材確保の観点では、求人募集する場合において個人事業より社会的信

用が高い会社の方に人材が集まる傾向にあります。また、個人事業から法人成りするケースにおいても、当該従業員は会社所属となるため安心感が増大し、モチベーションもアップして、社員の定着率も向上します。

ロ　社会保険強制加入による従業員に対する福利厚生の充実

　　個人事業では、法定業種を除いて従業員が5名未満であれば社会保険の加入は任意です。仮に、社会保険に加入していない場合は、社員の定着率は低くなると考えられます。

　　会社では、社会保険の加入が強制となっており、会社が従業員の社会保険料を半額程度負担することから、従業員の福利厚生の充実を図ることができ、社員の定着率も向上します。

　　したがって、内部利害関係者である従業員の観点においても会社形態が好ましいと考えられます。

③　経営面におけるメリット

イ　組織統制による管理業務の効率化

　　個人事業では、従業員数がある程度の人数になってくると、事業主1人での管理監督が困難となり、管理する組織が必要となります。

　　会社では、規程を作成して、責任所在を明確にして組織統制を図れば、管理業務を効率的に行うことができます。

ロ　出資者の有限責任

　　個人事業では、倒産時の債務の弁済は、原則として無限責任であり、事業主個人の全財産を処分するに至る場合があり、リスクが大きいと考えられます。

　　会社では、倒産時の債務の弁済は、原則的として有限責任であり、自己が出資した範囲内での責任に限定されるため、リスクが小さいと考えられます。事業が拡大すると、資金の取扱量が多くなるので破綻時のインパクトも大きくなり、個人事業では限界が生じるため、法人成りでリスク回避を図ることができます。ただし、会社において役員に就任した場合は役員の責任が発生し、融資において、経営者個人が会社の連帯保証をして経営

破綻した場合には、会社の保証債務を負うことになり、実務的には責任を出資範囲に限定することはできないケースも考えられます。

ハ　事業年度の自由設計

個人事業では、事業年度は1月1日から12月31日までの暦年となっており、事業年度の変更はできません。

会社では、事業年度は暦年ではなく自由であり、会社の任意により定めることができます。また、事業年度の変更も可能です。一般的に決算期は、なるべく事業の繁忙期を避け、事業が忙しくない時期に設定すると決算作業や申告業務を効率的に行うことが可能となり、会社運営を円滑に行えます。

ニ　相続時の事業資金の継続

個人事業では、事業主が死亡して相続が発生すると、個人名義の預金口座が一時的に凍結されて、仕入等の支払が困難になり、事業に支障が生じることがあります。会社では、代表者が死亡して相続が発生しても、会社名義の預金口座が凍結されることもなく、仕入等の支払いは通常どおり行えますので、事業に支障が生じることはありません。

ホ　許認可の継続

個人事業では、行政の許認可について、事業主が変更されると、前事業主の許認可は消滅し、新事業主で新たに許認可を申請して再取得しなければならず、許認可の手続が煩雑となります。

会社では、行政の許認可について、代表者が変更されても会社で許認可を取得しているため、行政に対して代表者変更の手続を申請するのみで、会社の許認可は存続しますので、個人事業の場合より簡便です。

④　**税務面におけるメリット**

イ　給与所得控除及び所得税率と法人税率の差異

個人事業では、事業収入－必要経費＝事業所得（利益）となり、給与所得控除の適用はありません。

会社では、経営者に対して支給する給与に係る給与所得控除の適用を受

けることができるため、個人事業と比較して節税することができます。ただし、現行制度では、給与 1,000 万円超の給与所得控除額は一律 220 万円に制限されます。

また、個人事業では所得税率は累進課税となっており、所得 4,000 万円超では所得税率 45%の最高税率となります。さらに、平成 49 年まで復興特別所得税として、別途、所得税額の 2.1%が課税されます。

会社では、経営者本人の給与を経費とした後の所得に対して、所得 800 万円までは法人税率 15%（2021 年 3 月 31 日までの間に開始する事業年度）、所得 800 万円超に対して法人税率 23.2%となります（なお、地方法人税として、2019 年 10 月 1 日前に開始する事業年度は 4.4%の税率、2019 年 10 月 1 日以降に開始する事業年度では 10.3%の税率で別途課税されます）。

ロ　出張日当

個人事業では、事業主が出張した場合の事業主への出張日当は、必要経費に算入できません。

会社では、出張日当に係る社内規程等を作成していれば、経営者が出張した場合に、経営者への出張日当は、原則として損金算入されます。また、出張日当を受け取った経営者個人では、原則として非課税となります。

ハ　経営者と生計を一にする親族に対する給与の損金算入

個人事業では、事業主と生計を一にする親族に対する給与については、事業主が青色申告者で、生計を一にする親族を青色事業専従者として青色事業専従者給与に関する届出をしていない限り、必要経費に算入することができません。また、事業主が専従者に給与を支給すると、専従者の年間所得金額が 38 万円以内であっても、事業主において、当該専従者の配偶者控除や扶養控除の適用を受けることはできません。

会社では、経営者と生計を一にする親族に対する給与でも、業務に従事していれば、届出不要で、原則として損金算入することができます。

なお、経営者の親族に給与を支給しても、親族の年間所得金額が 38 万円

8　第1章　会社設立の基本

以内であれば、経営者において、当該専従者の配偶者控除や扶養控除の適用を受けることができます。

ニ　経営者及び経営者と生計を一にする親族に対する退職金の損金算入

　　個人事業では、事業主及び事業主と生計を一にする親族に対する退職金は、必要経費に算入できません。

　　会社では、経営者及び経営者と生計を一にする親族に対する退職金は、原則として、損金算入することができます。

ホ　生命保険料の一定額の損金算入

　　個人事業では、生命保険料控除は、一律最高 12 万円までしか控除できません。

　　会社では、生命保険契約の内容により損金算入金額は様々ですが、支払った生命保険料を損金算入することができます。

ヘ　青色欠損金の繰越期間

　　個人事業では、青色欠損金の繰越期間は 3 年間となっています。

　　会社では、青色欠損金の繰越期間は現行 10 年間となっています（平成30 年 4 月 1 日以後開始する事業年度より青色欠損金の繰越期間が 10 年となる。）。

ト　減価償却費の任意計上

　　個人事業では、税務上、減価償却費は 100％強制計上となっています。

　　会社では、税務上、減価償却費は任意で計上することができます。

チ　消費税の免税事業者

　　消費税においては、基準期間（前々事業年度）の課税売上高が 1,000 万円以下の事業者は、納税義務が免税されるため、法人を新規に設立した場合には、第 1 期及び第 2 期は基準期間がなく原則として消費税の免税事業者となります（資本金 1,000 万円未満の法人に限られる。）。

　　消費税の課税事業者であった個人事業主が法人成りをして、資本金1,000 万円未満で法人を設立した場合には、設立第 1 期は消費税の免税事業者となり、さらに次の i ～ iii のいずれかに該当する場合には、第 2 期も

消費税の免税事業者となります（消法9の2）。

i　設立第1期の開始日から6か月まで（特定期間）の課税売上高が1,000万円以下

ii　設立第1期の開始日から6か月まで（特定期間）の給与等支給額が1,000万円以下

iii　設立第1期の期間が7か月以下

　ただし、平成26年4月1日以後に設立された法人については、資本金1,000万円未満であっても、以下の（イ）特定要件及び（ロ）課税売上高5億円超要件のいずれにも該当する場合には、設立第1期、第2期とも納税義務が免除されません（特定新規設立法人：消法12の3、消令25の2、25の3、25の4）。

（イ）　特定要件

　その基準期間がない事業年度開始の日において、他の者により当該新規設立法人の株式等の50%超を直接又は間接に保有される場合など、他の者により当該新規設立法人が支配される一定の場合に該当すること。

（ロ）　課税売上高5億円超要件

　上記（イ）の特定要件に該当するかどうかの判定の基礎となった他の者及び当該他の者と一定の特殊な関係にある法人のうち、いずれかの者（判定対象者）の当該新規設立法人の当該事業年度の基準期間に相当する期間（基準期間相当期間）における課税売上高が5億円超であること。

　例えば、以下のケースでは、資本金1,000万円未満であっても、特定新規設立法人に該当し、設立第1期、第2期とも納税義務が免除されないこととなります。

①　新規設立法人の基準期間相当期間の課税売上高5億円超である個人事業主が、法人成りにより50%超を出資して会社を設立する場合。

②　新規設立法人の基準期間相当期間の課税売上高5億円超の法人を完全支配する経営者及び当該経営者と生計を一にする親族等が50%超を出

資して法人を設立する場合。

③ 新規設立法人の基準期間相当期間の課税売上高 5 億円超の法人が 50％超を出資して子会社を設立する場合。

（2） 会社設立のデメリット

個人事業と比較すると、会社設立のデメリットは、経営面、税務面において存在すると考えられます。

① 経営面におけるデメリット

イ 法人登記費用

個人事業の開始には、法務局への登記は不要です。

会社設立の場合は、法務局への会社設立登記が必要です。また、期間の定めのある役員の就任、退任等に伴う変更登記も一定期間ごとに必要です。さらに、商号変更、資本金の変動、本店所在地の変更、会社合併、会社分割等が行われた場合も、変更登記が必要です。手続が煩雑なため、通常、行政書士や司法書士などの専門家に依頼します。

株式会社、合同会社設立のための費用については、以下のとおりとなります。

会社形態　　費用項目	電子定款認証を行う株式会社	電子定款認証を行わない株式会社	合同会社
公証人への定款認証代	50,000 円	50,000 円	0 円 公証人の定款認証不要
定款認証に係る印紙税	0 円 電子定款のため不要	40,000 円	0 円 定款認証不要
定款認証の謄本代（1枚）	250 円	250 円	0 円 定款認証謄本不要
設立登記に係る資本金に対する登録免許税	最低　150,000 円	最低　150,000 円	最低　60,000 円
会社設立費用総額	最低　200,250 円	最低　240,250 円	最低　60,000 円

※ 別途、会社設立に係る費用として、定款作成等に係る行政書士報酬や会社設立登記に係る司法書士報酬等が考えられます。

　また、個人事業の廃止についても、法務局への登記は不要です。

　会社を清算する場合についても、法務局への会社解散・清算結了登記が必要です。

　株式会社、合同会社の会社解散・清算結了登記のための費用については、以下のとおりとなります。

費用項目 ＼ 会社形態	株式会社	合同会社
会社解散登記に係る登録免許税	30,000 円	30,000 円
会社清算人就任登記に係る登録免許税	9,000 円	9,000 円
会社清算結了登記に係る登録免許税	2,000 円	2,000 円
会社清算費用総額	41,000 円	41,000 円

※ 別途、会社清算に係る費用として、会社解散・清算結了登記に係る司法書士報酬等が考えられます。

ロ　個人財産と会社財産の区分

　個人事業では、事業により得た資金は事業主の意思で自由に使用することができます。したがって、金銭消費貸借契約書の作成は不要です。

　会社では、会社財産と個人財産は明確に区分されるため、経営者であっても会社の資金を経営者自身のために自由に使用することはできません。また、会社からお金を借りる場合については、経営者は会社との間で金銭消費貸借契約を締結し、会社に対して利息を支払うことも必要になります。

ハ　意思決定

　個人事業では、意思決定については、事業主が自由に行うことができます。

　会社では、意思決定については、株主総会や取締役会の決議を必要とする事項が会社法に定められているため、経営者が自由に行うことができません。

ニ　複式簿記による会計帳簿

個人事業では、白色申告又は 10 万円の青色申告特別控除の適用を受ける場合において、複式簿記による会計帳簿の作成は不要です。ただし、65 万円の青色申告特別控除の適用を受ける場合のみ、複式簿記による会計帳簿が必要となります。

会社では、複式簿記による会計帳簿の作成が必要となります。

ホ　事務負担

個人事業では、65 万円の青色申告特別控除の適用を受ける場合を除き、会計処理等は簡便に行うことができ、登記手続や株主総会関連業務等を行う必要がないため、事務負担を軽く済ますことができます。

会社では、厳密な会計処理が求められるため、事務負担が増えます。さらに、社会保険や労働保険の手続も経常的に発生し、株主総会や取締役会関連業務、役員変更登記など法律上求められる手続も必要となり、個人事業と比較して、格段に事務負担が増加します。

ヘ　社会保険

個人事業では、社会保険は、法定業種を除いて従業員が 5 人未満であればその加入は任意です。

会社では、社会保険は、たとえ会社から給与を受け取る者が代表者 1 人のみの場合でも強制的に加入となりますので、社会保険料の負担が新たに発生します。したがって、会社で従業員を雇う場合は、給与の額だけでなく、社会保険料の負担額を加味した上で、人件費の予算を立てる必要があります。

会社を設立すると社会保険が強制加入となり、従業員が多くなればなるほど福利厚生費のコストが重くのしかかり、経営を圧迫するケースも少なくありません。昨今においては、建設業等において、元請会社がコンプライアンスに違反している社会保険未加入業者とは取引を行わないとするケースも見受けられ、元請会社と取引を継続するために社会保険に加入する会社が増えています。このような会社では、社会保険コストがないことで何とか黒字を保ち、資金繰りを行っている状況があるため、社会保険に

よるコストが嵩み、赤字となることも少なくありません。

ト　受取保険金

　　個人事業では、保険金受取事由が生じた場合、受取保険金は個人の財産となります。

　　会社では、保険金受取事由が生じた場合、保険金は当該事由が発生した個人でなく、会社の収入となるため、個人の財産になりません。

②　税務面におけるデメリット

イ　交際費

　　個人事業では、交際費は、事業遂行上必要なものは全額必要経費として認められます。

　　会社では、交際費は、損金に算入できる限度額が定められています。

ロ　均等割

　　個人事業では、赤字であれば所得税、住民税、事業税は課税されません。なお、正確には、個人事業の場合でも数千円の住民税の均等割が課税されますが、条例で定める一定額以下の所得の人は、非課税となります。

　　会社では、赤字でも住民税の均等割が課税されます。住民税の均等割は、資本金等の額や従業員数に応じて課税されます。資本金等の額1,000万円以下で、かつ、期末従業員数50人未満の会社では、自治体により多少異なりますが、一般的には年間7万円の均等割税額が発生します。また、資本金の額が1億円を超える会社の場合は、事業税の外形標準課税の対象となり、赤字でも付加価値割や資本割による税金が課税されます。

（3）　会社設立の有用性

　　上記（1）、（2）で記載した会社設立のメリットとデメリットを総合勘案して会社設立の有用性について検討します。

　　事業を中長期間で営んでいく前提においては、事業を継続して発展させていく上で最も重要な要素として、対外的な信用力を高めることが挙げられます。対外的な信用力が高くなければ長期安定は図れません。個人事業では、

14　第1章　会社設立の基本

国家資格又は公的団体が認めた資格を除いて事業に対する公的な証明を行う機関がないのに対し、会社を設立し、法務局へ登記することにより、会社名、住所、事業目的、資本金額等の会社の重要事項が公的に証明されます。したがって、その対外的な信用力を高める手段として、公的な証明がある会社の方が個人事業に比べて経営面で優れていると考えられます。

　また、この対外的な信用力は、人材の確保及び社員の定着率にも重要な影響を与えます。近年において、人材確保及び社員の定着は、経営における重要課題となっています。

　個人事業よりも会社の方が一般的に対外的な信用力が高いことや、社会保険等の福利厚生が充実しているため、人材の確保が行いやすく、社員の定着率が向上すると考えます。

　人材を確保し、当該人材が長期的に自社に勤務してくれることにより、採用コストや研修コスト等を抑えることができます。したがって、人材の確保及び社員の定着の観点からも、会社の方が個人事業より経営面で優れているといえるでしょう。

　さらに、個人事業は、事業年度が暦年であり、事業年度変更ができないのに対し、会社では、事業年度を自由に設定でき、経済事情や取引先からの要望等の特殊事情に応じて臨機応変に事業年度を変更できますので、事業年度設定の観点においても、会社の方が個人事業より経営面において優れていると考えます。

　事業を継続して発展させていく上では、税務面における節税も重要な要素となります。個人事業では、「事業収入－必要経費＝事業所得」となり、当該事業所得に所得税の税率が適用される一方で、会社を設立すれば、会社の損金としての役員給与につき、一定金額の給与所得控除が認められており、「役員給与総額－給与所得控除＝給与所得」となるため、給与所得控除額に所得税の税率を乗じて算出された金額分だけ個人事業よりも節税することも可能です。

　また、個人事業では、事業主及び事業主と生計を一にする親族に対する退

職金は必要経費に該当しないのに対し、会社では、原則として、経営者及び経営者と生計を一にする親族に対する退職金を損金算入することが可能となることから、個人事業形態より会社形態を選択することが節税の観点から有利と考えられます。

さらに、個人事業では、青色欠損金の繰越期間が3年間なのに対して、会社では、青色欠損金の繰越期間が現行10年間となっています。したがって、青色欠損金が長期間有効利用できる会社の方が、個人事業より節税面で有利となります。

上記より総合勘案すると、長期的に事業を行っていく事業者や、ある程度の利益を計上できる事業者には、会社と個人事業を比較して、会社には、デメリットを大幅に上回るメリットが存在すると考えられ、会社形態の方が個人事業よりも大幅に優れていると考えます。

16　第1章　会社設立の基本

【図表1－1　会社のメリットと個人事業のデメリット】

形態／対象	会社　メリット	個人事業　デメリット
外部利害関係者	個人事業より一般的に信用力が高い。	会社より一般的に信用力が低い。
内部利害関係者	社会保険の加入が強制であるため、福利厚生が充実する。	社会保険の加入が法定業種及び従業員5人以上を除き、任意加入のため、未加入の場合は、福利厚生が充実しない。
経営	・個人事業より一般的に人材確保ができる。 ・個人事業より組織統制を図ることができる。 ・原則として出資を限度とする有限責任である。ただし、実際には銀行等からの借入れに対して、経営者が連帯保証を行っているケースが多く、当該ケースでは無限責任である。 ・代表者が死亡しても、会社名義の預金口座は凍結されない。 ・行政の許認可について個人事業より手続が簡便である。	・会社より一般的に人材確保が難しい。 ・会社より組織統制が図れない。 ・無限責任である。 ・事業主が死亡すると個人名義の預金口座が一時的に凍結される。 ・行政の許認可について会社より手続が煩雑である。
税務	・決算期を任意決定でき、決算期の変更も可能である。 ・給与所得控除の適用がある。 ・経営者及び経営者と生計を一にする親族への退職金が損金算入できる。 ・経営者への出張日当を損金算入できる。 ・青色欠損金の繰越期間が現行10年間である（平成30年4月1日以降開始する事業年度からは10年間となる）。 ・減価償却費は任意計上である。 ・保険料支払額の一定相当額を損金算入できる。保険金は退職金の原資にできる。 ・個人事業から会社へ法人成りした場合は、一定要件を満たせば、2事業年度にわたり消費税の免税事業者になれる。	・暦年しか選択できない。 ・給与所得控除の適用がない。 ・事業主及び事業主と生計を一にする親族への退職金が必要経費とならない。 ・事業主への出張日当は必要経費とならない。 ・青色欠損金の繰越期間が3年間である。 ・減価償却費は100％強制計上である。 ・生命保険料控除は、最高12万円に制限される。

1 会社設立のメリット・デメリット　*17*

【図表1−2　会社のデメリットと個人事業のメリット】

対象＼形態	会社 デメリット	個人事業 メリット
経営	・会社設立、登記事項に変更が生じた場合及び会社解散・清算結了には、その都度登記コストが発生する。 ・個人事業より維持費用がかかる。 ・個人事業より事務負担が重い。 ・複式簿記が必須である。 ・意思決定は株主総会又は取締役会等の決議が必要となる。 ・取締役、株主、金融機関等の大口債権者等の利害関係者の意向を踏まえないと会社から個人への貸付を行うことができない。 ・社会保険の加入が強制であるため、従業員の社会保険料の半額負担が発生し、大きなコストがのしかかる。 ・保険金受取事由が生じた場合は会社の収入となり、個人で受け取ることができない。	・事業開始、事業廃止に対して登記の必要がない。 ・会社より維持費用がかからない。 ・会社より事務負担が軽い。 ・複式簿記が任意である。 ・意思決定は事業主のみで行える。 ・事業主の意思のみで事業資金を自由に使用できる。 ・法定業種及び従業員5人以上を除くと、社会保険の加入は任意であり、社会保険コストを節約できる。 ・保険金受取事由が生じた場合は個人の収入として受け取ることができる。
税務	・交際費の限度額がある。 ・赤字である場合でも、一般的に最低7万円の住民税均等割が発生する。	・交際費の限度額はない。 ・赤字である場合、住民税の均等割が発生しない。

18　第1章　会社設立の基本

2 会社の形態

(1) 会社の種類

　会社法では、会社の種類は、出資者の責任態様の違いにより以下の6つに区分されています。なお、同族会社は、一般的には、株式会社、特例有限会社、合同会社が主となっているので、その他の会社形態の説明は、割愛します。

【図表1-3　会社の分類】

特例有限会社		すべての出資者（株主）が間接有限責任社員からなる閉鎖的な物的会社（※1）で、所有と経営が分離されています。会社法施行前（平成18年5月1日前）に有限会社であった会社をいい、会社法施行後は、特例有限会社という名称の株式会社として、旧有限会社法の制度趣旨を維持した形態で存続しています。
株式会社（公開会社）		すべての出資者（株主）が間接有限責任社員からなる物的会社で、所有と経営が分離されています。公開会社は、定款に全部又は一部の株式譲渡を制限する規定を設けない株式会社をいいます。株主総会と取締役会・監査役が必須で、会計参与・会計監査人など必要な機関を選択できる大会社（※2）や上場会社向きの会社です。
株式会社（株式譲渡制限会社）		すべての出資者（株主）が間接有限責任社員からなる物的会社で、所有と経営が分離されています。株式譲渡制限会社（非公開会社）は、すべての種類の株式の譲渡について承認を要する旨を定款に定め、登記する必要があります。当該承認は、取締役会か、これがない場合は、株主総会にて決議します。株主総会と取締役のみが必須となる中小会社向きの会社です。
持分会社	合名会社	すべての社員が、会社債権者に対し直接無限責任を負う無限責任社員からなる人的会社（※3）で、別段の定めがない限り、すべての社員に会社を代表する権限があります。
	合資会社	無限責任社員と出資金額を限度として責任を負う直接有限責任社員とによって組織される二元的組織の人的会社で、無限責任社員は合名会社の社員と同様の取扱いとなります。

	合同会社	すべての社員が出資金額を限度として責任を負う間接有限責任社員からなる人的会社で、所有と経営が一致しています。所有と経営が一致している点と有限責任でありながら定款自治が広く認められている点で株式会社とは異なります。

※1　物的会社とは、会社において社員や出資者との関係や信頼関係が希薄で、その代わりに会社の財産などといった物が重視されている会社をいいます。

※2　大会社とは、資本金の額が5億円以上又は最終事業年度の貸借対照表上で負債の部に計上した金額が200億円以上である株式会社をいいます。

※3　人的会社とは、会社において人間関係が親密で、社員の個性や資質という人材が重視されている会社をいいます。

①　特例有限会社

特例有限会社とは、会社法施行前(平成18年5月1日前)に有限会社であった法人をいい、資本金は300万円以上で設立されています。

会社法施行後は、特例有限会社という名称の株式会社となり、会社法の施行に伴う関係法律の整備等に関する法律により旧有限会社法の制度趣旨を維持した形態で存続しています。また、会社法施行後は、有限会社法は廃止されているため、新たに有限会社を設立することはできません。さらに、特例有限会社から株式会社へ商号変更することは可能ですが、一度、特例有限会社から株式会社へ移行した後に再度、株式会社から特例有限会社へ商号変更することはできません。

②　株式会社（公開会社）

会社法では、株式会社は、公開会社と株式譲渡制限会社に分類されます。

公開会社とは、株式の全部又は一部の譲渡を自由に認めている会社（会社法2五）であり、資本金を1円以上出資すれば設立が可能です。

③　株式会社（株式譲渡制限会社）

株式譲渡制限会社とは、すべての株式の譲渡を制限している株式会社です。譲渡制限株式を発行するには、「株式を譲渡する場合は取締役会（又は株主総会）で承認を要する」旨を定款に定めて登記することが必要です（会社法107②一、108②四）。資本金については、1円以上の出資により設立が可能です。

20　第1章　会社設立の基本

④　合同会社

　合同会社は、会社法の施行により、創設された持分会社です。

　合同会社とは、定款自治の範囲が広く、定款や会社の意思決定は、原則として社員全員一致で決定されます（会社法575、576、577）。合同会社は、資本金を1円以上出資すれば設立が可能です。

（2）　機関設計

①　特例有限会社

　特例有限会社では、株主総会、取締役の設置が必要です。

　また、任意で監査役（会計監査のみに限定）を設置することができます。

　取締役の互選により、代表取締役を設置することができますが、取締役会、監査役会、委員会、執行役は設置できません。

　役員任期に関する法定の制限がないため、取締役・監査役の異動が発生しない限り登記が不要であり、役員に関する登記維持コストは発生しません。

　また、特例有限会社には、決算公告義務がないため、官報等への公告コストも発生しません。

②　株式会社（公開会社）

　公開会社では、取締役会の設置と監査役の設置が必要であるため、従来どおり、取締役を最低3名以上選任し、取締役会を設置し、監査役を1名以上選任しなければなりません（会社法327）。

　公開会社の取締役の任期は2年（最短1年）、監査役の任期は4年となります（会社法332、336）。

　公開会社では、取締役、監査役の異動が発生した場合はもとより、任期満了による改選の都度、登記コストが発生します。また、決算公告義務があるため、官報等への公告コストも発生します（会社法440）。

③　株式会社（株式譲渡制限会社）

　株式譲渡制限会社では、取締役会の設置、監査役の設置が任意となり、取締役を1名とすることが認められています（会社法327）。株式譲渡制限会社

を設立し、全株式を保有する経営者が取締役となれば、文字どおり1名で株式会社を設立し、運営することが可能となります。

他方、取締役会を設置する場合は、取締役を最低3名選任し、監査役又は会計参与を設置する必要があります。

株式譲渡制限会社の取締役の任期は、定款によって1年から最長10年まで伸長でき、監査役の任期は、定款によって4年から最長10年まで伸長できます（会社法332②, 336②）。

したがって、株式譲渡制限会社では、役員の任期設定を延長することにより役員変更の手続が簡素化でき、登記コストの維持費用も削減できます。

株式譲渡制限会社は、決算公告義務があるため、官報等への公告コストが発生します（会社法440）。

④ 合同会社

合同会社では、業務執行社員（会社の業務執行権を有する社員）を1名とすることが認められています（会社法590）。合同会社を設立し、全持分を保有する社員が業務執行社員となれば、1名のみで合同会社を設立し、運営することが可能となります。

社員任期に関する法定の制限がないため、社員の異動が発生しない限り登記が不要であり、役員に関する登記コストは発生しません。また、合同会社には、決算公告義務がないため、官報等への公告コストも発生しません。

【図表1－4　株式会社の機関設計】

会社分類	株式会社（公開会社）	株式会社（株式譲渡制限会社）
株主総会	必ず設置	必ず設置
取締役	3人以上必要。任期2年（定款で1年も可。なお、委員会設置会社は1年）。	1人以上必要。任期最長10年。
取締役会	必ず設置（3人以上で構成）。	任意設置（ただし、設置には取締役が3人以上必要）。

22　第1章　会社設立の基本

監査役	必ず設置。任期4年。	任意設置（ただし、取締役会を設置する場合は、必ず設置）。任期最長10年。
監査役会	大会社（注）（委員会設置会社を除く。）のみ、必ず設置。	任意設置（ただし、取締役会を設置していることが前提）。
会計監査人	大会社（注）は必ず設置。大会社以外では、任意設置。	大会社（注）は必ず設置。大会社以外では、任意設置。
各種委員会	会計監査人を設置しない場合は設置できない。監査役があれば、委員会は設置できない。	会計監査人を設置しない場合は設置できない。監査役があれば、委員会は設置できない。
会計参与	任意設置。公認会計士（監査法人）・税理士（税理士法人）により構成。	任意設置。公認会計士（監査法人）・税理士（税理士法人）により構成。

（注）　大会社とは、資本金の額が5億円以上又は最終事業年度の貸借対照表上で負債の部に計上した金額が200億円以上である株式会社をいいます。

【図表1－5　特例有限会社と合同会社の機関設計】

会社分類	特例有限会社	合同会社
社員総会	必ず設置。	不要。定款で任意設置可能。
取締役業務執行社員	1人以上必要。任期制限無し。	1人以上必要。任期制限無し。
取締役会	設置できない。	設置できない。
監査役	任意による設置。任期制限無し。	設置できない。
監査役会	設置できない。	設置できない。
会計監査人	設置できない。	設置できない。
各種委員会	設置できない。	設置できない。
会計参与	設置できない。	設置できない。

（3）　株式会社と合同会社との相違点

　会社法施行により、合同会社の設立が可能となり、実務では、株式会社と

合同会社のどちらで設立をするべきか相談されるケースが多くなりました。そこで株式会社と合同会社の相違点を検証いたします。

 イ 会社の設立費用（登録免許税等）

  会社の設立費用（登録免許税等）については、株式会社では最低240,250円、合同会社では最低60,000円となります（10ページ参照、別途、行政書士費用、司法書士費用が考えられます）。

 ロ 会社組織形態の認知度

  会社組織形態においては、株式会社は、旧商法の時代から存在するため、歴史が長く認知度も高いです。他方、合同会社は、平成18年5月1日の会社法の施行から新設されたものであるため、歴史が短く一般的に認知度が低いです。

 ハ 会社役員の任期

  会社の役員については、株式会社では、役員の変更が行われなくても、取締役2年（最長10年）、監査役4年（最長10年）ごとに法務局への役員の登記を行わなければなりません。他方、合同会社では、役員の任期がないため、役員の変更が生じない限り、法務局への役員の登記を行う必要がありません。

 ニ 会社決算の公告義務

  会社決算の公告義務については、株式会社では、官報等に決算公告を行わなければなりません。他方、合同会社では、決算公告義務がないため、官報等への掲載費用が発生することはなく、会社維持費用を低く抑えることができます。

 ホ 剰余金の分配

  剰余金の分配については、株式会社においては、株式の議決権数等に応じて分配が行われます。他方、合同会社では、出資割合によらず、出資者の協議により自由に分配が行われます。

 ヘ 会社の上場

  会社の上場については、株式会社では、株式の上場を行うことができ

ます。他方、合同会社では、株式の上場を行うことができません。ただし、合同会社から株式会社へ商号変更を行うと、株式の上場を行うことができます。

ト　相続が発生したケース

相続による会社の経営権の承継については、株式会社においては、後継者が相続前に取締役に就任していなくても、当該株式を相続し、当該株式の議決権数が多ければ、取締役への就任及び会社への経営参画が行えます。他方、合同会社では、原則として、後継者が相続前に社員に就任していなければ、被相続人の出資金額は強制払い戻しとなり、後継者は社員に就任することができません。例外として、定款で社員と出資に関して特別の規定を設けると、株式会社と同様の効果となります。

3 会社の役員

法人税法上の役員については、①会社法で規定されている役員、②同族会社に該当した場合のみ法人税法上役員とみなされる役員、③会社法で規定されている役員に該当し、かつ、使用人の権利も有する者である使用人兼務役員の3種類に分類することができます。

(1) 役員の範囲

会社法上の役員については、取締役、代表取締役、会計参与、監査役、執行役に限定されています（会社法329）。

法人税法上、役員とは「法人の取締役、執行役、会計参与、監査役、理事、監事及び清算人並びにこれら以外の者で法人の経営に従事している者のうち政令で定めるものをいう。」と定義されており（法法2十五）、会社法上の役員は、法人税法上も役員に該当します。

(2) みなし役員

法人税法においては、独自の観点から役員についての規定が設けられており、役員の範囲が会社法上の役員の範囲より広くなり、法人税法上役員とみなすものがあります。

みなし役員となる「これら以外の者で法人の経営に従事している者のうち政令で定めるもの」（前記法法2十五後半部分）について、法人税法施行令7条では、下記のように定めています。

（みなし役員）
① 法人の使用人（職制上使用人としての地位のみを有する者に限る。②において同じ。）以外の者でその法人の経営に従事しているもの

26 第1章 会社設立の基本

（同族会社のみなし役員）

② 同族会社の使用人のうち、法人税法施行令71条1項5号イからハまで（使用人兼務役員とされない役員）の規定中「役員」とあるのを「使用人」と読み替えた場合に同号イからハまでに掲げる要件のすべてを満たしている者で、その会社の経営に従事しているもの

① 法人の使用人以外の者でその法人の経営に従事しているものとは

「職制上使用人としての地位のみを有する者」とは、支店長、工場長、営業所長、支配人、部長、課長、主任等の法人の機構上定められている使用人たる職務上の地位をいいます（法基通9－2－5）。前記より、職制上使用人は、みなし役員には該当しません。

法人の使用人以外の者でその法人の経営に従事するものとは、国税庁タックスアンサー法人税 No.5200《役員の範囲》において、（a）取締役となっていない会長、副会長、（b）合名会社、合資会社及び合同会社の業務執行社員、（c）法定役員ではないが、法人が定款等において役員と定めている者、（d）相談役、顧問その他これらに類する者でその行う職務等からみて他の役員と同様に実質的に法人の経営に従事しているもの（法基通9－2－1）と例示しています。

したがって、経営に従事していない相談役・顧問等は、みなし役員に該当しません。

そこで、「経営に従事している」かどうかの判断が重要となりますが、法人税法において明確な規定はなく、事実認定の問題となり、裁判例においては、「当該法人の事業運営上の重要事項の意思決定に参画しているかどうかにより判断すべき」（山口地裁昭和40年4月12日判決）とされており、実務上、判断に迷う場合も少なくないと考えられます。

しかし、税務においては、経営に従事しているか否かによって取扱いが相違するため注意が必要です。これについて、戸島利夫・辻敢・堀越董共著「全訂版 税法・会社法からみた役員給与」（税務研究会出版局、P71）による

と、下記のようなケースが例示されています。

「㋑　事業内容の決定、仕入及び販売、資金繰り等に関する計画、設備計画、社員の採用・解雇、給与水準その他の重要事項の決定に参画しているかどうか。

㋺　商品、手形、預貯金その他の資産の管理、資金調達、仕入及び販売、人事評価等の業務遂行にどの程度の権限を発揮し、責任を負っているか。

㋩　本人の給与の額が他の役員又は使用人の給与の額と比較してどの程度の水準にあるか。

㊁　その他法人内における処遇、得意先、仕入先、業界団体等との接触の状況等からみて一般の使用人とは異なる面があるかどうか。」

なお、みなし役員となる経営に従事している相談役・顧問等は、定期同額給与に該当しない給与や、事前確定届出給与に該当しない臨時の給与は、損金不算入となります（第2章参照）。

② 　同族会社の使用人のうち一定の要件を満たす者でその法人の経営に従事しているものとは（同族会社における「みなし役員」）

　同族会社の場合は、純然たる使用人であったとしても、一定の要件を満たす者については、役員とみなされることになります。この要件には、形式要件と実質要件があり、両方の要件を満たした者が税法上の役員とみなされます（法令7二）。

〈形式要件〉

　その会社が同族会社であることについての判定の基礎となった特定の株主グループに属し、かつ、一定割合を超えた所有割合を有する株主。

　形式要件につき、具体的にみると次のイからハの3つの要件をすべて満たすかどうかで判定します（法令7二、71①五イ～ハ）。

　イ　当該会社の株主グループにつき、その所有割合が最も大きいものから順次その順位を付し、その第1順位の株主グループの所有割合を算定し、

28 第1章 会社設立の基本

又はこれに順次第2順位及び第3順位の株主グループの所有割合を加算した場合に、その使用人が次のaからcの株主グループのいずれかに属していること

a 第1順位の株主グループの所有割合が50%超である場合における当該株主グループ

b 第1順位と第2順位の株主グループの所有割合を合計し、初めてその所有割合が50%超となるときにおけるこれらの株主グループ

c 第1順位から第3順位までの株主グループの所有割合を合計した場合に、初めてその所有割合が50%超となるときにおけるこれらの株主グループ

ロ その使用人の属する株主グループの所有割合が10%を超えていること

ハ その使用人（配偶者及びこれらの者が50%超を所有している他の会社を含む。）の所有割合が5％を超えていること

〈実質要件〉
その法人の経営に従事していること。

前述したとおり、経営に従事しているかどうかは、その法人の事業運営上の重要事項の意思決定に参画しているかどうかにより判定されます。

同族会社の場合は、例えば夫がその会社の株式を所有し、出資面において支配グループに属していれば、その妻自身が株主ではなくても、使用人であり、かつ、その法人の経営に従事している場合は、同族会社の役員とみなされます。

みなし役員に該当すると、定期同額給与に該当しない給与や、事前確定届出給与に該当しない臨時の給与は、損金不算入となります（第2章参照）。

3 会社の役員　29

【事例1－1】　みなし役員の判定（1）

問　当社は、同族会社であり、以下のような株主構成となっています。
Dは業務部長として雇用され、経営に従事しています。
この場合、Dはみなし役員に該当しますか。

株主名	持株割合	役職	備考
A	40%	代表取締役社長	
B	20%	専務取締役	Aの長男
C	15%	取締役	Aの次男
D	0%	業務部長	Bの妻 経営に従事している
その他株主	25%	なし	

答　Dは、みなし役員に該当し、税務上、役員として取り扱われます。
みなし役員に該当する理由は以下の4つの事由によります。

・Bの妻であるDは、株主構成で第1順位であるAグループ（75％）に属する。
・Bの妻であるDの属するAグループの持株割合が、10％を超える。
・B及びその配偶者であるDの持株割合（20％）が、5％を超える。
・Dは経営に従事している。

【事例1－2】　みなし役員の判定（2）

問　当社は、同族会社であり、以下のような株主構成となっています。
Dは業務部長として雇用され、経営には従事していません。
この場合、Dはみなし役員に該当しますか。

株主名	持株割合	役職	備考
A	40%	代表取締役社長	
B	20%	専務取締役	Aの長男
C	15%	取締役	Aの次男
D	0%	業務部長	Bの妻 経営に従事しない
その他株主	25%	なし	

答 Dは、みなし役員に該当せず、税務上、使用人として取り扱われます。

株主持株割合（形式基準）を満たしているにも関わらず、みなし役員に該当しない理由は以下の事由によります。

・Dは経営に従事していないため（実質基準を満たさないため）。

役員の判断基準をまとめると、以下のとおりとなります。

【図表1－6　役員の判断基準】

			会社法	法人税法	
				非同族会社	同族会社
通常の役員		登記上の役員	○	○	○
みなし役員	使用人以外（委任）	経営従事	×	○	○
		非経営従事	×	×	×
	使用人（雇用）	形式・実質基準両方満たす	×	×	○
		形式・実質基準いずれか満たさない	×	×	×

（○は役員に該当する、×は役員に該当しない）

（3）　執行役員

近年、多く見られるようになった執行役員についての法人税法上の取扱いについて、実務上判断に迷うケースが少なくありません。所得税基本通達30－2の2《使用人から執行役員への就任に伴い退職手当等として支給される

一時金》の取扱いについて「別紙所得税基本通達 30 − 2 の 2 及びその解説」によると、一般的に「執行役員制度とは、取締役会の担う①業務執行の意思決定と②取締役の職務執行の監督、及び代表取締役等の担う③業務の執行のうち、この③業務の執行を「執行役員」が担当するというものである。」と解されているとしています。また、「導入の趣旨は、取締役会の活性化と意思決定の迅速化という経営の効率化、あるいは監督機能の強化を図るというもので、取締役会の改革の一環とされている。もっとも、この「執行役員制度」あるいは「執行役員」については、法令上にその設置の根拠がなく導入企業によって任意に制度設計ができることから、当該執行役員の位置付けは、役員に準じたものとされているものや使用人の最上級職とされるものなど区々となっている。」とされています。

　会社法 329 条では、役員として、取締役、会計参与及び監査役が限定列挙されており、執行役員は、会社法上の役員には該当しません。そこで執行役員が法人税法上の役員に該当するか否かについては、前記みなし役員についての規定により判断することになります。

　所得税基本通達 30 − 2 の 2 《使用人から執行役員への就任に伴い退職手当等として支給される一時金》の取扱いについて「別紙所得税基本通達 30 − 2 の 2 及びその解説」問 7 （国税庁 HP より）によると、通常の場合の執行役員制度とは、「取締役会の担う①業務執行の意思決定と②取締役の職務執行の監督、及び代表取締役等の担う③業務の執行のうち、この③業務の執行を「執行役員」が担当するというものである。この執行役員制度の下での執行役員は、一般に、代表取締役等の指揮・監督の下で業務執行を行い、会社の経営方針や業務執行の意思決定権限を有していないことから、「法人の経営に従事しているもの」には該当しないものと考えられる」とされており、この場合の執行役員制度では、税務上、役員には該当しないと考えられます。

　したがって、執行役員が、法人税法上役員となるか否かについて考えるに当たっても、当該執行役員が経営に従事しているか否かの判断が重要となります。上記より、経営に従事していない執行役員は、税務上使用人として取

32 第1章 会社設立の基本

り扱われます。

　反対に、経営に従事している執行役員は、税務上役員として取り扱うことになります。経営に従事している執行役員は、定期同額給与に該当しない給与や、事前確定届出給与に該当しない臨時の給与は、損金不算入となります（第2章参照）。

【事例1－3】　執行役員（1）

問　当社では、執行役員制度を導入しています。当社における執行役員は、会社の事業運営上の重要事項の意思決定には参画せず、取締役会で決定された業務についてのみ執行する役職となっています。この場合、当社の執行役員は、みなし役員に該当しますか。

答　御社における執行役員は、会社の事業運営上の重要事項の意思決定には参画していないため、みなし役員には該当せず、税務上、使用人として取り扱われます。

【事例1－4】　執行役員（2）

問　当社では、執行役員制度を導入しています。当社における執行役員は、会社の事業運営上の重要事項の意思決定に参画し、かつ、取締役会で決定された業務についても執行する役職となっています。この場合、当社の執行役員は、みなし役員に該当しますか。

答　御社における執行役員は、会社の事業運営上の重要事項の意思決定に参画しているため、みなし役員に該当し、税務上、役員として取り扱われます。

（4） 使用人兼務役員

　使用人兼務役員とは、使用人としての地位を有しつつ、取締役として経営に参画している者をいいます。

　取締役には、会社法上、兼任禁止の規定は置かれていません。したがって、取締役（代表取締役及び業務執行取締役以外）は、使用人を兼務することができると解されています。

　これに対して、監査役は、会社法上、会社の監査の公正を図る趣旨から、会社もしくは子会社の取締役もしくは支配人その他の使用人又は子会社の会計参与もしくは執行役を兼ねることができないとされています（会社法335②）。

　一方、法人税法は、使用人兼務役員の範囲を相当限定的に定めています。すなわち、税法上、使用人兼務役員とは、役員（社長、理事長その他政令で定めるものを除く。）のうち、部長、課長その他法人の使用人としての職制上の地位を有し、かつ、常時使用人としての職務に従事するものでなければならず（法法34⑤）、具体的には、次のすべての要件を満たす必要があります（法令71）。

① 　代表取締役、代表執行役、清算人でないこと
② 　副社長、専務、常務その他これらに準ずる職制上の地位を有する役員でないこと
③ 　合名会社、合資会社及び合同会社の業務を執行する社員でないこと
④ 　指名委員会等設置会社の取締役、会計参与及び監査役並びに監事でないこと
⑤ 　同族会社のみなし役員の形式要件を満たしていないこと
⑥ 　常時使用人としての職務に従事する者であること
⑦ 　部長、課長その他法人の使用人としての職制上の地位を有する者であること

　税務上、使用人兼務役員の使用人としての職務に対する賞与で、他の使用人に対する賞与の支給時期と異なる時期に支給したものの額は、損金の額に

34 第1章 会社設立の基本

算入しないとされているので注意が必要です（法令70三）。

4 法人成りにおける税務上の取扱い

（1） 法人成りとは

　一般的に法人成りとは、個人事業主が手続を行い、既存事業の法人化をすることをいいます。

　法人成りにおけるメリット・デメリットについては、本章□を参照ください。

（2） 法人成りを行った場合の税務上の取扱い

　法人成りを行った場合、取引内容により、所得税、法人税、消費税ごとに取扱いが相違するので注意が必要です。

　法人成りするケースで、よく行われる取引について、例を挙げると下記のようになります。

① 個人事業主が新規設立法人に商品（棚卸資産）を譲渡した場合

所得税	個人事業主が商品（棚卸資産）の譲渡を行った場合の所得区分は、事業所得に該当します。
法人税	新規設立法人では、棚卸資産を取得した場合には、商品（棚卸資産）仕入に該当します。
消費税	個人事業主の棚卸資産の譲渡は、課税資産の譲渡等に該当します。

② 個人事業主が新規設立法人に事業用土地を譲渡した場合

所得税	個人事業主が事業用土地の譲渡を行った場合の所得区分は、譲渡所得（分離課税）に該当します。
法人税	新規設立法人では、有形固定資産の土地勘定に計上します。
消費税	個人事業主の事業用土地の譲渡は、非課税となります。

③ 個人事業主が新規設立法人に事業用建物を譲渡した場合

所得税	個人事業主が事業用建物の譲渡を行った場合の所得区分は、譲渡所得（分離課税）に該当します。

36 第1章　会社設立の基本

法人税	新規設立法人では、有形固定資産の建物勘定に計上し、中古資産の取得として、見積法又は簡便法による耐用年数を基に減価償却を行います。
消費税	個人事業主の事業用建物の譲渡は、課税資産の譲渡等に該当します。

④　個人事業主が新規設立法人に減価償却資産（建物附属設備、車両、備品等）を譲渡した場合

所得税	個人事業主が減価償却資産の譲渡を行った場合の所得区分は、譲渡所得（総合課税）に該当します。
法人税	新規設立法人では、原則として有形固定資産として計上し、中古資産の取得として、見積法又は簡便法による耐用年数を基に減価償却を行います。
消費税	個人事業主の事業用資産の譲渡は、課税資産の譲渡等に該当します。

（3）　法人成りを行った場合の具体例

個人事業主が法人成りを行った場合の具体例を示します。

【事例1−5】　法人成りの税務

問　個人事業主で事業を行っていましたが、このたび、法人成りをして以下の取引を行います。すべての取引について時価を基礎に売却を考えております。この場合の所得税、法人税、消費税の取扱いはどのようになりますか。

　※前提　個人事業主（消費税課税事業者）、新規設立法人（消費税免税事業者）、消費税率10％

①棚卸資産（簿価100万円、時価100万円）→　消費税込110万円で売買

②土地（簿価900万円、時価900万円）→　900万円で売買

③建物（簿価500万円、時価500万円）→　消費税込550万円で売買
　　　　　　　　　　　　　　　　　　　　簡便法、耐用年数5年

④車両（簿価200万円、時価200万円）→　消費税込220万円で売買
　　　　　　　　　　　　　　　　　　　　簡便法、耐用年数2年

4 法人成りにおける税務上の取扱い　*37*

答　時価を基礎に売却をする限り、税務上の問題は発生しません。

　個々の取引の取扱いは、以下のとおりとなります。

① 棚卸資産　消費税込 110 万円の取引

所得税	個人事業主の所得区分は、事業所得における事業収入 100 万円となります。
法人税	新規設立法人では、商品仕入 110 万円の計上となります。
消費税	個人事業主においては、仮受消費税 10 万円を計上します。 新規設立法人は免税事業者なので仮払消費税は計上されません。

② 土地　900 万円の取引

所得税	個人事業主の所得区分は、譲渡所得（分離課税）における譲渡収入 900 万円となります。
法人税	新規設立法人では、有形固定資産である土地 900 万円の計上となります。
消費税	土地取引は、非課税となります。

③ 建物　消費税込 550 万円の取引

所得税	個人事業主の所得区分は、譲渡所得（分離課税）における譲渡収入 500 万円となります。
法人税	新規設立法人では、建物 550 万円の計上となり、耐用年数 5 年で減価償却を行います。
消費税	個人事業主においては、仮受消費税 50 万円を計上します。 新規設立法人は免税事業者なので仮払消費税は計上されません。

④ 車両　消費税込 220 万円の取引

所得税	個人事業主の所得区分は、譲渡所得（総合課税）における譲渡収入 200 万円となります。
法人税	新規設立法人では、有形固定資産である車両 220 万円の計上となり、耐用年数 2 年で減価償却を行います。
消費税	個人事業主においては、仮受消費税 20 万円を計上します。 新規設立法人は免税事業者なので仮払消費税は計上されません。

38 第1章 会社設立の基本

（4）　会社の事業承継税制と個人版事業承継税制

　会社の事業承継とは、平成30年度税制改正（平成30年3月28日成立）により、平成30年1月1日から令和9年12月31日までの間の相続・贈与について適用される時限立法で、後継者である受贈者・相続人等で一定の要件を満たした者（特例承継者）が、自社の非上場株式（特例認定承継会社）の全株式等に係る贈与税・相続税について、一定の要件のもと、その納税を100％猶予される特例納税猶予制度をいいます（詳細は第7章参照、措法70の7の5～措法70の7の8）。

　一方、個人の事業承継とは、平成31年度税制改正（平成31年3月27日成立）により、平成31年1月1日から令和10年12月31日までの間の相続・贈与について適用される時限立法で、青色申告（正規の簿記の原則によるものに限ります。）に係る事業（不動産貸付事業等を除きます。）を行っていた事業者の後継者として円滑化法の認定を受けた者が、特定事業用資産を取得した場合は、その特定事業用資産（※）に係る贈与税・相続税について、その青色申告に係る事業の継続等、一定の要件のもと、その納税を100％猶予し、後継者の死亡等、一定の事由により、100％納税が猶予される個人版事業承継制度をいいます（措法70の6の8～措法70の6の10）。

　会社の事業承継税制では、100％納税猶予される対象が株式全部としているため、会社の現金預金、売掛金、商品、有形固定資産、無形固定資産、繰延資産等すべての資産が対象になるのに対して、個人の事業承継では、100％納税猶予される対象が特定事業用資産に限定されており、会社の事業承継税制よりも対象が少ないため、会社の事業承継のほうが有利と考えられます。

　なお、承継した事業用資産を現物出資して会社を設立（法人成り）した場合には、その移転はなかったものとして捉え、その現物出資により取得した株式または持分は特例事業用資産とそれぞれみなし、納税猶予が継続されます。

　※特定事業用資産とは、被相続人の事業用に供されていた土地（面積400㎡

までの部分に限る)、建物(床面積 800㎡までの部分に限る)及び建物以外の減価償却資産(固定資産税または営業用としての自動車税・軽自動車税の課税対象となっているもの、その他これに準ずるもの ｜貨物運送用など一定の自動車、乳牛・果樹等の生物、特許権、商標権等の無形固定資産｜)をいいます。

40 第1章 会社設立の基本

5 会社設立時の税務上の手続

　消費税免税事業者を前提として、会社を設立した場合には、所轄税務署と所轄都道府県税事務所・所轄市町村役場に対して、法人の設立に伴う様々な届出書及び申請書を提出しなければなりません。

　以下で、会社設立をした場合に必要な書類について説明します。

（1）　税務署へ提出が必要となる書類

　消費税免税事業者を前提として、会社設立時に所轄税務署へ提出する書類は、下記に記載した①～⑦のとおりとなります（⑦は、申告期限の延長が必要な場合のみ）。さらに、個人事業から法人成りした場合には、⑧、⑨が必要となります。

---

①　法人設立届出書
②　青色申告の承認申請書
③　棚卸資産の評価方法の届出書
④　減価償却資産の償却方法の届出書
⑤　給与支払事務所等の開設届出書
⑥　源泉所得税の納期の特例の承認に関する申請書
⑦　申告期限の延長の特例の申請書（申告期限の延長が必要な場合）
⑧　個人事業の廃業等の届出書（法人成りの場合）
⑨　所得税の青色申告の取りやめ届出書（法人成りの場合）

---

①　法人設立届出書

　会社を設立した場合は、「法人設立届出書」を納税地の所轄税務署長に提出しなければなりません。この法人設立届出書には、次の書類を添付します。

イ　定款等の写し

ロ　登記事項証明書

ハ　株主等の名簿

ニ　設立趣意書

ホ　設立時の貸借対照表

ヘ　合併契約書の写し

ト　分割計画書の写し

　提出期限は、会社設立の日以後2か月以内となります。

②　青色申告の承認申請書

　法人税の確定申告書、中間申告書等を青色申告書によって提出することの承認を受けようとする場合の手続です。

　設立第1期目から青色申告の承認を受けようとする場合の提出期限は、設立の日以後3か月を経過した日と設立第1期の事業年度終了の日とのうちいずれか早い日の前日までです。

③　棚卸資産の評価方法の届出書

　棚卸資産の評価方法を選定して届け出る手続です。提出期限は、設立第1期の事業年度の確定申告書の提出期限までです。提出しない場合は、棚卸資産の評価方法は最終仕入原価法を採用した取扱いになります。

④　減価償却資産の償却方法の届出書

　減価償却資産の償却方法を選定して届け出る手続です。提出期限は、設立第1期の事業年度の確定申告書の提出期限までです。提出しない場合は、減価償却資産の償却方法は定率法を採用した取扱いになります。

⑤　給与支払事務所等の開設届出書

　給与の支払者が、国内において給与等の支払事務を取り扱う事務所等を開設、移転又は廃止した場合に、その旨を所轄税務署長に対して届け出る手続です。提出期限は、開設、移転又は廃止の事実があった日から1か月以内となります。

⑥　源泉所得税の納期の特例の承認に関する申請書

　源泉所得税の納期の特例の承認に関する申請を行うための手続です。

　源泉所得税は、原則として徴収した日の翌月10日が納期限となっていま

42 　第1章　会社設立の基本

すが、この申請は、給与の支給人員が常時10人未満である源泉徴収義務者が、給与や退職手当、税理士等の報酬・料金について源泉徴収をした所得税及び復興特別所得税について、次のように年2回にまとめて納付できるという特例制度を受けるために行う手続です。

・1月から6月までに支払った所得から源泉徴収をした所得税及び復興特別所得税…7月10日

・7月から12月までに支払った所得から源泉徴収をした所得税及び復興特別所得税…翌年1月20日

　提出期限は、特に設けられていません（原則として、提出した日の翌月に支払う給与等から適用される。）。

⑦　申告期限の延長の特例の申請書

　会計監査人の監査を受けなければならない等の理由により決算が確定しないため又は連結子法人が多数に上ること等により、今後、申告期限までに確定申告書又は連結確定申告書を提出できない常況にある法人が申告期限の延長の特例の申請をしようとする場合等の手続です。

　提出期限は、最初に適用を受けようとする事業年度終了の日まで又は連結事業年度終了の日の翌日から45日以内となります。

⑧　個人事業の廃業等の届出書

　法人成りして、個人事業を廃止したときの手続です。提出期限は、個人事業の廃業の事実があった日から1月以内となります。

⑨　所得税の青色申告の取りやめ届出書

　個人事業の青色申告の承認を受けていた方が、青色申告書による申告を取りやめようとする場合の手続です。提出期限は、青色申告を取りやめようとする年の翌年3月15日までとなります。

（2）　所轄都道府県税事務所へ提出が必要となる書類

　会社設立時に所轄都道府県税事務所へ提出する書類は、法人設立届出書のみです。個人事業から法人化した場合には、個人事業の廃業等の届出書が別

途必要となります。

① 法人設立届出書

法人を設立した場合又は他の都道府県において主たる事務所もしくは事業所を設けて事業を行う法人が県内に事務所もしくは事業所を設置し、新たに納税義務が生じた場合は、「法人設立届出書」を所轄都道府県税事務所へ提出しなければなりません。

この法人設立届出書には、次の書類を添付します。

イ　定款等の写し

ロ　登記事項証明書

提出期限は、設立の日又は当該事務所もしくは事業所を設置した日から1月以内となります。

② 法人県民税・法人事業税の申告書の提出期限の延長の処分等の届出書・承認申請書

法人税の確定申告書の提出期限が延長された場合、会計監査人の監査を受けなければならない等の理由により決算が確定しないため又は連結子法人が多数に上ること等により、今後、申告期限までに確定申告書又は連結確定申告書を提出できない常況にある法人が申告期限の延長の申請をしようとする場合の手続です。

提出期限は、法人県民税の場合、申告書の提出期限の延長の処分があった日の属する事業年度終了の日から22日以内となります。法人事業税の場合、当該延長を受けようとする事業年度終了の日までとなります。この申告期限の延長特例には、次の書類を添付します。

〈法人県民税関係〉

・　法人税における延長承認申請書の写し（税務署の受付印のあるもの）

〈法人事業税・地方法人特別税関係〉

・　申告書の提出期限までに決算が確定しない事由を確認できるもの（定款の写し等）

③ 個人事業の廃業等の届出書

法人成りして、個人事業を廃止したときの手続です。提出期限は、個人事業の廃業の場合においては、廃業した日から10日以内となります。

（3） 所轄市町村役場へ提出が必要となる書類

会社設立時に所轄市町村役場へ提出する書類は、法人設立届出書のみです。個人事業から法人化した場合には、個人事業の廃業等の届出書が別途必要となります。

① 法人設立届出書

法人を設立した場合又は他の市町村において主たる事務所もしくは事業所を設けて事業を行う法人が市町村内に事務所もしくは事業所を設置し、新たに納税義務が生じた場合は、「法人設立届出書」を所轄市町村役場へ提出しなければなりません。

この法人設立届出書には、次の書類を添付します。

イ　定款等の写し

ロ　登記事項証明書

提出期限は、設立の日又は当該事務所もしくは事業所を設置した日から1月以内となります。

② 個人事業の廃業等の届出書

法人成りして、個人事業を廃止したときの手続です。提出期限は、個人事業の廃業の場合においては、廃業した日から遅滞なくとされています。

（4）　税務上必要となる書類の記載例

【事例1－6】　法人成りの書式記載例

問　当社では、平成31年3月31日をもって、個人事業を廃止し、平成31年4月1日に法人成りを行い、「株式会社甲」として、資本金100万円で設立しました。

- ・決算月は、「3月決算」である。
- ・代表者は、「税務太郎」である。
- ・事業目的は、「飲食業」と「経営コンサルティング業」である。
- ・青色承認申請を行う。
- ・棚卸資産の評価方法は、商品について「最終仕入原価法に基づく低価法」を採用する。
- ・減価償却資産の償却方法は、すべて「定率法」を採用する。
- ・給与支払事務所等の開設届出書を提出する。
- ・源泉所得税の納期の特例の承認に関する申請書を提出する。
- ・申告期限の延長特例の申請書を提出する。
- ・個人事業の廃業届出書を提出する。
- ・所得税の青色申告の取りやめ届出書を提出する（青色承認期間平成12年分〜31年分）。

この場合の上記書類の記載方法を示して下さい。

答　ご質問の場合、以下のとおりの記載例となります。

46　第1章　会社設立の基本

法人設立届出書

※整理番号　

税務署受付印	本店又は主たる事務所の所在地	〒　千葉県成田市○○1−2　電話(0476) 10 − 0000
	納　税　地	〒　同上
平成　年　月　日	（フリガナ）	
	法　人　名	株式会社　甲
	法　人　番　号	
成田　税務署長殿	（フリガナ）	
新たに内国法人を設立したので届け出ます。	代表者氏名	税務　太郎　㊞
	代表者住所	〒　千葉県成田市○○3−4　電話(0476) 12 − 0000

設立年月日	平成 31 年 4 月 1 日	事業年度	（自）4 月 1 日（至）3 月 31 日
資本金又は出資金の額	1,000,000 円	消費税の新設法人に該当することとなった事業年度開始の日	平成　年　月　日

事業の目的	（定款等に記載しているもの）・飲食業・経営コンサルティング業（現に営んでいる又は営む予定のもの）・飲食業・経営コンサルティング業	支店・出張所・工場等	名　称	所　在　地
			該当無し	

設　立　の　形　態	①個人企業を法人組織とした法人である場合 2 合併により設立した法人である場合 3 新設分割により設立した法人である場合（□分割型・□分社型・□その他） 4 現物出資により設立した法人である場合 5 その他（　　）

設立の形態が1～4である場合の設立前の個人企業、合併により消滅した法人又は分割法人又は出資者の状況	事業主の氏名、合併により消滅した法人の名称、分割法人の名称又は出資者の氏名、名称	納　税　地	事業内容等
	税務　太郎	千葉県成田市○○1−2	飲食業

設立の形態が2～4である場合の適格区分	適格・その他

事業開始（見込み）年月日	平成 31 年 4 月 1 日	添付書類等	①定款等の写し ②登記事項証明書（履歴事項全部証明書）、登記簿謄本又はオンライン登記情報提供制度利用（照会番号：　）（発行年月日：31年4月10日） 3 株主等の名簿 4 設立趣意書 5 設立時の貸借対照表 6 合併契約書の写し 7 分割計画書の写し 8 その他（　　）
「給与支払事務所等の開設届出書」提出の有無	㊲・無		
関与税理士	氏　名		
	事務所所在地		
	電話（　　）		

設立した法人が連結子法人である場合	連結親法人名			所轄税務署
	連結親法人の納税地	〒　電話（　　）−		
	「完全支配関係を有することとなった旨等を記載した書類」の提出年月日	連結親法人　年　月　日	連結子法人　年　月　日	

税理士署名押印	㊞

※税務署処理欄	部門	決算期	業種番号	番号	入力	名簿	通信日付印	年　月　日	確認印

27.06 改正

（規格A4）

5 会社設立時の税務上の手続　*47*

青色申告の承認申請書

税務署受付印

※整理番号

平成　年　月　日	納　税　地　〒　千葉県成田市○○１－２ 電話(0476) 10 － 0000
	（フリガナ）
	法　人　名　等　株式会社　甲
	法　人　番　号
	（フリガナ）
	代表者氏名　税務　太郎　㊞
	代表者住所　〒　千葉県成田市○○３－４
成田　税務署長殿	事　業　種　目　飲食業、経営コンサルティング業
	資本金又は 出　資　金　額　　1,000,000　円

自平成 31年 4 月 1 日
至令和 2年 3 月 31 日　　事業年度から法人税の申告書を青色申告によって提出したいので申請します。

記

1　次に該当するときには、それぞれ□にレ印を付すとともに該当の年月日等を記載してください。
　　□　青色申告書の提出の承認を取り消され、又は青色申告書による申告書の提出をやめる旨の届出書を提出した後に
　　　再び青色申告書の提出の承認を申請する場合には、その取消しの通知を受けた日又は取りやめの届出書を提出した
　　　日　　　　　　　　　　　　　　　　　　　　　　　　　　　　　　　　　平成　年　月　日
　　☑　この申請後、青色申告書を最初に提出しようとする事業年度が設立第一期等に該当する場合には、内国法人であ
　　　る普通法人若しくは協同組合等にあってはその設立の日、内国法人である公益法人等若しくは人格のない社団等に
　　　あっては新たに収益事業を開始した日又は公益法人等（収益事業を行っていないものに限ります。）に該当してい
　　　た普通法人若しくは協同組合等にあっては当該普通法人若しくは協同組合等に該当することとなった日
　　　　　　　　　　　　　　　　　　　　　　　　　　　　　　　　　　　　　平成 27年 4 月 1 日
　　□　法人税法第４条の５第１項（連結納税の承認の取消し）の規定により連結納税の承認を取り消された後に青色申
　　　告書の提出の承認を申請する場合には、その取り消された日　　　　　　　平成　年　月　日
　　□　法人税法第４条の５第２項各号の規定により連結納税の承認を取り消された場合には、第４条の５第２項各号の
　　　うち、取消しの起因となった事実に該当する号及びその事実が生じた日　第４条の５第２項　　号
　　　　　　　　　　　　　　　　　　　　　　　　　　　　　　　　　　　　　平成　年　月　日
　　□　連結納税の取りやめの承認を受けた日を含む連結法人事業年度の翌事業年度に青色申告書の提出をしようとす
　　　る場合には、その承認を受けた日　　　　　　　　　　　　　　　　　　　平成　年　月　日

2　参考事項
　(1)　帳簿組織の状況

伝票又は帳簿名	左の帳簿 の形態	記帳の 時期	伝票又は帳簿名	左の帳簿 の形態	記帳の 時期
総勘定元帳	ファイル	毎日	仕訳帳	ファイル	毎日
現金出納帳	ファイル	毎日	売掛帳	ファイル	毎日
預金出納帳	ファイル	毎日	買掛帳	ファイル	毎日

　(2)　特別な記帳方法の採用の有無
　　　イ　伝票会計採用
　　　ロ　電子計算機利用
　(3)　税理士が関与している場合におけるその関与度合

税理士署名押印								㊞

（規格A４）

※税務署 処理欄	部門	決算 期	業種 番号	番号	入力	備考	通信 日付印　年 月 日	確認 印

27.06 改正

48　第1章　会社設立の基本

棚卸資産の評価方法の届出書

※整理番号 　

※連結グループ整理番号 　

税務署受付印	提出法人 納 税 地	〒 千葉県成田市○○1－2 電話(0476) 10 － 0000

平成　年　月　日

☑単体法人／□連結親法人

（フリガナ）	
法 人 名 等	株式会社　甲
法 人 番 号	
（フリガナ）	
代 表 者 氏 名	税務　太郎　㊞
代 表 者 住 所	千葉県成田市○○3－4
事 業 種 目	飲食業、経営コンサルティング業

成田　税務署長殿

連結子法人（届出の対象が連結子法人である場合に限り記載）

（フリガナ）	
法 人 名 等	
本店又は主たる事務所の所在地	〒　　　　　（　局　署） 電話（　）　－
（フリガナ）	
代 表 者 氏 名	
代 表 者 住 所	〒
事 業 種 目	業

※税務署処理欄		
整理番号		
部　門		
決算期		
業種番号		
整理簿		
回付先	□ 親署 ⇒ 子署 □ 子署 ⇒ 調査課	

棚卸資産の評価方法を下記のとおり届け出ます。

記

事業の種類（又は事業所別）	資 産 の 区 分	評 価 方 法
飲食業、経営コンサルティング	商 品 又 は 製 品	最終仕入原価法に基づく低価法
	半 製 品	
	仕 掛 品（半成工事）	
	主 要 原 材 料	
	補 助 原 材 料 その他の棚卸資産	

参考事項	① 新設法人等の場合には、設立等年月日	平成31年 4 月 1 日
	2　新たに他の種類の事業を開始した場合又は事業の種類を変更した場合には、開始又は変更の年月日	平成　年　月　日
	3　その他	

税 理 士 署 名 押 印	㊞

（規格A4）

※税務署処理欄	部門	決算期	業種番号	番号	整理簿	備考	通信日付印	年月日	確認印

27.06 改正

5 会社設立時の税務上の手続　*49*

減価償却資産の償却方法の届出書

	※整理番号	
	※整理ｸﾞﾙｰﾌﾟ情報	

税務署受付印

	提出人	納　税　地	〒　千葉県成田市○○1－2
	☑単体法人 □連結親法人		電話(0476) 10 － 0000
		（フリガナ）	
平成　年　月　日		法 人 名 等	株式会社　甲
		法 人 番 号	｜｜｜｜｜｜｜｜｜｜｜｜｜
		（フリガナ）	
		代表者氏名	税務　太郎　　　㊞
		代表者住所	〒　千葉県成田市○○3－4
成田　税務署長殿		事 業 種 目	飲食業、経営コンサルティング業

連結子法人（届出の対象が連結子法人である場合に限り記載）	（フリガナ）				※税務署処理欄	整理番号	
	法 人 名 等					部 門	
	本店又は主たる事務所の所在地	〒	（　　局　　署）			決算期	
		電話（　　）　－				業種番号	
	（フリガナ）					整理簿	
	代表者氏名						
	代表者住所	〒				回付先	□ 親署 ⇒ 子署 □ 子署 ⇒ 調査課署
	事 業 種 目	業					

減価償却資産の償却方法を下記のとおり届け出ます。

記

資産、設備の種類	償却方法	資産、設備の種類	償却方法
建 物 附 属 設 備	定率法		
構　　築　　物	定率法		
船　　　　舶			
航　空　機			
車 両 及 び 運 搬 具	定率法		
工　　　　具	定率法		
器 具 及 び 備 品	定率法		
機 械 及 び 装 置			
（　　　　）設備			
（　　　　）設備			

参考事項	① 新設法人等の場合には、設立等年月日 2　その他	平成31年 4 月 1 日

税 理 士 署 名 押 印		㊞

※税務署処理欄	部門	決算期	業種番号	番号	整理簿	備考	通信日付印	年 月 日	確認印

（規格A4）

27.06改正

50　第1章　会社設立の基本

※整理番号　

給与支払事務所等の(開設)・移転・廃止届出書

税務署受付印

平成　年　月　日

成田　税務署長殿

所得税法第230条の規定により次の
とおり届け出ます。

事務所開設者	（フリガナ）	
	氏名又は名称	**株式会社　甲**
	住所又は本店所在地	〒　**千葉県成田市○○1－2**　電話（0476）　10　－　0000
	（フリガナ）	
	代表者氏名	**税務　太郎**　㊞

（注）「住所又は本店所在地」欄については、個人の方については申告所得税の納税地、法人については本店所在地を記載してください。

(開設)・移転・廃止年月日	平成 31 年 4 月 1 日	給与支払を開始する年月日	平成 31 年 4 月 25 日

○届出の内容及び理由
（該当する事項のチェック欄□に✓印を付してください。）

「給与支払事務所等について」欄の記載事項

		開設・異動前	異動後
開設	☑ 開業又は法人の設立 □ 上記以外 ※本店所在地等とは別の所在地に支店等を開設した場合	開設した支店等の所在地	
移転	□ 所在地の移転	移転前の所在地	移転後の所在地
	□ 既存の給与支払事務所等への引継ぎ （理由）□ 法人の合併　□ 法人の分割　□ 支店等の閉鎖 　　　　□ その他（　　　）	引継ぎをする前の給与支払事務所等	引継先の給与支払事務所等
廃止	□ 廃業又は清算結了　□ 休業		
その他（　　　　　　　　　　）		異動前の事項	異動後の事項

○給与支払事務所等について

	開設・異動前	異動後
（フリガナ） 氏名又は名称		
住所又は所在地	〒 電話（　　）　　－	〒 電話（　　）　　－
（フリガナ） 責任者氏名		

従事員数	役員	1 人	従業員	5 人	（　　）人	（　　）人	（　　）人	計　　　人

（その他参考事項）

税理士署名押印	㊞

（規格A4）

※税務署処理欄	部門	決算期	業種番号	入力	名簿等	用紙交付	通信日付印	年月日	確認印

23．12改正

（源0301）

5 会社設立時の税務上の手続 *51*

源泉所得税の納期の特例の承認に関する申請書

	※整理番号	

税務署受付印

平成　　年　月　日

成田　税務署長殿

（フリガナ）	
氏 名 又 は 名 称	株式会社　甲
住 所 又 は 本 店 の 所 在 地	〒 千葉県成田市○○１-２ 電話 0476 - 10 - 0000
（フリガナ）	
代 表 者 氏 名	税務　太郎　㊞

　次の給与支払事務所等につき、所得税法第 216 条の規定による源泉所得税の納期の特例についての承認を申請します。

給与支払事務所等に関する事項	給与支払事務所等の所在地 ※　申請者の住所（居所）又は本店（主たる事務所）の所在地と給与支払事務所等の所在地とが異なる場合に記載してください。	〒 電話　　　-　　　-		
	申請の日前６か月間の各月末の給与の支払を受ける者の人員及び各月の支給金額 〔外書は、臨時雇用者に係るもの〕	月 区 分	支 給 人 員	支 給 額
		年　　月	外 　　　　人	外 　　　　円
		年　　月	外 　　　　人	外 　　　　円
		年　　月	外 　　　　人	外 　　　　円
		年　　月	外 　　　　人	外 　　　　円
		年　　月	外 　　　　人	外 　　　　円
		年　　月	外 　　　　人	外 　　　　円
	1　現に国税の滞納があり又は最近において著しい納付遅延の事実がある場合で、それがやむを得ない理由によるものであるときは、その理由の詳細 2　申請の日前１年以内に納期の特例の承認を取り消されたことがある場合には、その年月日			

税 理 士 署 名 押 印	㊞

※税務署処理欄	部門	決算期	業種番号	入力	名簿	通信日付印	年 月 日	確認印

24.12 改正

52　第1章　会社設立の基本

申告期限の延長の特例の申請書

		※整理番号	
		※連結グループ整理番号	

税務署受付印

	提出法人	納　税　地	〒 千葉県成田市○○1－2 電話(0476) 10　－　0000
平成　年　月　日	☑単体□連結法親人法人	（フリガナ） 法　人　名　等	株式会社　甲
		法　人　番　号	｜　｜　｜　｜　｜　｜　｜　｜　｜　｜　｜　｜
		（フリガナ） 代 表 者 氏 名	税務　太郎　　　　　㊞
		代 表 者 住 所	〒 千葉県成田市○○3－4
成田 税務署長殿		事 業 種 目	飲食業、経営コンサルティング業

自平成31年 4月 1日　☑ 事業年度から法人税の確定申告書
至令和 2年 3月31日　□ 連結事業年度から法人税の連結確定申告書　の提出期限を延長したいので

申請します。

記

1　申告期限 　　延長期間	確 定 申 告 書	☑ 1月だけ延長したい場合 □ 2月以上の月数の指定を受けようとする場合　　その月数（　　　）
	連結確定申告書	□ 2月だけ延長したい場合 □ 3月以上の月数の指定を受けようとする場合　　その月数（　　　）

2　確定申告書若しくは連結確定申告書の提出期限まで(指定を受けようとする場合には事業年度終了の日の翌日から3月以内又は連結事業年度終了の日の翌日から4月以内)に決算が確定しない、又は各連結事業年度の連結所得の金額若しくは連結欠損金額及び法人税の額の計算を了することができない理由

定款○条により、定時株主総会が決算期末日後3ヶ月以内に開催されるため。

3　その他の参考事項

税 理 士 署 名 押 印		㊞

（規格A4）

※税務署 処理欄	部門	決算期	業種番号		番号	入力	名簿等		通信日付印	確認印
	回付先　□ 親署→子署　・　□子署→調査課								年　月　日	

27.06改正

5　会社設立時の税務上の手続　　*53*

						1	0	4	0

税務署受付印

個人事業の開業・廃業等届出書

		住所地・居所地・事業所等（該当するものを○で囲んでください。）
成田　税務署長	納税地	（〒　－　） 千葉県成田市○○1－2 （TEL 0476 - 10 - 0000）
＿＿年＿＿月＿＿日提出	上記以外の住所地・事業所等	納税地以外に住所地・事業所等がある場合は記載します。 （〒　－　） （TEL　－　－　）
	フリガナ 氏　名　　税務　太郎　㊞	生年月日　大正・昭和・平成　50年　7月　7日生
	個人番号	
	職　業　飲食店店主	フリガナ 屋　号　居酒屋　甲

個人事業の開廃業等について次のとおり届けます。

届出の区分 [該当する文字を○で囲んでください。]	開業（事業の引継ぎを受けた場合は、受けた先の住所・氏名を記載します。） 住所＿＿＿＿＿＿　氏名＿＿＿＿＿＿ 事務所・事業所の（新設・増設・移転・廃止） 廃業（事由）法人の設立による （事業の引継ぎ（譲渡）による場合は、引き継いだ（譲渡した）先の住所・氏名を記載します。） 住所＿＿＿＿＿＿　氏名＿＿＿＿＿＿
所得の種類	不動産所得・山林所得・事業（農業）所得　　〔廃業の場合……全部・一部（　　　　）〕
開業・廃業等日	開業や廃業、事務所・事業所の新増設等のあった日　　平成 31年　3月 31日
事業所等を新増設、移転、廃止した場合	新増設、移転後の所在地　　　　　　　　　（電話）
	移転・廃止前の所在地
廃業の事由が法人の設立に伴うものである場合	設立法人名　株式会社　甲　　代表者名　税務　太郎
	法人納税地　千葉県成田市○○1－2　　設立登記　平成 31年　4月　1日
開業・廃業に伴う届出書の提出の有無	「青色申告承認申請書」又は「青色申告の取りやめ届出書」　　有・無
	消費税に関する「課税事業者選択届出書」又は「事業廃止届出書」　　有・無
事業の概要 [できるだけ具体的に記載します。]	飲食業、経営コンサルティング

給与等の支払の状況	区　分	従事員数	給与の定め方	税額の有無	その他参考事項
	専従者	1 人	月給	有・無	
	使用人	4 人	月給	有・無	
	計	5 人		有・無	
	源泉所得税の納期の特例の承認に関する申請書の提出の有無	有・無	給与支払を開始する年月日　平成　年　月　日		

関与税理士 （TEL　－　－　）	税務署整理欄	整理番号			関係部門連絡	A	B	C	番号確認	身元確認
		0								□ 済 □ 未済
		源泉用紙交付	通信日付印の年月日	確認印	確認書類 個人番号カード／通知カード・運転免許証 その他（　　）					
			年　月　日							

54 第1章 会社設立の基本

					1	1	1	0

税務署受付印

所得税の青色申告の取りやめ届出書

___成田___ 税務署長

___年___月___日提出

納　税　地	住所地・居所地・事業所等（該当するものを○で囲んでください。） （〒　　－　　　） **千葉県成田市○○1－2** (TEL 0476 - 10 - 0000)
上記以外の 住　所　地・ 事　業　所　等	納税地以外に住所地・事業所等がある場合は記載します。 （〒　　－　　　） (TEL　　－　　－　　)
フリガナ 氏　　　名	**税務　太郎**　㊞	生年月日	大正 昭和 50 年 7 月 7 日生 平成
個　人　番　号	：：：：：：：：：：：：		
職　　　業	**飲食店店主**	フリガナ 屋　号	**居酒屋　甲**

平成 **31** 年分の所得税から、青色申告書による申告を取りやめることとしたので届けます。

1　青色申告書提出の承認を受けていた年分

~~平成~~

昭和 **12** 年分から平成 **31** 年分まで

2　青色申告書を取りやめようとする理由（できるだけ詳しく記載します。）

　法人成りにより個人事業を廃業するため。

3　その他参考事項

関与税理士 (TEL　　－　　－　　)	税務署整理欄	整　理　番　号		関係部門 連絡	A	B	C	番号確認	身元確認
		0｜							□ 済 □ 未済
		通信日付印の年月日	確認印	確認書類					
		年　　月　　日		個人番号カード／通知カード・運転免許証 その他（　　　　）					

5 会社設立時の税務上の手続 　55

第五十九号様式
その一（一般用）

法　人　の　設　立　等　報　告　書

管理番号	
処理日	

受付印

平成　　年　　月　　日

千葉県 佐倉県税事務所長　様

※コード欄	登録事由		組織区分		業種コード				法人区分	
	課税標準区分		非課税区分		分割区分					

千葉県県税条例第22条の規定により次のとおり報告します。

納税義務者	（ふりがな）			
	本店等の所在地	〒（都道府県）（市町村）千葉 成田市○○1-2	電話（0476）10 -0000	
	（ふりがな）		（ふりがな）	
	法人名	株式会社　甲	代表者氏名	税務　太郎　㊞
	法人番号			

設立登記年　月　日	H31・4・1	資本金の額又は出資金の額	1,000 千円	事業年度	H31・4・1 から R2・3・31 まで
		事業の目的	飲食業・経営コンサルティング		・　・　　から　　　　　・　・　　まで

報告の区分　（設　立）・（設　置）・（廃　止）・（変　更）・（休　業）・（解　散）・（結　了）・（合　併）・（その他）

事務所又は事業所の設置・廃止	本店以外に本店が所在するときは、本県における主たる事務所又は事業所	名称	所在地		設置・廃止年月日	
			〒		設置日	・・
			電話（　　）　-		廃止日	・・
	従たる事務所又は事業所（支店、出張所、工場等）の設置・廃止状況				設・廃	・・
					設・廃	・・
					設・廃	・・
	他の都道府県に本店を有する法人にあっては本県内の事務所等の設置・廃止状況				設・廃	・・
					設・廃	・・
	連絡先等		〒　　　　　　　　　　電話（　　）　-			
	支店等廃止の場合	他の支店等が本県内に存在（（す　る）・（しない）） ※存在する場合は下欄に記載してください。				
		所在地・名称	電話（　　）　-			
	申告期限の延長の処分（承認）の（有）（無）	事　業　税	・・ から ・・ までの事業年度から	月間		
		県　民　税	・・ から ・・ までの事業年度から	月間		

報告事項の変更	① 本店等の所在地※	変更前		登記年月日　平成　　　年　　月　　日	
	② 組織・商号				
	③ 代表者				
	④ 資本金の額等	変更後			
	⑤ 事業年度（決算期）				
	⑥ 連絡先等				
	⑦ その他	変更年月日　平成　　年　　月　　日			
	※本店等所在地変更の場合	旧の本店等は事務所等として（存　続）・（廃　止）する。	※本県内に本店が移転した場合は申告期限の延長の有無を記載してください。		

休業予定期間	・・ から ・・ まで	理由及び状況		申告書の送付（要）・（不要）

解散・結了（合併解散を除く。）	清算人	住所	〒		解散日 ・・（登記日　　　）結了日 ・・（登記日　　　）
		（ふりがな）			
		氏名			
			電話（　　）　-		

合併	被合併法人	住所	〒		合併日 ・・（登記日　　　）
		（ふりがな）			
		名称			
			電話（　　）　-		

関与税理士住所・氏名	〒　　　　　　　　㊞電話（　　）　-	還付を受けようとする金融機関及び支払方法	口座番号（普通・当座）	銀行　　　支店

(2016.1)

56　第1章　会社設立の基本

<table>
<tr><td colspan="5">申告書の提出期限の延長の処分等の届出書・承認申請書</td><td>整理番号</td><td></td><td rowspan="8">第十三号の二様式（第三条・第四条の四関係）</td></tr>
<tr><td rowspan="2">受 付 印</td><td>平成　年　月　日</td><td>※</td><td colspan="2">発 信 年 月 日</td><td></td><td></td></tr>
<tr><td></td><td rowspan="2">処理事項</td><td>通信日付印</td><td>確認印</td><td></td><td></td></tr>
<tr><td colspan="2">千葉県　佐倉　県税事務所長　　様</td><td></td><td></td><td></td><td></td></tr>
</table>

所 在 地 及 び 電 話 番 号	千葉県成田市○○1-2　〒 （電話　0476-10-0000　）
（ ふ り が な ） 法 人 名 及 び 法 人 番 号	株式会社　甲　　　（法人番号）
（ ふ り が な ） 代 表 者 氏 名 印	税務　太郎
経 理 責 任 者 氏 名 印	
資 本 金 の 額 又 は 出 資 金 の 額	1,000,000 円

法人税に係る申告書の提出期限の延長の処分等の届出（道府県民税関係）

平成31年4月1日から
令和 2年3月31日まで の 事業年度分 から法人税の 確定申告書 の提出期限の延長について
連結事業年度分 連結確定申告書

下記のとおり延長の処分があった
下記のとおり指定に係る月数が変更された ので届け出ます。
下記のとおり延長の処分を受けている法人と連結して法人税を納めることとなった

記

確定申告書又は連結確定申告書の提出期限の延長期間　　　（　1　）月間
変更後の指定に係る月数　　　　　　　　　　　　　　　　（　　）月間

事業税等に係る申告書の提出期限の延長の承認申請

平成31年4月1日から
令和 2年3月31日まで の事業年度分から事業税及び地方法人特別税の申告書の提出期限を延長したい
ので申請します。

1. 申告書の提出期限の延長期間　　指定を要しない場合　　　1月間　（連結申告法人は2月間）
　　　　　　　　　　　　　　　　　指定を要する場合　　（　　）月間

2. 申告書の提出期限まで（指定を受けようとする場合には、事業年度終了の日から3月以内）に
決算が確定しない理由（連結申告法人にあっては、申告書の提出期限まで（指定を受けようとす
る場合には、事業年度終了の日から4月以内）に連結親法人の決算が確定しない理由又は連結親
法人が連結所得の計算を了することができない理由）

定款○条により、定時株主総会が決算期末日後3ヶ月以内に開催されるため。

連 結 親 法 人 の 本 店 所 在 地 及 び 電 話 番 号	〒 （電話　　　　　　　）
（ ふ り が な ） 連結法人の名称及び法人番号	（法人番号）
関 与 税 理 士 署 名 押 印	（電話　　　　　　　）

◎「法人税に係る申告書の提出期限の延長の処分等の届出（道府県民税関係）」及び「事業税等に係る申告書の提
出期限の延長の承認申請」は、それぞれ届出又は申請の期限が異なるので留意してください。

事 業 年 度 中 に 有 し て い た 事 務 所 又 は 事 業 所 の 所 在 地

この欄は、県内及び県外に有していた事務所等の所在地をすべて記載し、記載しきれない場合は、別紙に記載して
添付してください。

(2016.1)

5 会社設立時の税務上の手続 *57*

第七十七号様式

受付印				
	年　月　日	住　所	（〒　　－　　　） 千葉県成田市○○1－2 （電話　0476－10－0000　　　）	
千葉県 佐倉 県税事務所長　様		ふりがな 氏　名	税務　太郎	印

個人の事業の開始等の報告書

千葉県県税条例第45条の規定により、次のとおり報告します。

報 告 区 分	① 事業の開始　　　② 事業の廃止　　　③ 事務所等の設置 ④ 事務所等の廃止　　⑤ 報告事項の変更
報 告 事 由 の 発 生 年 月 日	平成 31 年 4 月 1 日

事 業 の 種 類	飲食業	屋 号 等	居酒屋　甲

事務所又は事業所の 名称及び所在地	県　　　　内		県　　　　外	
	名　　称	所 在 地	名　　称	所 在 地

報 告 事 項 の 変 更 の 場 合	変 更 前	
	変 更 後	

備　　　考	

注　報告者は、氏名を自署することにより、押印を省略することができます。

58 第1章 会社設立の基本

法 人 設 立 等 申 告 書

受付印			法 人番 号	

	フリガナ		
年　月　日	法人名	**株式会社　甲**	
	本 店所在地	〒　千葉県成田市○○１－２	電話　0476（10）　0000
(あて先) 成 田 市 長	送付先連絡先	〒　同上	電話　（　）
次のとおり申告します	代表者	**税務　太郎**	㊞

<table>
<tr><td rowspan="7">設立（設置・転入）</td><td colspan="2">設 立 日</td><td>平成31 年　4 月　1 日</td><td>支店設置日
(転入日)</td><td colspan="2">年　　　月　　　日</td></tr>
<tr><td colspan="2">事 業 種 目</td><td>飲食業・経営コンサルティング</td><td>分 割 区 分</td><td colspan="2">1. 市内法人
2. 県内分割
3. 県外分割</td></tr>
<tr><td rowspan="2">事業年度</td><td>初年度</td><td>H31年4月1日 ～ R2年3月31日</td><td rowspan="2">資本金又は出資金等</td><td>資 本 金</td><td>1,000,000 円</td></tr>
<tr><td>平年度</td><td>4 月　1 日～　3 月 31 日
　　月　　日～　　　月　　日</td><td>資本積立金</td><td>円</td></tr>
<tr><td colspan="2">市内事業所</td><td>名 称</td><td>所在地</td><td>〒</td><td>電話　（　）</td></tr>
<tr><td colspan="2">申告期限の延長</td><td>(有)・無　　1 月間</td><td>全従業員数</td><td>6 人</td><td>市内従業者数　　6 人</td></tr>
</table>

		変更した事項	本店所在地支店等所在地組織・商号代表者資本金等事業年度その他〔　　　〕	変更後		年　　　月　　　日
既に申告した事項に変更が生じた事項等				変更前		
		変更年月日	年　月　日	登記年月日		年　　月　　日
	廃　　止		名 称	所 在 地		廃 止 年 月 日 年　月　日
	解　散 (合併解散を除く)	清算人	住　所　〒 氏　名	電話　（　）		解 散 (登記) 年月日 年　月　日 (　年　月　日)
	合　併	被合併法人	所 在 地　〒 名　称	電話　（　）		合 併 (登記) 年月日 年　月　日 (　年　月　日)
	＊ 休　業	連絡先	所 在 地　〒 氏　名	電話　（　）		休 業 年 月 日 年　月　日

＊休業の理由等詳細に変更後の欄に明記して下さい

関 与税理士	氏名	㊞	本店移転・事業所廃止後の状況
	電話		成田市内に事業所等　　**有 ・ 無**

(注)　・この申告書は、法人設立・設置・異動又は事業所等の設置廃止の日から30日以内に提出して下さい。
　　　・登記簿謄本の写し及び定款を添付して下さい。
　　　・登記を要しない事項については、議事録等事実を証明できる書類の写し一部を添付して下さい。

6 同族会社

（1） 同族会社の定義

　同族会社とは、会社の株主等（その会社の3人以下並びにこれらと政令で定める特殊の関係のある個人及び法人（以下「株主等」という。））が、その会社の発行済株式等の50%超を有する会社をいいます（法法2十）。

　政令で定める特殊の関係のある個人とは、株主等の親族（配偶者及び六親等以内の血族と三親等以内の姻族）、株主等と内縁関係にある者、株主等の使用人及び使用人と生計を一にする親族、株主等から受け取る金銭又はその他の資産によって生計を維持している者をいいます（法令4①）。

　政令で定める特殊の関係のある法人とは、その株主等が、他の会社の持株割合、議決権割合、社員数割合で過半数を占めている会社をいいます（法令4②）。

　なお、平成18年5月1日施行の会社法で種類株式の発行が認められたため、平成18年度税制改正において、新たに議決権の数による判定が追加され、下記のいずれかの決議について3人以下の株主等で50%超の議決権を有している場合には同族会社と判定します（法令4②③）。

---

① 事業の全部もしくは重要な部分の譲渡、解散、継続、合併、分割、株式交換、株式移転又は現物出資に関する決議

② 役員の選任、解任に関する決議

③ 役員報酬、賞与その他の職務執行の対価として会社が供与する財産上の利益に関する事項についての決議

④ 剰余金の配当又は利益の配当に関する決議

　個人事業からの法人成りの場合や、新規に会社設立を行った場合は、ほとんどが同族会社に該当するケースが多いと考えられます。

　会社を設立し、株主構成により同族会社に該当する場合は、後述する同族

60 第1章 会社設立の基本

会社の留保金課税や同族会社の行為計算の否認規定、同族会社の持株割合の判定によるみなし役員の定めがあり、法人税法上の特別な取扱いが適用されます（みなし役員については、前述のとおり）。

（2） 留保金課税の適用を受ける同族会社

　留保金課税とは、内国法人である同族会社において各事業年度の留保金額が法人税法で定める留保控除額を超える場合には、通常の法人税にその超える部分の留保金額に特別税率を乗じた金額を加算する制度をいいます（法法67①）。

　同族会社においては、株主と経営者が同一である場合が多く、会社に利益があっても、経営者は、自身が株主として受け取る配当金に対する累進課税を避けるため、あえて配当を行わないで、会社に利益を留保しておくことがあります。こうした場合には、株主の配当所得に対する所得税課税のタイミングが遅れるため、これを防ぐことを目的としてこの制度が設けられています。

　留保金課税の適用を受ける同族会社は、持株比率の最も高い株主グループの持株比率が、その法人の発行済株式総数の50％超になる会社（特定同族会社）で、資本金1億円超、かつ、中小企業新事業活動促進法に規定する経営革新計画の承認を受けていない会社となります。

　したがって、特定同族会社に該当しても、資本金が1億円以下の同族会社については、留保金課税の適用を受けることはありません。

　なお、国税庁平成30年3月発表の「平成28年度分会社標本調査」において、特定同族会社の留保金課税の適用を受ける資本金1億円を超える特定同族会社の法人数は、全法人数267万2,033社中、4,782社であり、全体の0.17％しか該当していません。

　上記より、実務上、資本金1億円を超える特定同族会社に該当する会社は僅少であると考えられ、特に中小企業において影響を受けるケースは少ないものと考えられます。

（3）　同族会社の行為計算の否認

　同族会社に該当する会社では、株主と経営者が同一である場合が多く、会社の取引と個人的な取引とを混同してしまう傾向が強いため、法人税などの負担を不当に減少させる目的で、非同族会社では容易に行えないような取引をする恐れがあると考えられています。

　そこで、このような同族会社の租税回避行為を牽制する目的から、法人税法では、同族会社等の取引で、「これを容認した場合には法人税の負担を不当に減少させる結果となる」ものがある場合に、税務署長はその法人の行った取引や計算にかかわらず、適正な取引が行われたものとして法人税などの課税所得や法人税額などを計算することができるという規定が設けられています（法法132）。

　同族会社において、恣意的な取引を行う場合は、税務上のリスクが生じますので注意が必要です。

　実務的には、当該取引につき、非同族会社の行う取引と同様に置き換えて考え、法人税の不当な減少を避けることが、税務上、非常に重要であると考えられます。

第 2 章

役員等の給与

第2章のポイント
（役員等の給与）

○ 定期同額給与の支給額の改定があった場合でも、当該改定が業績悪化改定事由による減額改定等、一定の要件を満たすときは、定期同額給与として取り扱われます。

○ 定期同額給与及び事前確定届出給与のうち、不相当に高額な部分は損金の額に算入されず、この判定は、実質基準及び形式基準の2つの基準によって行われます。

○ 役員退職給与のうち、不相当に高額な部分は損金の額に算入されず、この判定は、役員の業務従事期間や同種同規模法人の役員退職給与の支給状況等に照らして行われます。

○ 役員退職給与については、平成18年度税制改正により損金経理要件が廃止されており、原則として、株主総会決議等で支給額が確定した日の属する事業年度で損金算入されます。ただし、損金経理を要件として、支給した日の属する事業年度で損金算入することもできます。

○ 分割支給される役員退職給与は、未払金計上時に全額損金算入が可能ですが、退職年金に該当する場合には、支給の都度、損金算入することとなります。

○ 役員退職給与が現物の資産によって支給される場合においては、当該資産の時価相当額が役員退職給与の額とされ、また、消費税の課税資産により代物弁済として支給される場合は、消費税の課税対象となります。

○ 法人税法において、役員給与の損金不算入の規定を適用する場合における給与には、「債務の免除による利益その他の経済的な利益」が含まれ、法人税基本通達で12種類の経済的利益を例示しています。

○ 経済的利益が所得税法上課税の対象とされず、かつ、法人が役員給与等として経理しなかったときは、法人税法上も給与として取り扱わないこととされています。

○ 通達に規定されている基本となる経済的利益は、資産の無償又は低価による譲渡、資産の無償又は低価による貸与、金銭の無利息又は低利による貸付け、用役の無償又は低価による提供、債務免除益等の5種類です。

はじめに

同族会社においては、役員等に対する給与は、経営者の個人的意思でほぼ自由に決定することができると考えられます。例えば、多額の利益が見込まれる事業年度に多額の役員報酬を計上し、法人税等の負担を不当に軽減するといったような、経営者による意図的な操作が行われることが容易に想像できます。この恣意性を排除するために、法人税法は役員等に対する給与に係る諸規定を設けています。

役員等に対する給与の法人税法における取扱いは、会社法や会計基準など周辺の制度が大きく変化する機会に合わせ、平成18年度税制改正において、大きく変わりました。

改正前は、定期に定額支給するものを「報酬」、それ以外のものを「賞与」と区別し、役員賞与に該当するものについては損金不算入として取り扱っていましたが、この区別については、基準としては明確である反面、画一的・形式的に過ぎるとの指摘がありました。

そこで、平成18年度改正では、従来の役員報酬に相当するものだけでなく、事前の定めにより役員給与の支給時期・支給金額に対する恣意性が排除されているものについても損金算入を認めることとする等の改正が行われました。具体的には、役員給与のうち、定期同額給与、事前確定届出給与及び業績連動給与に該当するものの損金算入が認められました。ただし、これらの役員給与であっても、不相当に高額な部分の金額及び隠ぺい、仮装経理によるものは損金不算入とされます。

本章では、主に、定期同額給与、事前確定届出給与及び役員給与のうち損金不算入となる不相当に高額な部分等について、解説を行います。

また、役員退職給与についても、同改正において、損金経理要件が廃止されています。これは、会社法において、利益処分による支給ができないこととされたこと等を踏まえた改正です。この役員退職給与についても法人税法上の考え方について解説します。

66　第2章　役員等の給与

　さらに、法人税法34条4項が役員給与には、「債務の免除による利益その他の経済的な利益を含むものとする」と規定していることから、役員給与についての考察をするうえにおいて、避けて通ることのできない「経済的利益と会社経費」についても言及します。

1 役員報酬・賞与

(1) 定期同額給与

　毎月定額で支給される役員報酬（従来のいわゆる定時定額給与）は、定期同額給与として規定されています。定期同額給与とは、「額面」が同額である定期給与と取り扱われていたところ、平成29年度税制改正において、定期同額給与の範囲に、税及び社会保険料の源泉徴収等の後の金額が同額である定期給与が加えられたことにより、いわゆる「手取り」が同額である定期給与も定期同額給与に該当することとなりました。詳細は以下のとおりです。

【図表2－1　定期同額給与の類型】

類　　　型	根拠条文
その支給時期が1月以下の一定の期間ごとである給与で、当該事業年度の各支給時期における支給額又は支給額から源泉税等の額を控除した金額が同額であるもの	法法34①一・法令69②
当該事業年度開始の日の属する会計期間開始の日から3月を経過する日までに改定された定期給与	法令69①一イ
役員の職制上の地位の変更、職務の内容の重大な変更その他これらに類するやむを得ない事情により改定された定期給与	法令69①一ロ
当該法人の経営の状況が著しく悪化したことその他これに類する理由により改定された定期給与	法令69①一ハ
継続的に供与される経済的な利益のうち、その供与される利益の額が毎月おおむね一定であるもの	法令69①一二

(注1) 上表の法法34①一及び法令69②に規定する「源泉税等の額」とは、源泉徴収をされる所得税及び復興特別所得税の額、特別徴収をされる地方税の額、定期給与の額から控除される社会保険料の額その他これらに類するものの額の合計額をいいます。

(注2) 上表の法令69①一イ、ロ及びハに規定する定期給与が定期同額給与に該当するためには、「その改定前の各支給時期における支給額又は支給額から源泉税等の額を控除した金額が同額であること」及び「その改定以後の各支給時期における支給額又は支給額から源泉税等の額を控除した金額が同額であること」が必要となります。

(注3) 以下、本文中において、「その支給時期が1月以下の一定の期間ごとである給与」を「定期給与」といいます。

　当該事業年度の1月以内の各支給時期に同額を支給する場合に限り、定期同額給与に該当し、損金算入が可能となります。事業年度の中途における増

68　第2章　役員等の給与

減がある場合や臨時・不定期な支給の場合には、原則として、定期同額給与には該当せず、損金不算入となります。

定期同額給与について、以下に留意点を記載します。

① 定期給与の改定

上記のとおり、当該事業年度開始の日の属する会計期間開始の日から3月を経過する日までに役員給与を改定した場合には、「その改定前の各支給時期における支給額又は支給額から源泉税等の額を控除した金額が同額である定期給与」及び「その改定以後の各支給時期における支給額又は支給額から源泉税等の額を控除した金額が同額である定期給与」のそれぞれについて損金算入が認められます。

したがって、定時株主総会における定期給与の改定に当たり、当該事業年度開始時に遡及して増額改定する旨の決議を行い、当該事業年度開始の日から当該改定までの差額を別途支給した場合には当該差額全額が損金不算入の対象となります。

また、臨時株主総会等において、事業年度の中途で定期給与の増額改定が決議され、当該増額改定後の各支給時期における支給額が同額である場合は、当該増額（上乗せ）部分のみが損金不算入として取り扱われることとなります。

なお、会社が新規設立された場合も、設立の日の属する会計期間開始の日から3月を経過する日までに役員給与の金額を決定し、その支給を開始しなければ、定期同額給与として損金算入することはできません。この役員給与の決定については、あらかじめ定款で定める方法と株主総会等において定める方法とがありますが、あらかじめ定款で定める方法は現実的ではなく、設立直後に臨時株主総会等を開催して定めるのが一般的と考えられます。

【事例2−1】 定期給与の改定

問　当社（年1回3月決算）は、X1年6月25日に定時株主総会を開催し、取締役Aに対する給与月額を従来の80万円から100万円に増額

改定することを決議しました。当社の取締役に対する給与の支給日は毎月末日となっていますが、当該増額改定はＸ１年６月30日支給分からではなく、７月31日支給分から適用することとしています。

この場合、「改定前後の各支給時期における支給額が同額であるもの」という要件を満たし、定期同額給与に該当することとなるでしょうか。

答　４月から６月までの支給額又は７月から翌年３月までの支給額が同額である場合には、「改定前後の各支給時期における支給額が同額であるもの」という要件を満たすこととなるため、それぞれが定期同額給与となります。

当該事業年度開始の日の属する会計期間開始の日から３月を経過する日までに定期給与の額が改定された場合において、当該事業年度開始の日又は給与改定前の最後の支給時期の翌日から給与改定後の最初の支給時期の前日又は当該事業年度終了の日までの間の各支給時期における支給額が同額である定期給与は、定期同額給与に該当します（法令69①一）。

ご質問は、６月25日に開催した定時株主総会において定期給与の額の改定を決議したが、次の①又は②に掲げる各支給時期における支給額が同額ではないため、定期同額給与に該当しないのではないかという内容と思われます。

① 当該事業年度開始の日（４／１）から給与改定後の最初の支給時期の前日（６／29）までの間の各支給時期　⇒　４月30日（80万円）、５月31日（80万円）

② 給与改定前の最後の支給時期の翌日（６／１）から当該事業年度終了の日（翌年３／31）までの間の各支給時期　⇒　６月30日（80万円）、７月31日（100万円）、……、３月31日（100万円）

ここで、役員の職務執行期間について考察すると、定時株主総会の開催日から翌年の定時株主総会の開催日までの期間であると解するのが一

70 第2章 役員等の給与

般的であり、定時株主総会における定期給与の額の改定は、当該株主総会開催日から開始する新たな職務執行期間（以下、「翌職務執行期間」という。）に係る給与の額を定めるものであると考えられます。

　貴社の場合、6月25日から開始する翌職務執行期間に係る最初の給与の支給時期を、定時株主総会直後に到来する6月30日ではなく、その翌月の7月31日と定めたものですが、こうした定めも一般的と考えられます。

　したがって、次の①又は②に掲げる各支給時期における支給額が同額である場合には、それぞれが定期同額給与に該当することとなります。

① 当該事業年度開始の日（4／1）から翌職務執行期間に係る給与の最初の支給時期の前日（7／30）までの間の各支給時期 ⇒ 4月30日（80万円）、5月31日（80万円）、6月30日（80万円）

② 当職務執行期間に係る給与の最後の支給時期の翌日（7／1）から当該事業年度終了の日（翌年3／31）までの間の各支給時期 ⇒ 7月31日（100万円）、8月31日（100万円）、……、3月31日（100万円）

　なお、定時株主総会において6月30日支給分から増額すると決議した場合には、4月及び5月の支給額並びに6月から翌年3月までの支給額が同額であるときは、それぞれが定期同額給与に該当することとなります。

【事例2－2】 臨時の増額改定

　問　当社（年1回3月決算）は、取締役Aに対して、毎月25日に月額60万円の役員給与を支給しており、X7年5月30日に開催した定時株主総会においては、金額の改定は行いませんでした。しかし、Aの統括する部署の業績が好調に推移しているため、同年10月1日に臨時株主総会を開催し、同月支給分の給与から月額80万円に増額改定すること

が決議されました。この場合における取扱いはどのようになるのでしょうか。なお、当該増額改定は、臨時改定事由による改定に該当しない改定です。

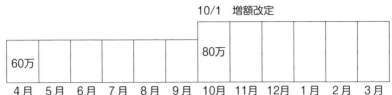

答 増額改定による上乗せ部分120万円（20万円×6月）が損金不算入額となります。

　貴社がAに支給する4月から9月までの給与は定期同額給与に該当します。また、10月以降の給与は、増額改定前の支給額である60万円に20万円を上乗せして支給することとしたものであるとみることができ、増額改定前の定期給与の額（60万円）に相当する部分が引き続き定期同額給与として支給されているものと考えられます。したがって、損金不算入額は、増額改定による上乗せ部分120万円（20万円×6月）となります。

【事例2－3】 新規設立会社における役員給与

問 当社（年1回3月決算）は、X7年6月10日に新規設立された株式会社です。次のそれぞれの場合において、取締役Aに対して支給された役員給与の取扱いはどのようになるのでしょうか。
①　X7年6月11日に臨時株主総会を開催し、取締役Aに対して、X7年6月分から、毎月25日に月額50万円の役員給与を支給することを決議し、X8年3月分まで毎月同額を支給した場合
②　会社設立から約5月が経過し、業績が好調に推移しているため、X

7年11月22日に臨時株主総会を開催し、取締役Aに対して、X7年11月分から、毎月25日に月額50万円の役員給与を支給することを決議し、X8年3月分まで毎月同額を支給した場合

答 ① 取締役Aに対する役員給与は全額が損金算入となります。

貴社がAに支給した6月から翌年3月までの給与は定期同額給与に該当します。したがって、その全額が損金算入となります。なお、補足になりますが、6月の給与の支給対象期間は1月に満たないこととなりますが、会社と役員との間に成立している契約は雇用契約ではなく、委任契約であるため、日割計算はせず、1月分の満額50万円を支給することとなります。

② 取締役Aに対する役員給与は全額が損金不算入となります。

貴社がAに対する役員給与を決定した臨時株主総会は、X7年11月22日に開催されたもので、設立の日の属する会計期間開始の日から3月を経過する日を過ぎています。したがって、貴社がAに支給した11月から翌年3月までの給与は定期同額給与には該当しませんので、その全額が損金不算入となります。

② 役員の分掌変更に伴う増額改定

代表者の急逝等、やむを得ない事情により、役員の職制上の地位、職務内容に重大な変更が生じた場合には、当該役員に対する定期給与の増額改定が、当該事業年度開始の日の属する会計期間開始の日から3月を経過する日後に行われたものであっても、増額改定前の定期給与と増額改定後の定期給与とのそれぞれが、定期同額給与として取り扱われることとなります（法令69①一、法基通9-2-12の3、国税庁質疑応答事例「役員の分掌変更に伴う増額改定（定期同額給与）」）。

③ 業績悪化改定事由による減額改定

業績、財務状況及び資金繰りの悪化等により、事業年度の中途において定

期給与を減額改定した場合には、定期同額の要件を満たさなくなるため、減額改定前の定期給与の額のうち減額改定後の定期給与の額を超える部分の金額が損金不算入となります。

しかし、業績悪化改定事由による定期給与の減額改定に該当する場合には、当該改定前の各支給時期における支給額が同額であり、かつ、当該改定以後の各支給時期における支給額が同額であれば、定期同額給与として損金算入の対象となります。この業績悪化改定事由とは、「経営の状況が著しく悪化したことその他これに類する理由」と規定され、経営状況が著しく悪化したことなどやむを得ず役員給与を減額せざるを得ない事情があることをいうので、財務諸表の数値が相当程度悪化したことや倒産の危機に瀕したことだけではなく、経営状況の悪化に伴い、第三者である利害関係者（株主、債権者、取引先等）との関係上、役員給与を減額せざるを得ない事情が生じていればこれも含まれることとされています。

したがって、次のような場合の減額改定は、通常、業績悪化改定事由による改定に該当することになります。

イ　株主との関係上、経営上の責任から役員給与を減額せざるを得ない場合

ロ　取引銀行との借入金返済リスケジュール協議上、役員給与を減額せざるを得ない場合

ハ　取引先等からの信用を維持・確保する必要性から策定した経営改善計画に役員給与の減額が盛り込まれた場合

【事例2－4】 業績悪化における定期同額給与の減額改定（1）

問　当社（年1回3月決算）は、役員給与につき、定時株主総会で支給限度額の決議をし、その後の取締役会において各人別の支給額を決定しています。

本年度は、上半期の業績が著しく悪化したため、株主との関係上、X7年10月25日に開催した取締役会において、役員としての経営上の責

74   第2章　役員等の給与

任を考慮し、同年 11 月支給分から役員給与を減額する旨の決議をしました。この場合における取扱いはどのようになるのでしょうか。

::

答　貴社における今回の役員給与の改定は、経営状況の悪化に伴い、第三者である利害関係者（株主、債権者、取引先等）との関係上、役員給与を減額せざるを得ない事情が発生したために行ったものであり、業績悪化改定事由に該当するものと考えられます。

　したがって、改定前に支給する役員給与と改定後に支給する役員給与は、いずれも定期同額給与に該当することとなります。

【事例 2 － 5】　業績悪化における定期同額給与の減額改定（2）

問　当社（年 1 回 3 月決算）は、役員給与につき、定時株主総会で支給限度額の決議をし、その後の取締役会において各人別の支給額を決定しています。

　本年度は、上半期の経常利益が対前年比で 5 ％減少したため、Ｘ 7 年 10 月 25 日に開催した取締役会において、代表取締役の経営上の責任を考慮し、同年 11 月支給分から代表取締役に対する役員給与を減額する旨の決議をしました。この場合における取扱いはどのようになるのでしょうか。

::

答　貴社における今回の役員給与の改定は、経営状況の悪化に伴うものではありますが、利害関係者との関係上、役員給与を減額せざるを得ない事情が発生したために行ったものとは認められないため、業績悪化改定事由には該当しないものと考えられます。

　したがって、改定前の各月の支給額のうち改定後の各月の支給額を超える部分の金額は損金の額に算入できないこととなります。

　実際の裁決事例を以下に紹介します。

1 役員報酬・賞与　　*75*

〔裁決事例〕
　事業年度の中途に行われた役員給与の減額改定の理由が、業績悪化改定事由には該当しないとして、役員給与の一部が損金不算入とされた事例

(国税不服審判所裁決平 23．1．25)

　本件は、審査請求人が、経常利益が対前年比で 6 ％減少したことを理由として代表取締役に対して支給していた法人税法 34 条《役員給与の損金不算入》1 項 1 号に規定する定期同額給与を事業年度の中途において減額改定したところ、原処分庁が改定理由が経営状況の著しい悪化等に該当しないから、減額前の各月の支給額のうち減額後の各月の支給額を超える部分の金額は損金の額に算入できないなどとして法人税の更正処分及び過少申告加算税の賦課決定処分を行ったのに対して、これらの処分の一部の取消しを求めた事案です。

　審判所は、一定期間の経営成績を表示する本件 5 月の損益計算書の経常利益の対前年割合が 94.2％と若干の下落があるものの著しい悪化というほどのものではないこと等から、役員給与を減額せざるを得ない事情にあったと認めることはできず、したがって、請求人が減額改定の根拠とする理由は、単に業績目標値に達しなかったということに過ぎないものと評価するのが相当であり、業績悪化改定事由には該当しないと判断しています。

④　一時的な役員給与の減額

　役員の不祥事等により、役員給与を一時的に減額した場合には、その「減額する理由が、企業秩序を維持して円滑な企業運営を図るため、あるいは法人の社会的評価への悪影響を避けるために、やむを得ず行われたものであり、かつ、その処分の内容が、その役員の行為に照らして社会通念上相当のものであると認められる場合には、減額された期間においても引き続き同額の定

76　第2章　役員等の給与

期給与の支給が行われているものとして取り扱って差し支えありません」と
されています（国税庁　質疑応答事例「一定期間の減額」）。

【事例2－6】　臨時の減額改定

問　当社は、法令違反により行政処分を受けた取締役Aにつき、定期
給与の額を3か月間20%減額することとしました。この場合に、損金不
算入額が生じるでしょうか。

‥‥

答　貴社が取締役Aに対して支給する役員給与は定期同額給与として
取り扱われ、損金不算入額は発生しません。

　事業年度の中途で役員給与の減額が行われた場合、それが臨時改定事
由によるものであるときは定期同額給与に該当するものとされています
（法令69①一）。この場合の臨時改定事由とは、役員の職制上の地位の
変更その他これらに類するやむを得ない事情をいいます。

　ここで、貴社の減額事由がこのやむを得ない事情に該当するか否かが
ポイントとなりますが、一般的に不祥事により企業秩序を乱した役員の
責任を問うために一定期間役員給与の減額を行うことは企業慣行として
定着していると考えられます。

　つまり、減額事由が、企業秩序を維持して円滑な企業運営を図るため、
あるいは法人の社会的評価への悪影響を避けるために、やむを得ず行わ
れたものであり、かつ、その処分の内容が、その役員の行為に照らして
社会通念上相当のものであると認められる場合には、やむを得ない事由
による改定として取り扱って差し支えないと考えられます（国税庁　質
疑応答事例「一定期間の減額」大蔵財務協会改）。

　したがって、貴社が取締役Aに対して支給する役員給与は定期同額給
与として取り扱われ、損金不算入額は発生しません。

⑤ 役員に対する歩合給

役員給与の支給額が、前月の売上高等の一定の指標に基づき毎月変動するような場合には、一定の業績連動給与（法人税法34条1項3号等に規定する業績連動給与）に該当するものを除き、損金に算入されません。

ただし、役員給与の額が、固定給部分と歩合給部分とに明確に区分されている場合には、当該固定給部分については、定期同額給与の要件を満たす限り、損金算入が可能です。

なお、使用人兼務役員に対して支給する使用人としての職務に対する給与について歩合制等が採用されている場合における歩合給や能率給等は、不相当に高額なものに該当しない限り、原則として、損金の額に算入されます（法法34①②）。

【事例2－7】 歩合給の取扱い

問 タクシー業を営む当社の専務取締役Aは、役員としての職務のほか、使用人と同様に乗務員としての業務にも従事しています。当社はAに対し、月額の固定給のほか、月々の乗務員別運送事業収入に応じた歩合給を支給することとしていますが、この歩合給は定期同額給与として取り扱っても差し支えないでしょうか。

なお、Aに対する歩合給の支給基準は、使用人に対する支給基準と同一です。

答 貴社が専務取締役Aに対して支給する歩合給は定期同額給与には該当しません。

役員給与のうち損金算入の対象となる定期同額給与は、当該事業年度の各支給時期における支給額が同額であるものをいうため、たとえ一定の算定基準に基づき、規則的に継続して支給されるものであっても、その支給額が同額でない給与は、定期同額給与には該当しません。

78 第2章 役員等の給与

　　したがって、各月の支給額が異なることとなる歩合給や能率給は、法
　人税法34条1項3号に規定する業績連動給与のうち一定の要件を満た
　すものに該当するものを除き、損金の額に算入されません。
　　なお、貴社のように、固定給部分と歩合給部分とがあらかじめ明らか
　となっている場合は、固定給部分については、定期同額給与の要件を満
　たす限り、損金の額に算入されます。

⑥　非常勤役員に対する年払い報酬等
　非常勤役員に対する報酬については、年1回又は年2回の支給とする例が
あります。従来は、「他に定期の給与を受けていない者に対し継続して毎年
所定の時期に確定額を支給する旨の定めに基づいて支給されるもの」は損金
算入が可能でしたが、現行法人税法の下においては、このような支給形態の
非常勤役員に対する報酬は定期同額給与に該当しないため、損金算入はでき
ません。
　ただし、これらについて、一定の要件を満たす事前確定届出給与として支
給した場合には、損金算入が可能となります（法基通9－2－12（注））。
⑦　継続的に供与される経済的利益
　定期同額給与の範囲等に規定される「継続的に供与される経済的な利益の
うち、その供与される利益の額が毎月おおむね一定であるもの」については、
法人税基本通達9－2－11において、次のとおり5種類が例示されていま
す。

【図表2－2　継続的に供与される経済的利益】

イ	役員に対する資産の贈与、資産の低額譲渡又は用役の無償もしくは低価による提供で、その経済的利益の額が毎月おおむね一定しているもの（法人税基本通達9－2－9（1）、（2）及び（8）に対応）
ロ	役員に対する居住用の土地、家屋の無償もしくは低価による提供又は金銭の無償もしくは低利による貸付けで、その経済的利益の額が毎月著しく変動するもの以外のもの（法人税基本通達9－2－9（6）及び（7）に対応）

ハ	役員に対する接待費、交際費等の名義の支出で、法人の業務のために使用したことが明らかでないもののうち、毎月定額により支給される渡切交際費に係るもの （法人税基本通達9－2－9（9）に対応）
ニ	役員の個人的費用のうち、法人が毎月負担する住宅の光熱費、家事使用人給料等で、その経済的利益の額が毎月著しく変動するもの以外のもの （法人税基本通達9－2－9（10）に対応）
ホ	役員が会員となっている社交団体等の経常会費その他の費用又は役員の生命保険料で、法人が経常的に負担しているもの （法人税基本通達9－2－9（11）及び（12）に対応）

　ここで、例えば、法人が役員にグリーン車の6か月定期券を支給している場合や、役員の年払契約生命保険料を負担している場合において、その支出が半年又は1年に1回であることから、これらの経済的利益は定期同額給与の要件を満たさないのではないかという疑問が生じる余地があります。しかし、経済的利益の額が毎月おおむね一定か否かの判断は、役員が受ける経済的利益が実質的に毎月おおむね一定か否かによって行うのであって、法人が負担する費用の支出時期によって行うものではありません。したがって、法人が負担する費用が毎月支出される形態でない場合であっても、当該役員が受ける経済的利益が実質的に毎月おおむね一定である場合は、定期同額給与に該当することとなります。

（2）　事前確定届出給与

　事前確定届出給与は、その役員の職務につき、所定の時期に確定額を支給する旨の定めに基づいて支給する給与（定期同額給与及び業績連動給与を除く。）で、一定の日までに納税地の所轄税務署長に対して、あらかじめ確定している支給時期、支給金額のほか必要事項を記載した届出をしている場合の当該給与をいいます（法法34①二、法令69③）。

　従来は臨時的ないわゆる役員賞与については損金算入が認められていませんでしたが、この事前確定届出給与の制度を利用すれば、臨時的な給与（賞

80 第2章 役員等の給与

与）であっても、一定の要件を満たす場合には損金算入が可能です。ただし、定期同額給与も含めて、不相当に高額である部分については、損金不算入となります。

① 届出を要する事項

事前確定届出給与につき、事前の届出が必要な事項は次表のとおりです（法規22の3①）。

【図表2－3　事前確定届出要記載事項】

イ	届出をする内国法人の名称、納税地及び法人番号並びに代表者の氏名
ロ	事前確定届出給与の支給の対象となる者（以下、「事前確定届出給与対象者」という。）の氏名及び役職名
ハ	事前確定届出給与の支給時期及び各支給時期における支給金額
ニ	ロの支給時期及び支給金額の決議をした日並びに決議をした機関等
ホ	事前確定届出給与に係る職務の執行を開始する日
ヘ	事前確定届出給与につき定期同額給与による支給としない理由及び事前確定届出給与の支給時期をロの支給時期とした理由
ト	当該事業年度開始の日の属する会計期間において事前確定届出給与対象者に対して事前確定届出給与と事前確定届出給与以外の給与（法人税法34条1項に規定する役員に対して支給する給与をいう。）とを支給する場合における当該事前確定届出給与以外の給与の支給時期及び各支給時期における支給金額
チ	その他参考となるべき事項

上記ニに掲げる機関等は、一般的には株主総会となります。会社法は、役員の報酬、賞与その他の職務執行の対価として株式会社から受ける財産上の利益について、定款でその額又は具体的な計算方法等を定めていないときは、株主総会で定める旨を規定しています（会社法361①）。役員賞与は受給者である役員の職務内容や会社の業績等により変動するのが一般的であり、それを定款で定めることは現実的には不可能と考えられるため、株主総会で定めることとなります。

ホについて、会社法においては、役員の選任及び役員の職務執行の対価の決定が株主総会の決議により行われること（会社法329①、361①）等から、

一般的には、役員給与は定時株主総会から次の定時株主総会までの間の職務執行の対価と解するのが相当と考えられます。したがって、「職務の執行を開始する日」とは定時株主総会開催日となります。例えば、3月決算の会社が、定時株主総会を5月24日に開催したとするとその日が職務執行開始の日となります（法基通9－2－16）。この場合において、6月1日から開始する職務に対する役員給与の額を定めることがありますが、その日が定時株主総会の翌月初であり、かつ、定時株主総会開催日に近接する日であれば、税務上も問題ありません。

　ヘ～チの項目については、前期と比較して、また、他の役員と比較して、役員給与の水準の適正性を判断するための要素であり、職務執行の対価として相当であるものに限って損金算入を認める趣旨に基づくものと考えられます。

② 届出の期限

　事前確定届出給与の届出は、納税地の所轄税務署長に対して、以下に定める日までに行わなければなりません（法法34①二、法令69③④）。

【図表2－4　事前確定届出給与の届出期限】

ケ ー ス 区 分		届 出 期 限	
イ	株主総会等の決議により役員の職務につき、所定の時期に確定額を支給する旨を定めた場合	次のうちいずれか早い日	
		a	当該決議日（当該決議日が職務執行開始日後である場合は、職務執行開始日）から1月を経過する日
		b	事業年度開始の日の属する会計期間開始の日から4月（保険会社の場合は5月）を経過する日
ロ	新規設立内国法人が、当該設立時に開始する役員の職務につき、所定の時期に確定額を支給する旨を定めた場合	当該設立の日以後2月を経過する日	

ハ	臨時改定事由により新たに事前確定届出給与の定めをした場合	次のうちいずれか遅い日	
		a	上記イの届出期限（ロに該当する場合は、ロの届出期限）
		b	臨時改定事由が生じた日から1月を経過する日
ニ	臨時改定事由により変更する場合	臨時改定事由が生じた日から1月を経過する日	
ホ	業績悪化改定事由により変更する場合（減額の場合のみ）	次のうちいずれか早い日	
		a	業績悪化改定事由による事前確定届出給与の変更に関する株主総会等の決議日から1月を経過する日
		b	当該決議日以後最初に到来する直前届出に基づく支給日の前日

（注）ニ及びホは、既に届出をしている法人が、当該届出に係る定めの内容を変更する場合の届出期限です。

【事前確定届　時系列図（年1回3月決算の場合の一般的な例）】

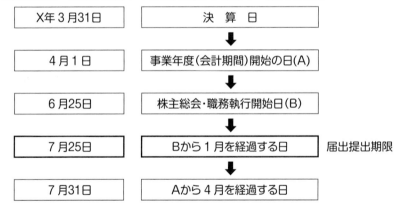

③　超過額又は未払額が発生した場合

　届出支給金額よりも多く支給した場合には、超過部分はもちろん、届出支給金額部分も含めた支給金額全額が損金不算入となります。

　届出支給金額よりも少なく支給した場合にも、当該支給金額全額が損金不算入となります。未払部分をその後一括して又は複数回に分割して支給し、

1 役員報酬・賞与　　*83*

当初支給金額との合計が届出支給金額と一致したとしても、その全額が損金不算入となります。

　事前確定届出給与は、支給時期及び支給金額が「事前に確定」していることが要件となっているところ、超過額や未払額が発生するということは「事前に確定」していなかったことを示すものであり、したがって、事前確定届出給与には該当せず、損金不算入となるものです（法基通 9 - 2 - 14）。

【事例 2 - 8】　業績悪化による事前確定届出給与の減額支給

問　当社（年 1 回 3 月決算）では、X 年 6 月 25 日の定時株主総会において、定期同額給与のほかに、各取締役に支給する役員給与について決議しました。具体的には、同年 12 月 25 日に、取締役 A に対して 200 万円、取締役 B に対して 100 万円を、X + 1 年 6 月 25 日にそれぞれ同額を支給する旨の決議をし、事前確定届出給与に関する届出を期限内に所轄税務署長に提出しました。

　X 年 12 月 25 日には、各取締役に対して届出どおりの役員給与を支給しましたが、その後の業績悪化に伴う資金繰りの都合上、X + 1 年 6 月 25 日には、取締役 A に対して 150 万円、取締役 B に対して 100 万円を支給しました。

　この場合、取締役全員分全額が損金不算入となるのでしょうか。

答　ご質問の場合、損金不算入となるのは、X + 1 年 6 月 25 日に取締役 A に対して支給した 150 万円のみです。

　法人税法 34 条 1 項 2 号は「その役員の職務につき所定の時期に確定額を支給する旨の定めに基づいて支給する給与」とし、個々の役員に係る給与について規定しています。

　したがって、A に対して届出額と異なる金額を支給しても、それが B に対する給与に影響を与えるものではないため、B に対する役員給与が

84　第2章　役員等の給与

損金不算入とはなりません。

　また、複数回の支給がある場合には、原則として、その職務執行期間に係る当該事業年度及び翌事業年度における支給について、そのすべての支給が届出どおりに行われたかどうかにより、事前確定届出給与に該当するか否かを判定することとなります。

　ご質問の場合には、原則としては、Aに対する支給額の全額350万円が損金不算入となります。

　ただし、貴社においては、当該事業年度（X＋1年3月期）中は届出どおりに支給し、翌事業年度（X＋2年3月期）中は届出どおりに支給しなかったものですが、その支給しなかったことが直前の事業年度（X＋1年3月期）の課税所得に影響を与えるものではないことから、翌事業年度（X＋2年3月期）に支給した金額のみについて損金不算入と取り扱っても差し支えないとされています。

　したがって、ご質問の場合、X＋1年6月25日に取締役Aに対して支給した150万円のみが損金不算入となります。

④　現物資産による支給

　現物資産等による支給の場合には、当該現物資産等の時価全額が損金不算入となります。

　現物資産等の時価は変動するため、現物資産等による支給は金額が「事前に確定」しているとは言えず、事前確定届出給与に該当せず、損金不算入となります（法基通9－2－15）。

（3）　業績連動給与

　法人税法は、損金の額に算入される役員給与として、定期同額給与及び事前確定届出給与のほかに、業績連動給与を規定しています（法法34①三）。

　しかし、この業績連動給与は「内国法人（同族会社にあっては、同族会社以外の法人との間に当該法人による完全支配関係があるものに限る。）がそ

の業務執行役員に対して支給する業績連動給与」と規定されており、非同族会社及び非同族会社の完全子会社である同族会社のみが支給者となることができます。

　したがって、業績連動給与を支給している同族会社は少ないと推測されるため、詳細な解説は記述しないこととします。

（注）　従来は、利益の状況を示す指標に基づいて支給額が算定される給与が「利益連動給与」と規定されていましたが、平成29年度税制改正において、指標の選択肢が拡大されたことに伴って「業績連動給与」と名称変更されました。

（4）　過大役員給与

①　過大役員給与の判定基準

　これまでに述べたとおり、定期同額給与、事前確定届出給与及び業績連動給与に該当する役員給与は、原則として損金の額に算入されますが、法人税法34条2項は、役員給与のうち不相当に高額な部分の金額は損金の額に算入しない旨を規定しています。

　この不相当に高額な部分の判定基準として、実質基準及び形式基準の2つが規定されており、これらの基準により算出される超過金額のうち、多い方の額が過大とされます。

②　実質基準

　実質基準による判定は、具体的には以下の3つの要素により行うこととなります（法令70一イ）。

イ　その役員の職務内容

ロ　その内国法人の収益及び使用人給与の支給状況

ハ　同業種・同規模の内国法人の役員給与の支給状況等

　イ〜ハに照らして、その役員の職務対価として相当であると認められる金額を超過する金額が、不相当に高額な部分と判定されます。

　なお、役員の職務内容には、職制上の地位のみならず、その職務の難易度

86　第 2 章　役員等の給与

等も含まれると解されています。

③　形式基準

　形式基準による判定においては、実際に支給した役員給与のうち、定款の規定、株主総会又はこれらに準ずる決議機関において定めている役員給与支給限度額等を超過する金額が、不相当に高額な部分と判定されます（法令 70 一ロ）。

　使用人兼務役員の場合には、実際に支給した給与額には、いわゆる使用人分の給料・手当等が含まれます（法基通 9 - 2 - 21）。

　使用人兼務役員に対する使用人分の給与を役員給与支給限度額等に含めていない法人（法基通 9 - 2 - 22 参照）においては、使用人分給与として相当な金額は次のとおり判断します。すなわち、「イ　当該使用人兼務役員が現に従事している使用人の職務とおおむね類似する職務に従事する他の使用人がいる場合には、当該他の使用人に対して支給した給与の額」、「ロ　上記のような他の使用人がいない場合には、当該使用人兼務役員が役員となる直前に受けていた給与の額、その後のベースアップ等の状況、使用人のうち最上位にある者に対して支給した給与の額等を参酌して適正に見積もった金額」とされています（法基通 9 - 2 - 23）。

　なお、法人税法 34 条 4 項が役員給与には、「債務の免除による利益その他の経済的な利益を含むものとする」と規定していることから、役員に対して継続的に供与される経済的利益がある場合には、当該経済的利益も役員給与の額に含めて判定を行わなければなりません。したがって、株主総会等において役員給与支給限度額等を決議する場合には、当該経済的利益にも言及し、その議事録等において、例えば、「定期給与のほか、上記○名の取締役に対して、必要に応じて経済的利益の額を供与する」等の記載をしておくことが望ましいと考えられます。

【事例2－9】 不相当に高額な支給（1）

問 当社は取締役Aに対し、当該事業年度中に役員給与800万円を支給しました。Aの職務内容、当社の収益状況等による、いわゆる実質基準により相当と認められる金額は500万円ですが、株主総会及び取締役会により決議された、いわゆる形式基準による金額は1,000万円です。この場合、Aに対する役員給与のうち、不相当に高額な部分と判断される金額はいくらなのでしょうか。

答 貴社の場合、取締役Aに対する役員給与800万円のうち、300万円が実質基準により不相当に高額な部分と判断され、損金に算入されないこととなります。詳細は次のとおりです。

実質基準による超過額：300万円（800万円－500万円）
形式基準による超過額：0円（800万円－1,000万円＝△200万円）
不相当に高額な部分：300万円（300万円＞0円）

【事例2－10】 不相当に高額な支給（2）

問 当社は取締役Bに対し、当該事業年度中に役員給与1,000万円を支給しました。Bの職務内容、当社の収益状況等による、いわゆる実質基準により相当と認められる金額は500万円ですが、株主総会及び取締役会により決議された、いわゆる形式基準による金額は800万円です。この場合、Bに対する役員給与のうち、不相当に高額な部分と判断される金額はいくらなのでしょうか。

答 貴社の場合、取締役Bに対する役員給与1,000万円のうち、500万円が実質基準により不相当に高額な部分と判断され、損金に算入されないこととなります。詳細は次のとおりです。

実質基準による超過額：500万円（1,000万円－500万円）
形式基準による超過額：200万円（1,000万円－800万円）
不相当に高額な部分：500万円（500万円＞200万円）

2 役員退職給与

(1) 概要

① 役員退職給与の意義

　役員退職給与の性質については、職務執行の対価であるとする考え方（多数説）、在職中の功労に対する報償であるとする考え方、又は退職後の生活保障であるとする考え方等、いろいろな解釈が存在します。

　会社法上、役員退職給与は、取締役の在職中の職務執行の対価として会社から受ける財産上の利益に該当し、判例及び学説において会社法361条の報酬に含まれると解釈されています。

　法人税法においては、使用人に対する退職給与と同様に、会社の事業遂行上の経費であり当然に損金性を有するものとして取り扱われていますが、一定の制限が置かれています。すなわち、「法人が各事業年度においてその退職した役員に対して支給した退職給与の額が、当該役員のその法人の業務に従事した期間、その退職の事情、その法人と同種の事業を営む法人でその事業規模が類似するものの役員に対する退職給与の支給の状況等に照らし、その退職した役員に対する退職給与として相当であると認められる金額を超える場合におけるその超える部分の金額」については、損金の額に算入しないと規定されています（法令70二）。

　つまり、不相当に高額な部分については、他の役員給与同様、損金不算入となるため、この不相当に高額な部分の判断が重要となります。

② 役員退職給与の範囲

　役員退職給与とは、いかなる名目で支給されるか、また、退職給与規程に基づいて支給されるかにかかわらず、役員の退職（退任）という事実に起因して支給される一切の給与をいいます。所得税法上退職給与とされるものはもちろん、相続税法上相続財産となる退職手当等、所得税法上雑所得となる退職年金等もすべて法人税法上の退職給与として取り扱われます。また、経済的利益の供与として支給される役員退職給与もあります。

90　第2章　役員等の給与

　なお、役員退職給与という名目で支給されたものであっても、その実質が退職給与ではなく、他の給与又は費用の性質を有するものは、役員退職給与として取り扱われません。

（2）　役員退職給与の損金算入時期

　役員退職給与の損金算入時期について、法人税基本通達9－2－28は次のように定めています。

　（役員に対する退職給与の損金算入の時期）

　9－2－28　退職した役員に対する退職給与の額の損金算入の時期は、株主総会の決議等によりその額が具体的に確定した日の属する事業年度とする。ただし、法人がその退職給与の額を支払った日の属する事業年度においてその支払った額につき損金経理をした場合には、これを認める。

---

①　原則的取扱い

　上記通達の前段において、役員退職給与の損金算入時期に係る原則的取扱いが定められています。すなわち、役員退職給与は、「株主総会の決議等によりその額が具体的に確定した日の属する事業年度」において、損金算入することとされています。

　なお、「株主総会の決議等」とは、株主総会、社員総会その他これに準ずるものの決議又はその委任を受けた取締役会の決議をいうこととされています。

②　例外的取扱い

　上記通達の後段においては、役員退職給与の損金算入時期に係る例外的取扱いが定められています。すなわち、役員退職給与は、「損金経理を要件に退職給与を支給した日の属する事業年度」において、損金算入することもできるとされています。

病気又は死亡等の理由により退職した役員に対して、取締役会等において内定した役員退職給与を支払うことがありますが、当該役員退職給与に係る株主総会決議等が翌期以後になる場合は、原則的取扱いによると、その支払った役員退職給与を当期の損金に算入することはできないこととなります。

しかし、例えば、役員退職給与規程等が内規として整備されている会社において、取締役会等の決議により当該規程等に基づく役員退職給与を支給し、費用計上しているような場合についてまで、原則的取扱いにより支給時の損金算入を認めないとすることは、あまりにも柔軟性に欠けると考えられます。

さらに、当該役員退職給与の支給時に所得税の源泉徴収又はみなし相続財産としての相続税課税がされているにもかかわらず、株主総会の決議等を経ていないことのみをもって損金算入を認めないことは、税務上の矛盾とも考えられます。

また、役員退職給与に係る株主総会の決議等があった場合でも、役員であったという立場上、会社の資金繰りの都合から、支給が遅れるということも容易に想像できます。このような、実態として損金と認められるような場合についてまでも、原則的取扱いしか認められないとすることには、問題があると考えられます。

上記通達後段における例外的処理についての解釈は、以上のような理由によるものと考えられます。

③　役員退職給与の分割支給

役員退職給与を分割支給する場合であっても、退職給与の確定時に全額を未払金計上するのが一般的な処理であり、未払金計上時に全額損金算入が可能です。一方、退職年金に該当する場合には、支給の都度費用計上し、損金算入することとなりますので（法基通9－2－29）、退職年金の総額が確定した時点において一括して未払金計上し全額損金算入することはできません。ただし、会計上は一括して未払金計上し、当該事業年度に係る税務申告上において否認（加算）し、支給の都度認容（減算）する処理は可能です。

役員退職給与の分割支給と退職年金とを明確に区分する根拠となる明文規

92　第2章　役員等の給与

定はないため、どちらに該当するかは、個別の内容による判断をせざるを得ないと考えられますが、3年程度までの期間における分割支給であれば、退職年金と取り扱われることは少ないようです。ただし、資金繰りの関係といったような分割支給する合理的な理由を説明できる資料等の保存が必要と考えられます。逆に、10年超というような長期分割支給の場合は退職年金として取り扱われるようです。分割期間は別としても、会社が役員について退職年金制度を整備し、役員退職年金規程があるような場合は、それに基づく支給は当然ながら、退職年金として取り扱われます。

　なお、受給者である役員に対する課税にも影響があります。一時金の分割支給として取り扱われる場合には、受給者においては退職所得となり、分離課税の対象となります。これに対し、退職年金として取り扱われる場合には、受給者においては雑所得となり、総合課税の対象となります。

　また、業績回復等の理由により、当初支給額に追加して支給した場合は、特段の理由がある場合（不祥事に対する引責辞任により支給がカットされたが、その後名誉回復により追加支給した場合等）を除き、その追加支給した金額は決議限度額を超える支給として損金不算入とされます。

【事例2－11】　役員退職給与の損金算入時期

問　当社（年1回3月決算）は、平成X年6月に開催した臨時株主総会において、同年5月に退任した取締役A及びBに対し、それぞれ役員退職給与3,000万円及び2,000万円を支給することを決議しました。

　Aに対しては、平成X年8月に1,500万円を支払いましたが、資金繰りの都合上、残額については、当社の業績回復の状況を見ながら支給することとする旨の覚書をAとの間に取り交わしました。

　Bに対しては、平成X年8月から5年間にわたり、退職年金として支払うこととしました。

　この場合の損金算入時期はどのようになるのでしょうか。

答 貴社が元取締役Ａに対して支給する役員退職給与については、総額3,000万円を平成Ｘ＋1年3月期の損金の額に算入することとなります。

　ただし、貴社が実際に支払った日の属する事業年度において損金の額に算入することも認められます。

　Ｂに対して支払う退職年金は、その支払った日の属する事業年度の損金の額に算入することとなります。

　役員退職給与の損金算入時期は、原則として株主総会の決議等によりその額が具体的に確定した日の属する事業年度とされていますが、損金経理を要件に退職給与を支給した日の属する事業年度に損金算入することも認められています（法基通9－2－28）。

　また、退職年金については、支給すべき時の損金の額に算入することとされているため、退職年金総額をその確定した日の属する事業年度の損金の額に算入することはできません（法基通9－2－29）。

（3）　過大役員退職給与の損金不算入

　役員退職給与も、使用人に対する退職給与と同様に、会社の事業遂行上の経費であり、当然に損金性を有するものとして取り扱われていますが、一定の制限が置かれています。すなわち、会社が損金として計上した役員退職給与のうち過大な部分については、法人税法上は損金とされません（法法34②）。これは、役員退職給与が、実質的には法人の利益処分という性質を有していると解すべき場合が想定されるため、そのような場合には、不相当に高額な部分について損金算入を認めず、適正な課税を確保しようとするものと解されています。

　役員給与の過大部分について、法人税法施行令70条では、「法第34条第2項（役員給与の損金不算入）に規定する政令で定める金額は、次に掲げる金額の合計額とする」と規定しており、役員退職給与については法人税法施行

94　第2章　役員等の給与

令70条2号に次のとおり定められています。

法人税法施行令第70条（過大な役員給与の額）第2号
　内国法人が各事業年度においてその退職した役員に対して支給した退職給与の額が、当該役員のその内国法人の業務に従事した期間、その退職の事情、その内国法人と同種の事業を営む法人でその事業規模が類似するものの役員に対する退職給与の支給の状況等に照らし、その退職した役員に対する退職給与として相当であると認められる金額を超える場合におけるその超える部分の金額

---

①　過大役員退職給与の算定方法

　法令、通達等が「過大部分」に係る具体的な算定方法を規定していないため、判例や審判所の裁決事例等が参考にされていると考えられます。

　判例等で言及されているのは、退職給与適正額の算定方法であり、様々なものがありますが、主なものとして、「平均功績倍率法」、「最高功績倍率法」又は「1年当たり平均額法」を挙げることができます。これらにより算定された退職給与適正額を超過する部分を「過大部分」とするのが、現在、最も合理的な算定方法であると考えられています。

イ　平均功績倍率法

　退職役員に退職給与を支給した法人と同種の事業を営み、売上高、総資産額、純資産額、所得金額等からみて、その事業規模が類似する比較法人の役員退職給与の支給事例の平均功績倍率（退職役員の最終報酬月額に勤続年数を乗じた金額で役員退職給与の額を除して得た倍率（功績倍率）の平均値）、当該退職役員の最終報酬月額及び勤続年数を乗じて、役員退職給与を算定する方式です。具体的には次の算式を用います。

　　退職給与適正額＝最終月額報酬×勤続年数×平均功績倍率

ロ　最高功績倍率法

　比較法人の役員退職給与の支給事例の最高値の功績倍率に、当該退職役

員の最終報酬月額及び勤続年数を乗じて、役員退職給与を算定する方式です。具体的には次の算式を用います。

退職給与適正額 ＝最終月額報酬×勤続年数×最高功績倍率

ハ　1年当たり平均額法

比較法人における退職役員の退職給与の額をその勤続年数で除して得た金額の平均額に、当該退職役員の勤続年数を乗じて、役員退職給与を算定する方式です。

退職役員の最終報酬月額が退職間際に大幅に引き下げられるなど何らかの事情で適正額でない場合には、平均功績倍率によると合理性を欠く場合があり、そのような場合に合理性を持つ方式といえます。具体的には次の算式を用います。

退職給与適正額 ＝比較法人の1年当たり退職給与平均額×勤続年数

【事例2－12】　役員退職給与の算定方法

問　当社は、退任した取締役Ａに対して、役員退職給与を支給することを検討しています。役員退職給与の適正額の算定方法にはいろいろあるようですが、「平均功績倍率法」、「最高功績倍率法」及び「1年当たり平均額法」による計算の具体例を示してください。

Ａに対する最終月額報酬は100万円、勤続年数は30年です。また、平均功績倍率は3.0、最高功績倍率は3.9、比較法人の1年当たり退職給与平均額は250万円とします。

答　Ａに対する役員退職給与を、「平均功績倍率法」、「最高功績倍率法」及び「1年当たり平均額法」により計算した具体的な金額は次のとおりです。

「平均功績倍率法」：100万円×30年×3.0 ＝ 9,000万円

「最高功績倍率法」：100万円×30年×3.9 ＝ 1億1,700万円

「1年当たり平均額法」：250万円×30年＝7,500万円

〔関連判例等〕

　退職役員に対する退職給与のうちの一部の損金算入を否認した更正処分等が、平均功績倍率によって算定された金額の範囲内で行われたものであるから正当であるとされた事例（札幌地方裁判所平11.12.10）

　　本件は、退職役員に支給した退職給与の全額を損金とし法人税の申告をした原告が、被告（札幌北税務署長）から、その一部を損金に算入することはできないとしてされた更正処分等について、これらの違法を主張して取消を求めた事案です。

　　裁判所は、本件処分等においては平均功績倍率が用いられたが、原告と十分に類似した比較法人が抽出できたということはできず、比較法人としての適格を有するのは3法人のみとなるが、比較法人の数が3法人では足りないとは言い難く、その功績倍率を算出すると、本件更正処分等は、平均功績倍率によって算定された金額の範囲内で行われたものといえ、本件更正処分等は結論において正当であるとして、原告の請求を棄却しています。

　　なお、本件更正処分等において用いられた平均功績倍率は3.9でした。

② 過大役員退職給与と認定された部分の個人課税

　役員退職給与が過大と認定された場合、受給者においては、当該過大部分が所得税法上いずれの所得に該当するかによって結果が大きく異なります。

　法人税法34条2項では、法人の役員に対して支給した役員退職給与のうち不相当に高額であると認められる部分は損金の額に算入しないとは規定していますが、明確に役員賞与であると規定しているわけではありません。したがって、当該過大部分が役員賞与又は役員退職給与のいずれに該当するか

の判断は所得税法に委ねられることとなります。

　所得税基本通達30－1は、退職手当等の範囲について「退職手当等とは、本来退職しなかったとしたならば支払われなかったもので、退職したことに基因して一時に支払われることとなった給与をいう」と規定しています。

　したがって、過大役員退職給与も所得税法上は退職給与として取り扱われることとなります。ただし、本来役員賞与であるものを退職時に退職給与に含めて支給した場合や、利益配当を役員退職給与という名目で支給したことが明らかである場合等は、退職給与としては取り扱われません。

（4）　現物支給による役員退職給与

①　法人税の取扱い

　会社の業績悪化等に起因する資金繰りの都合等を理由として、株主総会で決議した役員退職給与を支給できない場合があります。このような場合には会社は何らかの対処法を考えなくてはなりません。具体的には、複数回にわたっての分割支給、業績回復後の支給、さらには、現金による支給に代えての会社所有資産の現物支給等が考えられます。

　これらのうち、現物支給の場合には、役員退職給与の額が税務上はいくらと取り扱われるかに留意する必要があります。すなわち、法人税法22条2項が、無償による資産の譲渡における収益の額は時価である旨を規定していることから、現物支給の場合には、当該資産の時価相当額が、役員退職給与の支給額とみなされます。

②　所得税の取扱い

　所得税法36条1項は、「その年分の各種所得の金額の計算上収入金額とすべき金額又は総収入金額に算入すべき金額は、別段の定めがあるものを除き、その年において収入すべき金額（金銭以外の物又は権利その他経済的な利益をもって収入する場合には、その金銭以外の物又は権利その他経済的な利益の価額）とする」と規定し、また同条2項は「前項の金銭以外の物又は権利その他経済的な利益の価額は、当該物若しくは権利を取得し、又は当該利益

を享受する時における価額とする」と規定しています。つまり、経済的利益については、それを受けたときの時価で評価することが求められています。したがって、含み益のある資産を役員退職給与として受給した役員は、当該資産の時価をもってその退職給与の収入金額とします。なお、徴収義務者たる会社が徴収すべき源泉所得税も、当該資産の時価を基に算定することとなります。

③ 消費税の取扱い

消費税法2条1項8号は、資産の譲渡等には、代物弁済による資産の譲渡が含まれる旨規定し、また、消費税法基本通達5－1－4は、代物弁済による資産の譲渡について、「…債務者が債権者の承諾を得て、約定されていた弁済の手段に代えて他の給付をもって弁済する場合の資産の譲渡をいうのであるから、例えば、いわゆる現物給与とされる現物による給付であっても、その現物の給付が給与の支払に代えて行われるものではなく、単に現物を給付することとする場合のその現物の給付は、代物弁済に該当しないことに留意する。」と規定しています。したがって、役員退職給与を、消費税における課税資産をもって現物支給した場合において、それが代物弁済に該当するときは消費税の課税対象となり、代物弁済に該当しないときは消費税の課税対象とはなりません。

【事例2－13】 役員退職給与の現物支給

問　当社は、先日開催した株主総会において、退任取締役Ａに対して、役員退職給与3,000万円を支給することを決議しました。その後同日に開催した取締役会において、当該総会決議を受け、1か月後に現金により3,000万円を支給する旨決議しました。

ところが、その直後から業績が急激に悪化し、資金繰りが厳しい状況となったため、改めて開催した取締役会において、債権者である退任取締役Ａの承諾を得た上で、現金と当社が所有するリゾート会員権（簿価：

1,000万円、時価2,000万円）により支給する旨決議し、支給を行いました。この場合、次のそれぞれにおける税務上の取扱いをご教示ください。

　　①　現金1,000万円とリゾート会員権とを支給した場合
　　②　現金2,000万円とリゾート会員権とを支給した場合

答　法人税、所得税及び消費税の取扱いをそれぞれ回答します。

1　法人税の取扱い

①　税務上の調整は不要です。

　　現金1,000万円と時価2,000万円のリゾート会員権との合計額3,000万円を支給したこととなり、株主総会において決議された金額と一致しますので、不相当に高額と認定されない限りは、損金不算入額は発生しません。

②　リゾート会員権の含み益に相当する経済的利益1,000万円が損金不算入となります。

　　現金2,000万円と時価2,000万円のリゾート会員権との合計額4,000万円を支給したこととなり、株主総会において決議された金額のほか、リゾート会員権の含み益たる経済的利益1,000万円が追加支給されたとみなされます。当該経済的利益1,000万円は過大役員退職給与として、損金不算入となります。この場合の会計上の仕訳、税務上の仕訳は次のとおりです。

【会計上の仕訳】

役員退職給与　30,000,000　／　現　　　　　金　20,000,000

　　　　　　　　　　　　　／　リゾート会員権　10,000,000

【税務上の仕訳】

役員退職給与　40,000,000　／　現　　　　　金　20,000,000

　　　　　　　　　　　　　／　リゾート会員権　10,000,000

　　　　　　　　　　　　　／　売　　却　　益　10,000,000

100 　第2章　役員等の給与

2　所得税の取扱い

①　役員退職給与を受給した退任取締役Aの退職所得の収入金額及び貴社が源泉所得税を計算する基礎とすべき役員退職給与の金額は、ともに3,000万円となります。

②　役員退職給与を受給した退任取締役Aの退職所得の収入金額及び貴社が源泉所得税を計算する基礎とすべき役員退職給与の金額は、ともに4,000万円となります。

3　消費税の取扱い

①　現金で支給することとしていた役員退職給与支払債務のうちの一部を、取締役会の決議により、現金ではなく現物で支給したため、代物弁済に該当することとなり、リゾート会員権部分については消費税の課税対象となります（ただし、リゾート会員権に土地部分が含まれている場合には、当該土地部分については、消費税は非課税となります）。

②　上記①と同様です。

　　なお、仮に、株主総会決議を受けた取締役会において、現金及びリゾート会員権により支給する旨決議していた場合には、現物給与となり、代物弁済には該当しないため、リゾート会員権部分についても消費税の課税対象とはなりません。

（注）本事例においては、会社法上の問題は考慮しておりません。

3 役員等に対する経済的利益と会社経費

(1) 総括

　法人税法において、役員給与の損金不算入の規定（法法34）又は過大使用人給与の損金不算入の規定（法法36）を適用する場合における給与には、「債務の免除による利益その他の経済的な利益」が含まれますが、この「債務の免除による利益その他の経済的な利益」とは、当該役員又は使用人に対して実質的に給与を支給したと同様の経済的効果をもたらすものをいいます。

　これらについて、法人税基本通達9－2－9《債務の免除による利益その他の経済的な利益》は12種類の経済的利益を例示しています。

　また、同通達9－2－10《給与としない経済的利益》は、供与された経済的利益が所得税法上課税の対象とされないものであり、かつ、法人が役員等に対する給与として経理しなかったものであるときは、法人税の取扱いにおいても給与として取り扱わないことを規定しています。これは、給与とするか否かは所得税の取扱いによって判定すべきであり、法人税においては具体的な取扱いを定めないとしたものです。

　所得税法において、所得税基本通達は、《経済的利益》について36－15から36－20、《給与等に係る経済的利益》について36－21から36－35の2、《給与等とされる経済的利益の評価》について36－36から36－50等の規定を置き、具体的な取扱いを定めています。

　これらのうち、基本となるのは36－15《経済的利益》の規定であり、5種類の経済的利益が列挙されています。

(2) 法人税法における経済的利益

　法人税基本通達9－2－9《債務の免除による利益その他の経済的な利益》が例示する12種類の経済的利益は次のとおりです。

102 第2章 役員等の給与

【図表2-5 法人税基本通達における経済的利益】

①	役員等に対して物品その他の資産を贈与した場合におけるその資産の価額に相当する金額
②	役員等に対して所有資産を低い価額で譲渡した場合におけるその資産の価額と譲渡価額との差額に相当する金額
③	役員等から高い価額で資産を買い入れた場合におけるその資産の価額と買入価額との差額に相当する金額
④	役員等に対して有する債権を放棄し又は免除した場合（貸倒れに相当する場合を除く。）におけるその放棄し又は免除した債権の額に相当する金額
⑤	役員等から債務を無償で引き受けた場合におけるその引き受けた債務の額に相当する金額
⑥	役員等に対してその居住の用に供する土地又は家屋を無償又は低い価額で提供した場合における通常取得すべき賃貸料の額と実際徴収した賃貸料の額との差額に相当する金額
⑦	役員等に対して金銭を無償又は通常の利率よりも低い利率で貸し付けた場合における通常取得すべき利率により計算した利息の額と実際徴収した利息の額との差額に相当する金額
⑧	役員等に対して無償又は低い対価で⑥及び⑦に掲げるもの以外の用役の提供をした場合における通常その用役の対価として収入すべき金額と実際に収入した対価の額との差額に相当する金額
⑨	役員等に対して機密費、接待費、交際費、旅費等の名義で支給したもののうち、その法人の業務のために使用したことが明らかでないもの
⑩	役員等のために個人的費用を負担した場合におけるその費用の額に相当する金額
⑪	役員等が社交団体等の会員となるため、又は会員となっているために要する当該社交団体の入会金、経常会費その他当該社交団体の運営のために要する費用で当該役員等の負担すべきものを法人が負担した場合におけるその負担した費用の額に相当する金額
⑫	法人が役員等を被保険者及び保険金受取人とする生命保険契約を締結してその保険料の額の全部又は一部を負担した場合におけるその負担した保険料の額に相当する金額

　ただし、明らかに株主等の地位に基づいて取得したと認められるもの及び病気見舞、災害見舞等のような社会通念上の純然たる贈与と認められるものは、上記の経済的利益からは除外されます。

3 役員等に対する経済的利益と会社経費　103

（3）　所得税法における経済的利益

①　総括

　所得税基本通達36－15《経済的利益》が規定する5種類の経済的利益は次のとおりです。

【図表2－6　所得税基本通達36－15における経済的利益】

イ	物品その他の資産の無償又は低価による譲渡（所基通36－15（1））	
	物品その他の資産の譲渡を無償又は低い対価で受けた場合におけるその資産のその時における価額又はその価額とその対価の額との差額に相当する利益	
ロ	土地・家屋その他の資産の無償又は低価による貸与（所基通36－15（2））	
	土地、家屋その他の資産（金銭を除く。）の貸与を無償又は低い対価で受けた場合における通常支払うべき対価の額又はその通常支払うべき対価の額と実際に支払う対価の額との差額に相当する利益	
ハ	金銭の無利息又は低利による貸付け（所基通36－15（3））	
	金銭の貸付け又は提供を無利息又は通常の利率よりも低い利率で受けた場合における通常の利率により計算した利息の額又はその通常の利率により計算した利息の額と実際に支払う利息の額との差額に相当する利益	
ニ	その他用役の無償又は低価による提供（所基通36－15（4））	
	ロ及びハ以外の用役の提供を無償又は低い対価で受けた場合におけるその用役について通常支払うべき対価の額又はその通常支払うべき対価の額と実際に支払う対価の額との差額に相当する利益	
ホ	債務免除益等（所基通36－15（5））	
	買掛金その他の債務の免除を受けた場合におけるその免除を受けた金額又は自己の債務を他人が負担した場合における当該負担した金額に相当する利益	

　上記に関連する所得税基本通達36－21以降等の具体的規定は次のとおりです。

【図表2－7　所得税基本通達36－21以降における経済的利益】

イ	物品その他の資産の無償又は低価による譲渡		
	a	永年勤続者の記念品等（課税しない）	所基通36－21
	b	創業記念品等（課税しない）	所基通36－22
	c	商品、製品等の値引販売（課税しない）	所基通36－23

		d	残業又は宿日直をした者に支給する食事（課税しない）	所基通 36 − 24
		e	掘採場勤務者に支給する燃料（課税しない）	所基通 36 − 25
		f	寄宿舎の電気料等（課税しない）	所基通 36 − 26
		g	有価証券の評価	所基通 36 − 36
		h	保険契約等に関する権利の評価	所基通 36 − 37
		i	食事の評価	所基通 36 − 38
		j	食事の支給による経済的利益はないものとする場合	所基通 36 − 38 の 2
		k	商品、製品等の評価	所基通 36 − 39
ロ	土地・家屋その他の資産の無償又は低価による貸与			
		a	役員に貸与した住宅等に係る通常の賃貸料の額の計算	所基通 36 − 40
		b	小規模住宅等に係る通常の賃貸料の額の計算	所基通 36 − 41
		c	通常の賃貸料の額の計算に関する細目	所基通 36 − 42
		d	通常の賃貸料の額の計算の特例	所基通 36 − 43
		e	住宅等の貸与による経済的利益の有無の判定上のプール計算	所基通 36 − 44
		f	使用人に貸与した住宅等に係る通常の賃貸料の額の計算	所基通 36 − 45
		g	無償返還の届出がある場合の通常の賃貸料の額	所基通 36 − 45 の 2
		h	通常の賃貸料の額の改算を要しない場合	所基通 36 − 46
		i	徴収している賃貸料の額が通常の賃貸料の額の50％相当額以上である場合	所基通 36 − 47
		j	住宅等の貸与による経済的利益の有無の判定上のプール計算	所基通 36 − 48
ハ	金銭の無利息又は低利による貸付け			
		a	金銭の無利息貸付け等（課税しない）	所基通 36 − 28
		b	利息相当額の評価	所基通 36 − 49
ニ	その他用役の無償又は低価による提供			
		a	用役の提供等（課税しない）	所基通 36 − 29
		b	使用人に対し技術の習得等をさせるために支給する金品（課税しない）	所基通 36 − 29 の 2
		c	使用者が負担するレクリエーションの費用（課税しない）	所基通 36 − 30

3 役員等に対する経済的利益と会社経費　　*105*

	d	用役の評価	所基通 36 - 50
	債務免除益等		
	a	使用者契約の養老保険に係る経済的利益	所基通 36 - 31
	b	使用者契約の定期保険に係る経済的利益	所基通 36 - 31 の 2
	c	使用者契約の定期付養老保険に係る経済的利益	所基通 36 - 31 の 3
	d	使用者契約の傷害特約等の特約を付した保険に係る経済的利益	所基通 36 - 31 の 4
	e	使用者契約の生命保険契約の転換をした場合	所基通 36 - 31 の 5
	f	生命保険契約に係る取扱いの準用	所基通 36 - 31 の 6
ホ	g	使用者契約の保険契約等に係る経済的利益	所基通 36 - 31 の 7
	h	使用人契約の保険契約等に係る経済的利益	所基通 36 - 31 の 8
	i	使用者が負担する少額な保険料等（課税しない）	所基通 36 - 32
	j	使用者が負担する役員又は使用人の行為に基因する損害賠償金等	所基通 36 - 33
	k	使用者が負担するゴルフクラブの入会金	所基通 36 - 34
	l	使用者が負担するゴルフクラブの年会費等	所基通 36 - 34 の 2
	m	使用者が負担するレジャークラブの入会金等	所基通 36 - 34 の 3
	n	使用者が負担する社交団体の入会金等	所基通 36 - 35
	o	使用者が負担するロータリークラブ及びライオンズクラブの入会金等	所基通 36 - 35 の 2

②　課税しない経済的利益

　所得税基本通達は 36 - 21 から 36 - 30 及び 36 - 32 において、課税しない経済的利益について規定しています。

イ　永年勤続者の記念品等

　　永年勤続した役員等の表彰に当たり、その記念として旅行、観劇等に招待し、又は記念品を支給することにより、その役員等が受ける経済的利益については、次の要件のいずれも満たす場合は課税しなくて差し支えないものとされています（所基通 36 - 21）。

　a　当該利益の額が、役員等の勤続期間等に照らし、社会通念上相当と認められること

　b　当該表彰が、おおむね 10 年以上の勤続年数の者を対象とし、かつ、2

106　第 2 章　役員等の給与

回以上表彰を受ける者については、おおむね 5 年以上の間隔をおいて行
われるものであること

　なお、現物に代えて金銭を支給した場合にはその全額が課税の対象とな
ります。

　また、旅行券を支給する場合が見受けられますが、一般に、旅行券には
有効期限がなく、手数料等を負担すれば自由に換金できるため、実質的に
金銭を支給したのと同様と考えられることから、原則として、給与等とし
て課税されます。

　ただし、旅行券の支給後 1 年以内に旅行を実施し、旅行代金の精算を行
い、旅行の事実を確認できる書類を備えている場合など、旅行に招待した
のと実質的に変わりがない場合については、課税しないで差し支えないこ
ととされています（「永年勤続記念旅行券の支給に伴う課税上の取扱いに
ついて」（昭和 60.2.15 付照会に対する回答））。

【事例 2 − 14】　永年勤続者への記念支給

　問　当社では、勤続 20 年以上の永年勤続者に対して、記念として次の
ようなものを支給しようと考えています。これらについては、給与とし
て課税されることとなるでしょうか。
1　勤続 20 年に達した者に 3 泊 4 日（15 万円程度）、勤続 25 年に達し
　た者に 4 泊 5 日（20 万円程度）の日程の国内旅行をさせた場合（旅行
　費用は当社が旅行会社等に直接支払う。）
2　勤続 25 年に達した者に、20 万円に相当する旅行券を支給した場合

　答　1 の場合は課税されません。2 の場合は原則として課税されます
が、一定の要件を満たす場合は課税されません。
　1 については、社会通念上相当なものと考えられるうえ、貴社が旅行
費用を直接支払っているため、課税しなくて差し支えないものと考えら

れます。

2については、旅行券は容易に換金可能であり、その支給は実質的に金銭の支給と同様と考えられるため、原則として券面額に相当する金額の給与の支給があったものとして課税の対象となります。

ただし、永年勤続者に対し旅行券を支給した場合において、次の要件をすべて満たすときは、旅行に招待したものとして取り扱い、その金額が永年勤続者表彰として相当なものである限り、給与として課税しなくて差し支えありません。

① 旅行券の支給後1年以内に旅行を実施すること
② 旅行の範囲は、支給した旅行券の額からみて相当なものであること
③ 旅行の実施内容（旅行者、旅行日、旅行先、支払額等）の報告書をその内容を確認できる資料を添付して提出すること
④ 支給後相当期間内に旅行券の全部又は一部を使用しなかった場合には、当該使用しなかったものを返還すること

ロ　創業記念品等

創業記念、増資記念、工事完成記念又は合併記念等に際し、役員等に対しその記念として支給する記念品が、次の要件のいずれも満たす場合は、課税しなくて差し支えないものとされています（所基通36－22）。

a　その支給する記念品が社会通念上記念品としてふさわしいものであり、かつ、そのものの価額（処分見込価額により評価した価額）が1万円以下のものであること

b　創業記念のように一定期間ごとに到来する記念に際し支給する記念品については、創業後相当な期間（おおむね5年以上の期間）ごとに支給するものであること

処分見込価額により評価した金額が1万円以下かどうかの判定は、消費税等を除いた金額で行い、また、処分見込価額により評価した金額が1万円を超えて課税される場合は、消費税等を含む金額が給与等の額となりま

108　第2章　役員等の給与

す（「消費税法等の施行に伴う源泉所得税の取扱いについて（法令解釈通達）」）。

ハ　商品、製品等の値引販売

　　使用者が役員等に対し自己の取り扱う商品、製品等（有価証券及び食事を除く。）を値引販売することにより、その役員等が受ける経済的利益については、次の要件のいずれも満たす場合は、課税しなくて差し支えないものとされています（所基通36－23）。

　a　値引販売価額が自己の取得価額以上であり、かつ、通常他に販売する価額に比し著しく低い価額（通常他に販売する価額のおおむね70％未満）でないこと

　b　値引率が、全員一律であるか、又は地位、勤続年数等に応じて合理的なバランスが保たれる範囲内の格差を設けて定められていること

　c　値引販売数量が、一般消費者が自己の家事のために通常消費すると認められる程度のものであること

【事例2－15】　経済的利益の課税

問　当社は食料品の小売業を営んでおり、商品である食料品を販売価格の2割引で、役員等に値引販売しています。この値引部分について、当社の役員等は経済的利益として課税されるでしょうか。

答　貴社の場合、経済的利益として課税されることはありません。

　所得税基本通達36－23の要件について検討する必要があります。貴社の場合、①販売価格の80％での販売であり、販売価格の70％超となっていること、②値引率が全員一律であること、③値引販売数量が、自己の家事のために通常消費すると認められる程度のものであることが認められ、すべての要件を満たしていると考えられますので、課税されるこ

3 役員等に対する経済的利益と会社経費　*109*

とはありません。

ニ　残業、宿日直をした者に支給する食事

　　残業又は宿直もしくは日直をした者に対し、これらの勤務をすることにより支給する食事については、課税しなくて差し支えないものとされています（所基通36－24）。

ホ　金銭の無利息貸付け等

　　使用者が役員等に対し金銭を無利息又は低利で貸し付けたことにより、当該役員等が受ける経済的利益で、次に該当するものについては課税しなくて差し支えないものとされています（所基通36－28）。

　a　災害、疾病等により臨時的に多額な生活資金を要することとなった役員等に対して貸し付けた金額につき、その返済に要する期間として合理的と認められる期間内に受ける経済的利益

　b　役員等に貸し付けた金額につき、使用者における借入金の平均調達金利など合理的と認められる貸付利率を定め、これにより利息を徴している場合に生じる経済的利益

　c　上記以外の貸付金につき受ける経済的利益で、その年における利益の合計額が5,000円以下のもの

ヘ　用役の提供等

　　使用者が役員等に対し自己の営む事業に属する用役を無償もしくは通常の対価の額未満で提供し、又は役員等の福利厚生のための施設の運営費等を負担することにより、当該役員等が受ける経済的利益については、次の要件のいずれも満たす場合は、課税しなくて差し支えないものとされています（所基通36－29）。

　a　当該経済的利益の額が著しく多額でないこと

　b　役員だけを対象として供与されるものでないこと

ト　使用者負担のレクリエーション費用

　　役員等のレクリエーションのために社会通念上一般的に行われていると

認められる会食、旅行、演芸会、運動会等に係る費用を使用者が負担することにより、役員等が受ける経済的利益については、次の要件のいずれも満たす場合は、課税しなくて差し支えないものとされています（所基通36 － 30）。

a　当該行事に参加しなかった役員等に対し、その参加に代えた金銭の支給をしないこと

b　役員だけを対象として当該行事の費用を負担するものでないこと

なお、自己都合による不参加者に対し、その参加に代えて金銭を支給する場合には、その行事に参加しないで金銭支給を受けるという選択ができるため、参加者及び不参加者ともに、その支給を受ける金銭の額に相当する給与の支給があったものとして課税されます。

また、レクリエーション旅行（海外旅行を含む。）については、次に掲げる要件のいずれも満たす場合は、原則として課税しなくて差し支えないものとされています（ただし、その金額が多額で社会通念上相当の範囲内と認められないような場合は課税されます。）。

a　旅行期間が4泊5日（目的地滞在日数）以内であること

b　従業員等の参加割合が50％以上であること

チ　使用者負担の少額な保険料等

使用者が、役員等のために次に掲げる保険料や掛金を負担することにより、当該役員等が受ける経済的利益については、その者につきその月中に負担する金額の合計額が300円以下である場合に限り、課税しなくて差し支えないものとされています（所基通36 － 32）。

a　社会保険料（社会保険料控除の対象になるもの）

b　生命保険契約等又は損害保険契約等に係る保険料又は掛金（所基通36 － 31 から 36 － 31 の7までにより課税されないものを除く。）

③　給与等に係る経済的利益

イ　使用者契約の生命保険契約等

使用者が、自己を契約者とし、役員等（これらの者の親族を含む。）を被

保険者とする生命保険の保険料を支払ったことにより当該役員等が受ける経済的利益については、次の区分に応じ、それぞれ次のように取り扱われます（所基通36－31、36－31の2、36－31の3、36－31の4）。

a　養老保険・定期付養老保険で死亡保険金及び生存保険金の受取人又は生存保険金のみの受取人が使用者である場合及び定期保険の場合には、原則として、当該役員等が受ける経済的利益はないものとされます（所基通36－31(1)(3)、36－31の2、36－31の3）。

b　養老保険・定期付養老保険で死亡保険金及び生存保険金の受取人が被保険者又はその遺族である場合には、支払保険料相当額が給与等とされます（所基通36－31(2)、36－31の2(2)、36－31の3）。

c　養老保険・定期付養老保険で死亡保険金の受取人が被保険者の遺族であり、生存保険金の受取人が使用者である場合には、原則として、当該役員等が受ける経済的利益はないものとされます。ただし、役員又は特定の使用人(これらの者の親族を含む。)のみを被保険者としている場合、養老保険・定期付養老保険については支払保険料の50％相当額を、定期保険については支払保険料相当額を当該役員等に対する給与等とします（所基通36－31(3)、36－31の2(2)、36－31の3）。

　なお、役員等の全部又は大部分が同族関係者である場合には、たとえ会社の役員等の全部を対象として保険に加入していても、上記cただし書の取扱いが適用されます。

　また、保険加入の対象とする役員等について、加入資格の有無、保険金額等に格差が設けられていても、それが職種・年齢・勤続年数等に応じた合理的な基準により、普遍的に設けられている場合には、給与等とされる経済的利益はないものとされます（所基通36－31（注）2(2)、36－31の2（注）2、36－31の3）。

ロ　使用者契約の損害保険契約等

　使用者が自己を契約者とし、役員等のために次に掲げる保険契約又は共済契約に係る保険料等を支払ったことにより、役員等が受ける経済的利益

については、課税しなくて差し支えないものとされています（所基通36－31の7）。

- a　役員等の身体を保険の目的とする保険契約及び介護医療保険契約等
- b　役員等の身体を保険もしくは共済の目的とする損害保険契約又は共済契約
- c　役員等の地震保険料控除に規定する家屋又は資産の損害保険契約又は共済契約

ハ　役員等契約の保険契約等

使用者が、役員等が負担すべき次に掲げるような保険料又は掛金を負担した場合には、その負担額はその役員等に対する給与等として課税されます（所基通36－31の8）。

- a　役員等が契約した生命保険契約等（確定給付企業年金規約及び適格退職年金契約に係るものを除く。）又は損害保険契約等に係る保険料又は掛金
- b　社会保険料（社会保険料控除の対象となるもの）
- c　小規模企業共済等掛金（小規模企業共済等掛金控除の対象となるもの）

ニ　役員等の行為に基因する損害賠償金等

使用者が役員等の行為に基因する損害賠償金を負担することにより当該役員等が受ける経済的利益については、次のとおり取り扱われます（所基通36－33）。

- a　業務遂行上・故意又は重過失に基づかないもの
  　経済的利益なし（給与課税なし）
- b　業務遂行上・上記以外
  　給与課税
- c　業務遂行外
  　給与課税

ただし、b及びcについて、行為者である役員等の支払能力等からみて負担させることができず、止むを得ず使用者が負担したと認められる部分

がある場合は、aに準ずることとされています。

ホ　ゴルフクラブ等の入会金

　　使用者がゴルフクラブやレジャークラブの入会金を負担することにより、当該役員等が受ける経済的利益については、次のように取り扱われます（所基通36－34、36－34の3）。

　a　法人会員として入会した場合

　　　記名式法人会員で、名義人である特定の役員等が専ら法人の業務に関係なく利用するため、当該役員等が負担すべきと認められるときは給与等とされます。

　b　個人会員として入会した場合

　　ⅰ　無記名式の法人会員制度がないため個人会員として入会させた場合で、その入会が法人の業務遂行上必要であり、かつ、その入会金を法人が資産計上したときは、当該役員等が受ける経済的利益はないものとされます。

　　ⅱ　上記以外は給与等とされます。

ヘ　ゴルフクラブ等の年会費等

　　使用者がゴルフクラブやレジャークラブの年会費等を負担することにより、当該役員等が受ける経済的利益については、次のように取り扱われます（所基通36－34の2、36－34の3）。

　a　ゴルフクラブ等の年会費その他の費用を負担する場合

　　ⅰ　入会金が法人の資産として計上されているときは、当該役員等が受ける経済的利益はないものとされます。

　　ⅱ　入会金が所得税基本通達36－34により給与等とされているときは、年会費等も給与等とされます。

　b　ゴルフのプレー費用を負担する場合

　　　原則として、そのプレーをする役員等に対する給与等とされますが、その負担が法人の業務遂行上必要であると認められるときは、当該役員

等が受ける経済的利益はないものとされます。

　　c　レジャークラブの利用に係る費用を負担する場合
　　　レジャークラブの利用に応じて支払われる費用について、特定の役員等が負担すべきと認められるときは、当該役員等に対する給与等とされます。
ト　社交団体の入会金等
　　使用者が社交団体（ゴルフクラブ、レジャークラブ、ロータリークラブ及びライオンズクラブを除く。）の入会金、会費その他の費用を負担することにより、当該役員等が受ける経済的利益については、次のように取り扱われます（所基通36－35）。
　　a　個人会員として入会した役員等に係る入会金及び経常会費を負担する場合
　　　原則として、当該役員等に対する給与等とされますが、法人会員制度がないため、個人会員として入会させた場合で業務遂行上必要であると認められるときは、当該役員等が受ける経済的利益はないものとされます。
　　b　経常会費以外の費用を負担する場合
　　　業務遂行上必要であると認められるときは、当該役員等が受ける経済的利益はないものとされますが、特定の役員等が負担すべきであると認められるものは、当該役員等に対する給与等として取り扱われます。
チ　ロータリークラブ、ライオンズクラブの入会金等
　　使用者がロータリークラブやライオンズクラブの入会金、会費その他の費用を負担することにより、当該役員等が受ける経済的利益については、次のように取り扱われます（所基通36－35の２）。
　　a　入会金又は経常会費を負担する場合
　　　当該役員等が受ける経済的利益はないものとされます。
　　b　経常会費以外の費用を負担する場合

3 役員等に対する経済的利益と会社経費　　*115*

　当該役員等が受ける経済的利益はないものとされます。ただし、その費用が会員である特定の役員等が負担すべきと認められるときは給与等とされます。

【事例2－16】　会費等に係る給与課税

問　当社では、取引先の社長からの勧めで、今年1月から社長がライオンズクラブに入会することとなりました。当該取引先においても、入会金及び会費を会社負担としていると聞きましたので、当社も負担することとしました。この場合、給与として課税されるのでしょうか。

‥‥

答　ご質問の場合、原則として給与課税されることははありません。
　会社がロータリークラブやライオンズクラブの入会金等を負担した場合には、原則として経済的利益はないものとされ、給与所得となりません。ただし、その費用が会員である役員等が負担すべきものであると認められるときは、給与等として課税されることとなります。

---

④　具体的な評価

イ　保険契約等に関する権利

　その支給時において、当該保険契約等を解除したとした場合に支払われることとなる解約返戻金の額（解約返戻金のほかに支払われることとなる前納保険料の金額、剰余金の分配額等がある場合には、これらの金額との合計額）により評価します（所基通36－37）。

ロ　商品、製品等の供与

　その支給時における次に掲げる価額により評価します（有価証券及び食事を除く。所基通36－39）。

a　使用者において通常他に販売するものである場合

　当該使用者の通常の販売価額

b　使用者において通常他に販売するものでない場合

当該商品等の通常売買される価額

ただし、当該商品等が、役員等に支給するため使用者が購入したものであり、かつ、その購入時からその支給時までの間にその価額にあまり変動がないものであるときには、その購入価額によることができます。

ハ　住宅等の貸与に係る賃料

住宅等の貸与に係る賃料の具体的な計算方法については、「第4章①建物の貸借（1）役員が会社から借りる場合」を参照ください。

ニ　利息相当額

利息相当額の経済的利益については、「第3章①役員に対する金銭の貸付け」を参照ください。

ホ　用役

当該用役につき通常支払われるべき対価の額により評価します（所基通36－50）。

ただし、36－30に定める行事に参加した役員等が受ける経済的利益で、その行事に参加しなかった役員等（使用者の業務の必要に基づき参加できなかった者を除く。）に対してその参加に代えて金銭が支給される場合に受けるものについては、その参加しなかった役員等に支給される金銭の額に相当する額とされます。

第3章

同族会社・役員間の金銭の貸借

第3章のポイント
（同族会社・役員間の金銭の貸借）

○　会社から役員に対する金銭の貸付けにおいて、適正利息より低い場合には、差額が役員に対する給与として課税され、役員から会社に対する貸付けにおいて、適正利息より高い場合には、差額が役員に対する給与として課税されます。

○　役員の会社に対する貸付金は役員の死亡時に相続財産となり、貸付金債権はその元本債権の価額を基として評価しますが、当該債権の回収不能額については元本の額に算入しないこととされているため、この回収可能性の判定が評価を行う上での重要なポイントになります。

○　役員から受ける債務免除益のうち損金不算入とされた未払給与に係る免除益については、一定の条件を満たす場合は益金の額に算入しないことができます。一方で、未払配当金に係る免除益については、事情のいかんにかかわらず益金算入となります。

○　役員が会社に対して有する債務の免除を行うことにより、同族会社の株式の価額が増加したときは、債務免除を行った役員から他の株主に対するみなし贈与課税が発生します。

○　同族会社の株主である被相続人が、生前に会社に対して行った債務免除は、同族会社の行為には当たらないため、同族会社の行為計算否認の規定の適用はないとされた判例があります。

○　役員が会社の借入に対して個人保証を行った場合に、役員が収受する保証料が高率のときは、通常の保証料を超える部分は役員に対する給与となり、通常の保証料の基準として、信用保証協会の保証率の算出基準を採用した判例があります。

○　役員が会社の借入金に対する保証債務を履行し、会社に対する求償権が行使不能となった場合、行使不能額は役員の各種所得の計算上何ら考慮されませんが、保証債務を履行するために役員が所有不動産を譲渡した場合は、譲渡所得の収入金額からその行使不能額を差し引いて所得の計算を行うことができます。

はじめに

　会社の経営において、資金をショートさせないために、借入れを行うことや、経営上必要であれば、会社の資金を貸し付けることがあります。これらの場合、会社が金銭の貸借を行う相手は、金融機関や取引先などの事業関係者であり、個人との間でこれを安易に行うことは通常ありません。

　しかし、同族会社においては、株主と経営者（役員）が同一の場合が多く、会社のお金と役員のお金とが混同されやすいため、お互いの認識が薄いまま、会社・役員間において金銭の貸借が行われることがあり、このような場合に利息の授受を伴わないケースもあります。仮に利息の授受が行われる場合でも、その計算において恣意性が介入する余地があることは払拭できません。

　また、会社が役員から受けた借入金は、役員の側からすれば貸付金という財産となり、将来的には役員の相続財産にもなり得ます。相続財産としての貸付金については、財産評価が主たる論点になりますが、これを放棄した時の取扱いについても、留意する必要があります。

　このように、同族会社においては、会社・役員間の金銭の貸借に関して、税務的な問題が起こり得る可能性を多く含みます。

　そこで、第3章では、会社が役員に対して金銭を貸し付けた場合及び会社が役員から金銭を借り入れた場合の取扱い、その借入金の免除を受けた場合の取扱いについて説明します。また、会社の債務に対して役員が保証をした場合、保証債務について会社が返済できなくなった場合の会社・役員双方における取扱いを説明します。

1 役員に対する金銭の貸付け

（1） 所得税法上の取扱い

① 経済的利益に対する課税

　会社が役員に対して金銭を貸し付けた場合には、収受すべき利息の額が適正額か否かについての検討が必要となります。

　その貸付けが、通常の利率よりも高い利率で行われた場合には、貸し付けた会社側及び借り入れた役員側の双方において、特殊なケースを除き課税上の問題が生じることはありません。

　しかし、その貸付けが、無償又は通常の利率よりも低い利率で行われた場合には、通常取得すべき利率により計算した利息の額と実際収受した利息の額との差額に相当する金額は、その役員に供与した経済的利益となります（法基通9－2－9(7)）。この場合の経済的利益は、給与所得としてそれを享受する役員に対して課税されます。

　所得税基本通達36－49では、「利息相当額の評価」として次のように定めています。

イ　その金銭を法人が他から借り入れて貸し付けたものであることが明らかな場合には、その借入金の利率によります。

ロ　その他の場合は、貸付けを行った日の属する年の租税特別措置法93条2項に規定する特例基準割合による利率によります。特例基準割合は、平成12年1月1日から平成25年12月31日までは、貸付けを行った日の属する年の前年の11月30日の日本銀行が定める基準割引率（従来のいわゆる公定歩合）に年4％の割合を加えたものです。平成26年1月1日以降は、各年の前々年の10月から前年9月までの各月における銀行の新規の短期貸出約定平均金利の合計を12で除して得た割合として各年の前年の12月15日までに財務大臣が告示する割合に年1％の割合を加えた割合です。

【特例基準割合】

期　　間	割　合
平成 12 年 1 月 1 日〜平成 13 年 12 月 31 日	4.5%
平成 14 年 1 月 1 日〜平成 18 年 12 月 31 日	4.1%
平成 19 年 1 月 1 日〜平成 19 年 12 月 31 日	4.4%
平成 20 年 1 月 1 日〜平成 20 年 12 月 31 日	4.7%
平成 21 年 1 月 1 日〜平成 21 年 12 月 31 日	4.5%
平成 22 年 1 月 1 日〜平成 25 年 12 月 31 日	4.3%
平成 26 年 1 月 1 日〜平成 26 年 12 月 31 日	1.9%
平成 27 年 1 月 1 日〜平成 27 年 12 月 31 日	1.8%
平成 28 年 1 月 1 日〜平成 28 年 12 月 31 日	1.8%
平成 29 年 1 月 1 日〜平成 29 年 12 月 31 日	1.7%
平成 30 年 1 月 1 日〜平成 30 年 12 月 31 日	1.6%
平成 31 年 1 月 1 日〜令和 1 年 12 月 31 日	1.6%

② **課税されない場合**

　会社が役員に対して金銭を無償又は通常の利率よりも低い利率で貸し付けた場合には、通常取得すべき利率により計算した利息の額と実際収受した利息の額との差額に相当する金額は、その役員に供与した経済的利益（役員に対する給与）となります（法基通 9 - 2 - 9(7)）。

　しかし、課税されない場合が所得税基本通達 36 - 28 に「課税しない経済的利益…金銭の無利息貸付け等」として定められています。これは、金銭の無利息又は低利率による貸付けにより受ける経済的利益であっても、次に掲げるものについては、課税しなくて差し支えないという内容のものです。

イ　災害、疾病等により臨時的に多額な生活資金を要することとなった役員に対し、その資金に充てるために貸し付けた金額につき、その返済に要する期間として合理的と認められる期間内に受ける経済的利益

ロ　役員に貸し付けた金額につき会社の借入金の平均調達金利（例えば、会社が貸付けを行った日の前事業年度中における借入金の平均残高に占める前事業年度中に支払うべき利息の額の割合など合理的に計算された利率）

など合理的と認められる貸付利率を定め、これにより利息を徴している場合に生じる経済的利益…平均調達金利が特例基準割合より低くなる場合には、平均調達金利を適用することができます。

　なお、会社に借入金が存在しない場合もありますが、この場合の利率の適用の例としては、架空の売上原価10億円が役員貸付金とされ、これに係る利息相当額の計算に際し、平均調達金利の代わりに全国銀行約定平均金利が適用されたケースが存在します（神戸地裁平15.1.24）。

ハ　イ及びロ以外の貸付金について受ける経済的利益で、法人の一事業年度における利益の合計額が5,000円（法人の事業年度が1年未満の場合は、5,000円に事業年度の月数（1月未満の場合は1月に切り上げた月数）を乗じて12で除して計算した金額）以下のもの…平成31年1月1日以降は、借入金の利率又は1.6％の利率と貸付利率との差額の利息分の金額が、1年間で5,000円以下である場合となります。

【会社が役員に金銭を貸し付けた場合の貸付金に係る利率の基準】

---

①　会社が他から借り入れて貸し付けた場合は、その借入金の利率

②　その他の場合は、特例基準割合による利率（H31は1.6％）と、借入金の平均調達金利など合理的と認められる利率のいずれか低い利率

（2）　法人税法上の取扱い

　会社が役員に対して金銭を無償又は通常の利率よりも低い利率で貸し付けた場合には、通常取得すべき利率により計算した利息の額と実際収受した利息の額との差額に相当する金額は、その役員に供与した経済的利益となります（法基通9−2−9（7））。

　この場合に受ける経済的利益は、役員に対する給与として取り扱われるため、その額が著しく変動するものに該当しなければ、毎月おおむね一定であるものとして、定期同額給与に該当します（法基通9−2−11（2））。

〈仕訳〉　役員給与×××　　／　　受取利息（雑収入）×××

　　　　※過大役員給与に該当する場合は損金不算入

　また、所得税法上課税されないこととされている役員に対する経済的利益は、法人がその役員に対する給与として経理しなければ、その役員に対する給与として取り扱わないものとされています（法基通9－2－10）。

　したがって、所得税と同様に、法人税においても何ら課税関係が発生せず、役員に対する給与は認識しないこととなります。

〈仕訳〉なし

【事例3－1】　役員への貸付けに係る処理

問　当社は役員の自宅新築に際し、その役員が金融機関からの借入れを行うまでのつなぎ資金として、その役員に対し、平成31年3月に2,000万円（3か月後一括返済）の貸付けを行いました。

　貸付けを行った際の背景は下記のとおりですが、それぞれの場合の税務上の取扱いはどのようになるでしょうか。

① 金融機関から1.2%（3か月後一括返済）で借入れを行い、これを無利息で貸し付けた。

② 会社の余剰資金を無利息で貸し付けた。

③ 会社の余剰資金を1.5%で貸し付けた。

答　ご質問の場合の取扱いは、下記のとおりとなります。

① ［会社側の処理］

　1.2%による利息相当額の貸付金利息（雑収入）の計上と、同額の役員給与の計上が行われます。また、その役員給与が、過大役員給与に該当する場合には、損金不算入となり、別表四において加算されます。

　役員給与　60,000※　　／　　受取利息（雑収入）60,000

　※2,000万円×1.2%×3/12＝6万円

124   第3章　同族会社・役員間の金銭の貸借

　　　［役員側の処理］

　　　6万円が給与所得として課税されます。

②　［会社側の処理］

　　　1.6%（H31の特例基準割合）による利息相当額の貸付金利息（雑収入）の計上と、同額の役員給与の計上が行われます。また、その役員給与が、過大役員給与に該当する場合には、損金不算入となり、別表四において加算されます。

　　　役員給与　80,000※　／　受取利息（雑収入）　80,000

　　　※2,000万円×1.6%×3/12＝8万円

　　　［役員側の処理］

　　　8万円が給与所得として課税されます。

③　［会社側の処理］

　　　0.1%（1.6%－1.5%）による利息相当額の貸付金利息（雑収入）と、同額の役員給与の計算を行いますが、その金額が5,000円以下となるため、課税されない経済的利益に該当し、何ら処理する必要はありません。

　　　〈仮仕訳〉

　　　役員給与　5,000※　／　受取利息（雑収入）　5,000

　　　※2,000万円×（1.6%－1.5%）×3/12＝5,000円

　　　［役員側の処理］

　　　給与所得課税なし

2 役員からの金銭の借入れ

（1） 無利息又は通常の利率よりも低い場合

① 通常の取扱い

　会社は利益の追求を目的としているため、その取引について常に経済的合理性が求められます。これに対し、個人（役員）は、生活を維持することは必要であっても必ずしも利益の追求のみを目的としているわけではありません。

　したがって、会社が役員に対し金銭を貸し付けた場合の取扱いとは異なり、役員が会社に金銭を貸し付けた場合においては、無利息又は低利率により利息の計算を行ったとしても、適正な利率による利息との差額を徴収しなければならないということにはなりません。この場合は、通常、貸し付けた役員側において、利息相当額の認定という課税上の問題が生じることはありません。

　一方、役員から無利息又は低利率により金銭を借り入れた会社は、支払利息の削減となるため、利益の追求という目的に合致します。仮に支払利息相当額の認定を行ったとしても、これと同額の利息相当額の支払いを免除されたことによる利益が計上されることとなり、所得の金額は変わらないため、やはり課税上の問題が生じることはありません。

　〈仕訳〉　支払利息　×××　／　債務免除益　×××

② 同族会社の行為又は計算の否認が適用されたケース

　役員が会社に無利息又は低利率により金銭を貸し付けた場合においては、貸し付けた役員側及び借り入れた会社側の双方において、通常、課税上の問題が生じることはありません。

　しかし、「同族会社の行為又は計算の否認」の規定（所法157）が適用されたケースがありました。（いわゆる平和事件）これは、法人の代表者からその関係会社に対する3,455億円の無利息、無担保かつ無期限の貸付金（株式の取得資金）について、代表者に収受されるべき利息相当額として、約500億

円の雑所得の認定課税が行われた事件です。この事件について、代表者が提訴し、処分取消しの訴訟を行いましたが、第1審（東京地裁平7.4.25）、控訴審（東京高裁平11.5.31）、上告審（最高裁平16.7.20）のすべてで、課税庁側が勝訴しています。

　この判決では、株式の取得資金として、代表者が3,455億円という多額の金員を、無利息、無担保かつ無期限で、関係会社に貸し付けたことは、同族会社以外での当事者間では通常行われることのない不合理、不自然な経済活動であり、代表者が所有する株式を、株式の所有のみを目的として新設した関係会社に移転させることが、配当所得の消滅と、関係会社での受取配当の益金不算入により、代表者の所得税の負担を不当に減少させる行為であるとされ、所得税法157条の規定が適用されました。

（2）　通常の利率よりも高い場合

①　適正利息の計算

　会社が役員に金銭を貸し付けた場合の利率の基準については明記されており、その内容は第3章[1](1)に記載したとおりとなります。

　これに対し会社が役員から金銭を借り入れた場合の利率の基準については何ら明記されていませんが、基本的に会社が役員に金銭を貸し付けた場合と同様に考えてよいと思われます。

　したがって、例えば役員が銀行から金銭を借り入れて、その資金を会社に貸し付けた場合には、その借入金の利率により利息の計算を行うことになるでしょうし、仮に銀行からの借入れができずに高利で借り入れてこれを貸し付けた場合には、その借入金の利息に合わせ、高利率により利息の計算を行うことになるでしょう。その他会社のために行った借入れに係る諸費用については、会社から役員に対して支払うことも可能だと思われます。

　次に、他からの借入れをせず、役員の余裕資金を会社に貸す場合は、貸出時における会社の借入金の平均調達金利（会社の借入金の平均残高に占める支払うべき利息の額の割合など合理的に計算された利率）など、合理的と認

められる利率によればよいと考えられます。資金繰りの苦しい会社の場合、会社存亡の窮地を救ってくれた役員に対し、金融業者なみに高利率の利息を支払ってもよいのではという考え方もあるかもしれません。しかし、役員は金融業者ではありませんし、会社の窮地を救うことは役員の責任の一つであると考えられます。また、借入金の利率は、通常の利率であっても定期預金等の利率よりは高いので、金融業者なみの高利の利息は認められないと考えられます。

② 適正利息又は適正利息より高い場合

　会社が役員からの借入金に対し利息を支払う場合、利息を受け取る役員について、所得税の課税が生じます。この場合、適正利息部分は雑所得の総収入金額に計上され、それを超える部分は、役員に対する給与となり給与所得の収入金額に計上されます。雑所得の金額は、総収入金額から必要経費を控除した金額となるため、役員が他から借り入れた資金を転貸している場合には、その支払利息や、借入れに係る諸費用は、雑所得の必要経費になります。利息を支払う会社においては、適正利息部分は支払利息として損金の額に算入され、それを超える部分の金額は、その額が毎月おおむね一定の場合は、定期同額給与に該当し損金の額に算入されます。

128　第3章　同族会社・役員間の金銭の貸借

【図表3－1　役員からの借入金に対する支払利息に係る課税関係】

	支払った会社	受け取った役員
適正利息以下部分	支払利息として損金算入	雑所得 ※金融機関から借り入れた資金を転貸している場合は、借入れに際して支払った諸費用は必要経費になる
適正利息を超える部分	役員給与 ※その金額が毎月おおむね一定の場合は定期同額給与（過大役員給与に該当する場合は損金不算入）	給与所得 ※源泉徴収の対象

（3）　相続財産となる貸付金債権の評価

①　貸付金債権の評価

　会社が役員から借入れをした場合の未返済額は、役員の側から見れば会社に対する貸付金となり、相続が発生した際には、役員の相続財産となります。

　貸付金債権の評価については、財産評価基本通達204において、次のように定められています。

【図表3－2　貸付金債権の評価】

次の元本の価額と利息の価額の合計額

貸付金債権等※の元本	その返済されるべき金額
貸付金債権等に係る利息（財産評価基本通達208《未収法定果実の評価》に定める貸付金等の利子を除く。）	課税時期現在の既経過利息として支払いを受けるべき金額

※　貸付金債権等＝貸付金・売掛金・未収入金・預貯金以外の預け金・仮払金・その他これらに類するもの

　また、貸付金債権等の元本価額の範囲については、財産評価基本通達205において、次のように定められています。

2　役員からの金銭の借入れ　　*129*

【図表 3 - 3　貸付金債権等の元本価額の範囲】

次の（1）・（2）に該当する場合　→　元本の価額に算入しない。

（1）　債権金額の全部又は一部が、課税時期において次の①～③に掲げる金額に該当するとき	
事　　　由	金　　　額
①　債務者について次に掲げる事実が発生している場合 　イ　手形交換所（これに準ずる機関を含む。）において取引停止処分を受けたとき 　ロ　更生手続開始の決定があったとき 　ハ　再生手続開始の決定があったとき 　ニ　特別清算開始の命令があったとき 　ホ　破産手続開始の決定があったとき 　ヘ　業況不振のため又はその営む事業について重大な損失を受けたため、その事業を廃止し又は6か月以上休業しているとき	①　その債務者に対して有する貸付金債権等の金額（その金額のうち、質権及び抵当権によって担保されている部分の金額を除く。）
②　更生計画認可の決定、再生計画認可の決定、特別清算に係る協定の認可の決定又は法律の定める整理手続によらないいわゆる債権者集会の協議により、債権の切捨て、棚上げ、年賦償還等の決定があった場合	②　これらの決定のあった日現在におけるその債務者に対して有する債権のうち、その決定により切り捨てられる部分の債権の金額及び次に掲げる金額 　イ　弁済までの据置期間が決定後5年を超える場合におけるその債権の金額 　ロ　年賦償還等の決定により割賦弁済されることとなった債権の金額のうち、課税時期後5年を経過した日後に弁済されることとなる部分の金額
③　当事者間の契約により債権の切捨て、棚上げ、年賦償還等が行われた場合において、それが金融機関のあっせんに基づくものであるなど真正に成立したものと認めるものであるとき	③　その債権の金額のうち②に掲げる金額に準ずる金額
（2）　その他債権金額の回収が不可能又は著しく困難であると見込まれるとき	

② 回収不能額の判定

相続財産となる貸付金債権の評価はその元本債権の価額を基として行われますが、その債権の回収不能額については元本の額に算入しないこととされているため、回収可能性の判定が評価を行う上での重要なポイントになります。

貸付金債権の評価の基となる回収可能性を巡っては、審査請求や裁判で争われるケースが散見されますが、このうち会社に対する貸付金債権については、回収可能であると判断されるケースが多く見られます。

〈裁決事例要旨〉

（貸付金債権の評価／回収が可能な状況）

相続税の申告期限前に同族法人に対する貸付金の一部が受贈益として確定しているからその部分について回収不能であるとする請求人の主張を排斥した事例（平成14年2月26日裁決）

▼　裁決事例集　No.63 - 576頁

請求人は、相続税の申告に当たり同族法人に対する貸付金を相続財産として申告していたが、これを相続税の申告期限前の当該法人の決算時において一部受贈益として確定させたものであるから、この部分に関してはその回収が不可能なことは動かしがたい事実である旨主張するが、債務者が弁済不能の状態にあるか否かは、一般には、破産、和議、会社更生あるいは強制執行等の手続開始を受け、又は事業閉鎖、行方不明、刑の執行等により、債務超過の状態が相当期間継続しながら、他から融資を受ける見込みがなく、再起の目途が立たないなどの事情により、事実上債権の回収が不可能又は著しく困難な状況であることが客観的に認められるか否かにより判断すべきところ、当該法人は、本件相続開始日当時、赤字申告が続いていた事実は認められるが、債務超過の状態が継続していた事実は認められず、事業活動を継続しており、事業閉鎖等の事実、会社更生又は強制執行の申立て等を受けた事実はなく、弁済不能

の状態にあったとは認められない。

　また、回収不能の判断時期は、相続開始時であるから、本件相続の開始時点において、貸付金の回収が不可能又は著しく困難な状況であると認められない以上、相続開始後に起きた事実等に基づいて、貸付金の価額の評価が左右されるものではない。

貸付金債権につきその回収が不可能又は著しく困難と見込まれる事実は認められないのでその元本価額で評価すべきとした事例（平成19年10月10日裁決）

▼　裁決事例集　No.74 − 414頁

　請求人らは、相続財産である貸付金債権について、①債務者である同族会社は、年商の約8倍もの銀行借入金を有していること、②返済期限の迫っている銀行借入金を返済する原資を有しておらず、賃貸用建物の売却代金をもってしてもなお銀行借入金を完済することができなかったこと等からして、当該会社の事業経営は、相続開始日において実質的に破綻しており、本件貸付金は回収不能債権であると認められる旨主張する。

　しかしながら、①会社の借入金が多額であっても返済条件に従った返済がなされている限り、債権者がそれ以上の返済を求めることはなく、事業経営を継続することは可能であり、現に、会社の借入金については相続開始日において返済期限は到来しておらず、また、過去において返済が滞ったことはなく、銀行から臨時弁済を求められた事実もないこと等からすれば、借入れ金額が多額であることをもって事業経営が実質的に破綻しているとは言えず、②会社の収入は年々減少しているものの、相続開始後解散までの間は営業を継続しているから、収入が減少していることをもって事業経営が実質的に破綻しているともいえず、さらに、③本件において、相続開始後会社の賃貸用建物が請求人の一人に譲渡され、当該譲渡代金をもって銀行借入金が繰上げ返済され、その結果、会

社の主たる資産及び収入の手段がなくなり、会社を解散するに至ったこと等を総合勘案すれば、相続開始日において、債務者である会社につき事業経営が破綻していることが客観的に明白であると認めることはできない。

貸付金債権の評価につき、その会社の資産状況及び営業状況等が破たんしていることが明白かつ債権の回収の見込みのないことが客観的に確実であるといい得る状況にあったとは認められないから、その一部を回収不能として減額することは認められないとした事例（平成21年5月12日裁決）

▼　裁決事例集　No.77 − 444頁

　本件貸付金については、財産評価基本通達の定めに基づいて評価するのが、相当であるところ、本件会社について、同通達205の（1）から（3）までに該当する事由は認められないことから、本件貸付金の全部又は一部が、本件相続開始日において、同通達205に定める「その他その回収が不可能又は著しく困難であると見込まれるとき」に該当するか否かについて、本件会社の資産状況及び営業状況等に照らし判断すると、次のとおりである。

　本件会社は、本件相続開始日以降、現在に至るまで存続し、従業員のうち障害者を関係グループ会社であるK社に出向させ、主にK社からの出向料及び国等からの助成金により、営業外収益を計上している。また、本件会社は、事業目的を不動産の売買等に拡大した後、平成14年7月期に地方裁判所の競争入札に参加していること、及び平成17年7月期において、不動産取引による売却益として39,120,000円を計上していることからすれば、本件会社の営業が停止していたとは認められない。

　そして、本件会社は同族会社であり、関係グループ会社の代表者も本件相続人又はその親族らであり、本件会社の借入金債務は、K社、本件被相続人及びその親族からの債務が大半であって、返済期限等の定めが

ないため、直ちに返済を求められる可能性は極めて低く、金融機関等外部からの借入れに比べて有利といえ、現に、本件会社は、関係グループ会社との間で頻繁に貸借を行い、特にK社との間では、常時貸借が存在し、時々に応じて返済していた事実が認められる。

　さらに、本件相続開始日において、本件会社のU銀行及びV銀行に対する借入金債務残高は零円となっている上、L銀行に対しては、月々500,000円の返済を続けており、同銀行は、返済期限をはるかに過ぎている債権であるにもかかわらず、積極的な債権回収の動きをしていない。本件被相続人からの借入金についても、本件相続開始日の直前に、合計約20,000,000円を返済している。

　以上のことから、本件貸付金については、本件相続開始日において、財産評価基本通達205に定める「その他その回収が不可能又は著しく困難であると見込まれるとき」、すなわち、本件会社の事業経営が破たんしていることが客観的に明白であって、債権の回収の見込みのないことが客観的に確実であるといい得る状況にあったとは認められない。

（貸付金債権の評価／回収が著しく困難な状況）
相続財産としての本件貸付金債権は、相続開始時点において、その回収が著しく困難な状況にあり、財産的価値はないものと認められるとして、原処分の一部が取り消された事例（平成10.10.4相続開始に係る相続税の更正の請求に対する更正すべき理由がない旨の通知処分・一部取消し、平成14年6月28日裁決）【情報公開法第9条第1項による開示情報】

〔裁決要旨・一部抜粋〕
1　貸付金債権の評価に関して、財産評価基本通達205は、「債権金額の全部又は一部が、課税時期において次に掲げる金額に該当するときその他その回収が不可能又は著しく困難であると見込まれるときにおいては、それらの金額は元本の価額に算入しない。」と定め、この「次に掲げる金額」には、債務者が手形交換所において取引の停止処分を受

けたとき、会社更生手続の開始決定があったとき等が掲げられている。

　　したがって、「その他その回収が不可能又は著しく困難であると見込まれるとき」とは、上に述べた「次に掲げる金額に該当するとき」に準ずるものであって、それと同視できる程度に債務者の営業状況、資産状況等の諸般の状況に照らして貸付金債権の回収の見込みがないことが客観的に確実であるときをいうものとして取り扱うことが相当である。

2　Aにおいては、本件相続開始日現在において、破産、和議、会社更生あるいは強制執行等の手続開始を受けたり、又は事業閉鎖等の事実は認められず、一見、営業活動は継続していると認められるものの、その実態は極めて危機的な状況にあったものというべきであり、B及び代表者であるCが本件貸付金債権について保証等している事実はないという事情も考慮すると、本件貸付金債権の回収は著しく困難であると認めるのが相当であり、本件貸付金債権については、財産的価値がなかったものと判断するのが相当である。

〔判断・一部抜粋〕

　ロ　相続税法第22条（評価の原則）は、相続により取得した財産の価額は、原則として、当該財産の取得の時における時価による旨規定している。そして、貸付債権の評価に関して、評価通達205は、「債権金額の全部又は一部が、課税時期において次に掲げる金額に該当するときその他その回収が不可能又は著しく困難であると見込まれるときにおいては、それらの金額は元本の価額に算入しない。」と定め、次に掲げる金額には、債務者が手形交換所において取引の停止処分を受けたとき、会社更生手続の開始の決定があったとき、及び業況不振のため又はその営む事業について重大な損失を受けたため、その事業を廃止し又は6か月以上休業しているとき等のその有する貸付金債権の金額並びに和議の成立、整理計画の決定、更正計画の決定等により切り捨てられる部分の債権の金額を掲げており、

これは相続税法第 22 条の規定の趣旨に即したものと解される。

　したがって、「その他その回収が不可能又は著しく困難であると見込まれるとき」とは、上に述べた「次に掲げる金額に該当するとき」に準ずるものであって、それと同視できる程度に債務者の営業状況、資産状況等の諸般の状況に照らして貸付金債権の回収の見込みがないことが客観的に確実であるときをいうものとして取り扱うことが相当である。

ハ　その事実を上記ロに照らして判断すると、次のとおりである。

（イ）　Aは、多額の借入金とそれに係る金利の支払のため、平成 7 年 3 月期から平成 10 年 3 月期まで赤字決算と債務超過の状態が続いており、平成 11 年 3 月期において、ごくわずかの当期利益はあるものの、営業規模は大幅に縮小され、借入金残高がほとんど減少していないにもかかわらず、支払利息の計上額が急減していることからみても、その営業活動が悪化していることは明らかであると認められる。

（ロ）　また、①資産のうち貸付金については、貸金業に係る不良債権と認められること、②営業活動に係る基本的な経費である人件費の計上がなく、しかも、建設売上げはすべて親会社であるBに対するものと認められること、③短期借入金の借入先は、すべて個人及び事業法人からのものであり、正常な金融取引がなされていたとは必ずしもいえないことなどから判断すると、A自らの資金調達は困難な状況にあり、Aとしての営業活動の実態はほとんどないものと認めるのが相当である。

（ハ）　以上のことからすれば、Aにおいては、上記のとおり、本件相続開始日現在において、破産、和議、会社更生あるいは強制執行等の手続開始を受けたり、又は事業閉鎖等の事実は認められず、一見、営業活動は継続していると認められるものの、その実態は極めて危機的な状況にあったものというべきであり、

136　第3章　同族会社・役員間の金銭の貸借

その保証等が無いという事情も考慮すると、本件貸付金債権の回収は著しく困難であると認めるのが相当であり、本件貸付金債権については、財産的価値がなかったものと判断するのが相当である。

【事例3－2】　相続財産となる貸付金債権の評価

問　A社は会長からの借入金18,400万円を有していましたが、平成30年10月4日に会長が亡くなりました。当社の営業状況及び営業損益並びに資産・負債の状況は以下の通りです。

この場合、相続財産となる貸付金債権の評価額はいくらになりますか。
※会社の状況及び金額（決算期を除く）については、平14.6.28裁決（P133参照）の裁決事例の内容を引用しています。

（1）　A社の法人税の確定申告書は、平成31年3月期まで提出されており、それによれば、事業種目は、建築業及び貸金業となっている。

（2）　A社の確定申告書に基づき、平31年3月期以前5事業年度の営業状況及び営業損益の状況を整理すると次表のとおりであり、多額な支払利息によって、平成31年3月期を除いて営業赤字が続いている。

（単位 千円）

| 決算期 | 営業収入 | 営業損益 | | 販管費 | 当期損益 |
		建設損益	貸金損益 （うち支払利息）		
平成 27 年 3 月期	18,545 642,860	117,858	△ 103,183 (121,728)	5,358	△ 2,230
平成 28 年 3 月期	14,658 663,345	62,104	△ 112,711 (127,369)	4,229	△ 61,104
平成 29 年 3 月期	11,457 555,325	54,130	△ 106,761 (118,218)	7,841	△ 64,372
平成 30 年 3 月期	20,829 516,415	42,507	△ 76,529 (97,358)	4,854	△ 43,240
平成 31 年 3 月期	4,470 396,244	19,738	△ 18,744 (23,214)	2,524	268

（注）営業収入の上段は貸金業に係る利息収入であり、下段は建設業に係る収入である

（3）　建設関係の売上げは、すべてＡ社の親会社に対するものである。

（4）　平成 31 年 3 月期の確定申告書によると、従業員は 1 名とされているが、人件費の計上がない。

（5）　Ａ社の資産・負債の状況は、次表のとおりである。

（単位 千円）

決算期	総資産額	総負債額	純資産額
平成 27 年 3 月期	1,035,047	1,187,078	△ 152,031
平成 28 年 3 月期	1,122,318	1,335,454	△ 213,136
平成 29 年 3 月期	1,160,742	1,438,251	△ 277,508
平成 30 年 3 月期	1,035,633	1,356,382	△ 320,749
平成 31 年 3 月期	920,835	1,241,315	△ 320,480

決算期	貸付金	短期借入金	長期借入金
平成 27 年 3 月期	608,520	796,589	345,370
平成 28 年 3 月期	584,444	857,100	309,466
平成 29 年 3 月期	577,302	846,500	295,853
平成 30 年 3 月期	557,951	814,000	285,108
平成 31 年 3 月期	580,298	873,981	282,489

138 第3章 同族会社・役員間の金銭の貸借

（6） 平成28年3月期以降の短期借入金は、すべて個人及び親会社からのものである。

（7） 貸金業に係る貸付金及び未収入金は、前期に比較してほとんど変化しておらず、ほぼ回収不可能な不良債権であると認められる。

（8） Ａ社は、相続開始日において、破産、和議、会社更生あるいは強制執行等の手続開始を受けたり、又は事業閉鎖等の事実はない。

（9） 当該貸付金債権に対する保証人は存在しない。

（10） Ａ社は令和元年8月に倒産している。

答 　Ａ社の貸付金債権は課税時期において回収が不可能又は著しく困難と認められるため、評価額は0円となります。

貸付金債権の回収が不可能又は著しく困難であると見込まれるときとは、例えば、債務者が業況不振のため又はその営む事業について重大な損失を受けたため、その事業を廃止し又は6か月以上休業しているとき等に準ずるものであって、それと同視できる程度に債務者の営業状況、資産状況等の諸般の状況に照らして貸付金債権の回収の見込みがないことが客観的に確実であるときをいいます。

Ａ社においては、本件相続開始日現在において、破産、和議、会社更生あるいは強制執行等の手続開始を受けたり、又は事業閉鎖等の事実は認められず、一見、営業活動は継続していると認められるものの、その実態は極めて危機的な状況にあったものというべきであり、その保証等が無いという事情も考慮すると、本件貸付金債権の回収は著しく困難であると認めるのが相当であり、本件貸付金債権については、財産的価値がなかったものと判断するのが相当であるといえます。

3 役員から受ける債務免除益

（1） 債務免除益に対する課税

① 原則的取扱い

　会社が、取引先から借入金や買掛金等の債務の支払いの免除を受けること
があります。この場合は取引先から免除相当額の贈与を受けたと考えること
もでき、この考え方によれば、債務免除益＝受贈益として収益となります。

　しかし、役員が、会社に生じた欠損を補填するために、資本助成や資本補
充の目的をもって、会社に対して有していた債権を放棄した場合には、債務
免除を受けた会社側からみれば、当該免除益は通常の取引から得られた利益
とは異なり、広い意味における資本の補填と考えることができます[1]。この
場合には、債務免除益を資本剰余金として捉えますが、この考え方は旧企業
会計原則に存在したもので、法人税法においては存在しません。法人税法で
は、資産の無償譲受けに係る収益の額も益金の額に算入すると定めていますの
ので（法法22②）、たとえ会社の欠損補填の目的で行われたものであっても、
債務免除による利益は、特殊な場合を除いて益金の額に算入されます。

② 債務免除益に関する課税の特例

　債務免除益は、法人税法上、原則的に収益として益金の額に算入され課税
の対象になります。これは、配当等のように、支払われることとなっている
金額を利益処分により経理していたものについても同様です。計上したとき
は損金不算入としているため、これに係る免除益は益金不算入として処理を
するのが妥当であるとも思われます。

---

[1] 武田隆二教授の見解によると、「受贈資本には、…債務免除益があげられる。…債務
　　免除益は資本欠損の補填を目的とした債権放棄に基づく債権者からの贈与である。この
　　ように、受贈資本は、政府、消費者、債権者等の株主以外の者が企業に対し資本助成ない
　　し資本補充の目的をもって行った資本拠出であるという意味で、これら受贈資本は贈与
　　剰余金として『その他の資本剰余金』に属するとする考え方が旧企業会計原則（昭和49
　　年改正前）の基本的立場であった。」とされています。（「最新財務諸表論」第5版
　　P367-368）

しかし、「支払うはずの債務が免除された＝免除額相当額の受贈益があった」と考えられるため、未払金を計上することとその債務を免除することは全く別の取引となります。

ただし、未払給与（法人税法34条1項《役員給与の損金不算入》の規定により損金の額に算入されない給与に限る。）に関しては、その免除益が常に益金算入になるとは限らず、次の条件を満たせば、支払わないことが確定した日の属する事業年度の益金の額に算入しないことができます（法基通4－2－3）。

イ　取締役会等の決議に基づいて未払額の全部又は大部分の金額を支払わないこととしたこと

ロ　給与を支払わないことが、いわゆる会社の整理、事業の再建及び業績不振のためのものであること

ハ　支払われないこととなる金額が、その支払いを受ける金額に応じて計算されている等一定の基準によって決定されたものであること

この場合、益金の額に算入されない金額は、源泉所得税を差し引いた後の金額となります。

会計処理上は、債務免除を受けた日の属する事業年度において収益に計上することになりますが、上記の要件を満たしていれば申告書において減算することができます。

【事例3－3】　役員給与未支給の処理（1）

問　当社は定時株主総会において、役員に対する賞与の支給を決定しました。（賞与　500　、源泉税　30）

しかし、その直後、急激に業績が悪化したため、役員に対する賞与は支給されておらず、その後の取締役会で一律に支払わないことに決定しました。

この場合の経理処理及び申告調整はどのように取り扱うのでしょうか。

> **答** ご質問の場合の経理処理及び申告調整は下記のとおりとなります。
>
> 〈仕訳〉
>
> 役員給与　500　／　未払給与　500
>
> 債務免除を受けた期において収益に計上
>
> →未払給与　500　／　債務免除益　470
>
> 預り金　　　30
>
> 〈別表四〉
>
> 役員給与の損金不算入　500　（加算・社外流出）
>
> 債務免除益認容　　　　470　（減算・社外流出）

③　未払配当金の債務免除益の取扱い

　会社の経営再建のため、すでに支払いが確定している配当金の支払いを免除してもらうことがあります。この場合の債務免除益については、役員給与の場合と取扱いが異なり、事情のいかんにかかわらず益金算入となることに留意する必要があります（法基通4－2－3（注））。

④　受給辞退者の所得税の取扱い

　給与の受給を辞退した役員の所得税の取扱いについては、その受給が確定した段階で、給与所得が発生したものとみなされます。これは、給与の受給と、その受給の辞退とは別の取引と捉えられるためです。給与の受給が確定し、その後受給を辞退したとしても、その給与所得は消滅しないため、原則として所得税は課税されます。給与の支払者である会社側では、債務免除を受けたときに、給与の支払いがあったものとして源泉徴収を行うこととされています。

　しかし、役員が、次に掲げるような特殊な事情の下において、一般債権者の損失を軽減するため、その立場上やむなく自己が役員となっている法人か

142 第3章 同族会社・役員間の金銭の貸借

ら受けるべき給与等その他の源泉徴収の対象となるもので未払のものの受領を辞退した場合には、当該辞退により支払わないこととなった部分については、源泉徴収をしなくて差し支えないものとされています（所基通181～223共－3）。

イ 当該法人が特別清算開始の命令を受けたこと

ロ 当該法人が破産手続開始の決定を受けたこと

ハ 当該法人が再生手続開始の決定を受けたこと

ニ 当該法人が更生手続の開始決定を受けたこと

ホ 当該法人が事業不振のため会社整理の状態に陥り、債権者集会等の協議決定により債務の切捨てを行ったこと

【事例3－4】 役員給与未支給の処理（2）

問 当社は定時株主総会において、役員に対する賞与の支給を決定しました。（賞与 500）

しかし、その直後、急激に業績が悪化したため、役員に対する賞与は未払いとなっていました。

その後会社整理の状態に陥り債権者集会の協議決定により債務の切捨てが行われ、役員が当該賞与の受取りを辞退しました。

この場合の経理処理及び申告調整はどのように取り扱うのでしょうか。

答 ご質問の場合の経理処理及び申告調整は下記のとおりとなります。

〈仕訳〉

　役員給与　500　／　未払給与　500

　未払給与　500　／　債務免除益　500

〈別表四〉

3 役員から受ける債務免除益　*143*

> 役員給与の損金不算入　500（加算・社外流出）
>
> 債務免除益認容　500（減算・社外流出）

【図表3-4　未払給与・配当金に係る債務免除益に対する課税関係】

	未払計上時	免　除　益
未払給与 （賞与）	損金算入 （使用人兼務役員の使用人部分）	益金算入 （使用人兼務役員の使用人部分）
	損金不算入	益金不算入 ※法基通4-2-3の要件に該当
未払配当金	損金不算入	益金算入

（2）　債務免除に伴うみなし贈与

①　相続税法上の取扱い

　相続税法では、対価を支払わないで、又は著しく低い価額の対価で利益を受けた場合においては、当該利益を受けた時において、当該利益を受けた者が、当該利益を受けた時における当該利益の価額に相当する金額を、当該利益を受けさせた者から贈与により取得したものとみなすことと定められています（相法9）。

　この場合の具体的なケースとして、相続税法基本通達9-2(3)において「株式等の価額が増加した場合」が定められていますが、これは、同族会社の株式等の価額が、その会社に対する債務免除があったことにより増加したときは、その会社の株主等が株式等の額のうち増加した部分に相当する金額を、債務免除した者から贈与によって取得したものとして取り扱われるというものです。

　このように、会社が役員や株主から債務免除を受けた場合には、その債務免除を受けたときの会社の状況により、債務免除を行った役員等から、その他の個人株主に対するみなし贈与課税が発生する場合がありますので留意が必要です。

　なお、この場合における株式等の価額の増加額は、債務免除のあった時点

144 第3章 同族会社・役員間の金銭の貸借

で算定することとされていますので、その後の会社の業績その他の要因は計算の基礎に入りません。

② みなし贈与課税の具体的ケース

債務免除は役員の相続税対策の手法の一つとして活用されることがありますが、その免除益は免除を受けた会社側において益金の額に算入され、課税の対象になります。そのため、法人税の課税負担を考慮し、その多くは法人税法上の繰越欠損金の範囲内において行われることとなります。しかし、その範囲内において債務免除が行われ、法人税の課税負担が発生しない場合でも、みなし贈与課税が発生するケースがあります。

【事例3－5】 借入金の免除（1）

問 当社は会長からの借入金がありますが、業績不振のため返済の目途が立たず、会長も高齢であるため、法人税法上の繰越欠損金の範囲内で借入金を免除してもらうことになりました。

（1） 会長からの借入金及び法人税法上の繰越欠損金は2,000万円、債務免除時の貸借対照表（時価ベース）は2,400万円の債務超過であり、債務免除益以外の所得は0円と仮定し、株式の保有割合は、会長50％・社長（長男）50％です。

（2） （1）のケースで、債務免除時の貸借対照表（時価ベース）が、1600万円の債務超過である場合

この場合の、法人税及び贈与税の取扱いはどのようになりますか。

答 （1） ご質問の場合は、下記のとおりとなり、法人税及び贈与税ともに、課税は発生しません。

法人税及びみなし贈与課税が発生しないケース（単位：万円）
法人税法上の繰越欠損金　2,000

資　産 1,600	負　債 2,000	債務免除 → 2,000	資　産 1,600	負　債 2,000
債務超過 △2,400 （時価ベース）	役員借入金 2,000		△400 債務超過	

株の価値は0	株の価値は0

［法人税の取扱い］
　役員借入金　2,000 ／ 債務免除益　2,000 ← 繰越欠損金の範囲内
［贈与税の取扱い］
　債務免除による株式の増加額　0円　∴みなし贈与なし

（2） ご質問の場合は、下記のとおりとなり、法人税の課税は発生しませんが、贈与税の課税が発生します。

146　第3章　同族会社・役員間の金銭の貸借

法人税は発生しないがみなし贈与課税が発生するケース（単位：万円）
法人税法上の繰越欠損金　2,000

資　産 1,600	負　債 2,000
含み益 800	
	役員借入金 2,000
△1,600 （時価ベース）	

債務免除
→
2,000

資　産 1,600	負　債 2,000
含み益 800	
	400

純資産

時価ベースで評価

株の価値は 0

株の価値は400

［法人税の取扱い］

　役員借入金　2,000　／　債務免除益　2,000　←　繰越欠損金の範囲内

［贈与税の取扱い］

　債務免除による株式の増加額　400　∴みなし贈与あり

　会長→社長への贈与　400 × 50% ＝ 200

（3）　役員に対する課税関係

　会社が役員から借入れをした場合の未返済額は、役員の側から見れば会社に対する貸付金となり、相続が発生した際には、役員の相続財産となります。

　会社に対して有する貸付金等の債権の放棄は、相続税の節税対策として用いられる手法の一つですが、この行為について、相続税法64条1項《同族会社の行為計算否認》の適用があるか否かが争われた事件（浦和地裁昭56・2・25）がありました。

　この事件は、同族会社の株主である被相続人が、生前に会社に対して行った債務免除が、被相続人に係る相続税の負担を不当に減少させる行為に該当するとして、課税庁から更正処分を受けましたが、同族会社の行為計算否認の規定の適用はないと判示されたものです。当該判示において、同族会社以

外の者（被相続人）が行う単独行為は、その第三者が同族会社との間に行う契約や合同行為とは異なって、同族会社の法律行為が介在する余地のないものである以上、「同族会社の行為」とは相容れない概念であるため、当該債務免除は同族会社の行為には当たらないとされました。

【事例3－6】 借入金の免除（2）

問 当社は会長からの借入金5000万円に対し、平成30年1月31日付けで債務を免除する旨の通知を受け、その後、平成30年2月15日に会長が亡くなりました。

債務免除について下記の会計処理を行った場合、会長の相続財産となる貸付金債権の評価額はいくらになりますか。

なお、会社の事業年度は1月1日から12月31日です。

（1） 平成30年1月31日に雑収入（債務免除益）を計上した場合。

（2） 平成30年12月31日の決算処理で雑収入（債務免除益）を計上した場合。

答 会計処理をした日に拘わらず、（1）・（2）とも相続発生前に債務免除が確定しているため、貸付金債権の評価額は0円となります。

債務免除とは、債権者が一方的な意思表示によって無償で債務を消滅させることです。また、債権者の単独行為であるため、債務者の意思は問題となりません。よって、債務免除の意思表示を行った日（平成30年1月31日）に債務が消滅したことになるため、貸付金債権の評価額は0円となります。

※ 債務の免除（民法519）

債権者が債務者に対して債務を免除する意思を示したときは、その債権は消滅する。

148　第3章　同族会社・役員間の金銭の貸借

4　会社の借入れに対する保証

（1）　役員の個人保証を受けた場合の保証料

①　保証料についての取扱い

　会社が、信用保証機関や取引先などに保証を依頼した場合には、その債務保証の対価として保証料を支払うのは当然であり、その保証料の額は損金の額に算入されます。役員が、会社の借入金について連帯保証や担保提供を行うことも多々あり、この場合、債務保証の対価として役員に支払う保証料の額が適正な金額であれば、その保証料を損金の額に算入することが認められます。保証等の依頼先が信用保証機関や取引先などの第三者なのか役員なのかの違いはありますが、債務保証を受けるという事実は変わらないため、役員に支払う保証料の額も当然損金算入されるものといえます。

　役員と同族会社との取引については、常に第三者との取引を念頭に置きつつ、意図しない税金の発生を防ぐように努める必要があります。

　役員の側では、受け取った保証料は、原則として雑所得の総収入金額に算入されます。この場合、下記のすべてに該当すれば、確定申告を要しないこととされています。

イ　役員給与を一つの会社から受け取っている

ロ　役員給与の総額が2,000万円以下で年末調整を行っている

ハ　同族会社から受け取る貸付金の利子・事業用不動産等の貸付けによる所得がない

ニ　受取保証料を含めた雑所得等の金額が20万円以下

②　保証料の額

　役員が会社の借入金について行った連帯保証に係る保証料を、会社がその役員に対して支払った場合には、その保証料の額が問題となります。この場合の適正な保証料の額は、通常第三者が保証等を行ったときに支払う保証料の額相当額が上限となります。例えば、役員に対し債務の保証を依頼するのと近いタイミングで、他の債務につき第三者に保証を依頼し、その対価とし

4 会社の借入れに対する保証　*149*

て保証料を支払うような場合には、その保証料の額を参考にして、当該役員に支払う保証料の額を検討することも必要であると考えます。役員と会社との取引であるため、合理的な理由がなく高率の保証料を支払った場合には、通常の保証料よりも高額の部分は役員に対する給与となり、それが臨時的なものであれば損金不算入の役員給与に該当します。

　保証料の額については、会社の代表者に対し、通常の保証会社を参考にして年利2％の保証率による保証料が支払われたところ、課税処分において、信用保証協会の保証率（年利1％）を上回る部分が過大とされ、かつ、その部分が過大役員給与として認定された事件があります（宮崎地裁平12・11・27）。この事件において保証料の率については、「自己資本比率が全国の平均値を大きく上回る健全な財務内容の会社に対する貸付けであること、その利率についての比較対象がなかったこと等により、他社との比較により保証料の適正さを検討できないため、基準とされるのは、営利を目的としない性質の共通性を重視して、保証のための費用額の範囲内の金額を受領し、利益を得ないことを前提として設定されている信用保証協会の保証率の算出基準を参考として定めた基準（年利1％を上限）により、会社の役員が当該会社の債務を保証した場合に支払われるべき適正な保証料とするのが相当であり、また、それが公正処理基準の趣旨にも沿う」と判示されました。

【役員の個人保証を受けた場合の適正保証料の額】

　財務内容が健全な会社の場合　→　信用保証協会の保証率を上限

【事例3−7】　役員に対する保証料の支払い

　問　当社は金融機関からの借入れ（借入金額1,000万円・返済期間36か月）の際、役員の連帯保証を受け、その役員に対し、通常の保証会社の保証率を参考に、年利2％の保証料（60万円）を支払いました。

　この場合の会社及び役員の取扱いはどのようになりますか。

　なお、当社の財務内容は健全です。また、同時期の信用保証協会の保

150　第3章　同族会社・役員間の金銭の貸借

証率は1％です。

> **答**　ご質問の場合は、その保証率によって取扱いが異なり、支払った会社側及び受け取った役員側の取扱いは下記のとおりとなります。
>
> ［会社側の取扱い］（単位：万円）
> 〈仕訳・会計上〉　支払保証料　60　／　現金預金　60
> 〈仕訳・税務上〉
> 支払保証料　30　／　現金預金　60　（1％までは損金算入）
> 役員給与　　30　／　　　　　　　　（1％超部分は給与）
> 〈別表四〉
> 　役員給与の損金不算入　30　（加算・社外流出）
> ［役員側の取扱い］（単位：万円）
> 　雑所得の収入金額　　　30
> 　給与所得の収入金額　　30

（2）　役員が保証債務を履行したときの取扱い

①　役員の取扱い

イ　求償権の発生と行使不能

　役員が、会社の借入金について連帯保証を行った場合、会社が契約どおり債務の履行を行わないときは、役員は保証人として、会社に代わって債務の履行を行う義務を負います（民法446）。

　保証債務の履行を行った場合、保証人である役員は、主たる債務者である会社に対して求償権を有することになります（民法459①）。役員には、会社に対して代位弁済額相当額（民法442条2項［民法459条2項で準用］により、弁済の日以後の法定利息及び避けることのできなかった費用及びその他の損害賠償金が含まれる。）の債権が生じ、会社は、債務の相手先が金融機関等から役員に変わります。

役員がこの債権に係る法定利息を会社から受け取ったときは、雑所得の総収入金額に算入され、会社の側では当該利息は損金の額に算入されます。

しかし、通常、債務不履行に陥った会社に、利息を支払う余力はないと考えられます。この場合は、支払われていない利息について、役員に対する雑所得の認定課税が行われることはありません。

また、最終的に会社が倒産して、役員の求償権が行使不能となった場合、その行使不能額は、役員の所得の計算においては何ら考慮されず、いずれの所得の必要経費にもなりませんし、雑損控除の適用を受けることもできません。

ロ　求償権の行使不能による譲渡所得の課税の特例

役員が、会社の保証債務を履行した際に生じた求償権が行使不能となった場合、原則として、その行使不能額は、役員の所得の計算において何ら考慮されません。

しかし、保証債務を履行するために、役員が所有資産を譲渡した場合で、その譲渡代金のうち、保証債務の履行に充てられた部分の金額に係る求償権が行使不能となったときは、行使不能額を回収不能となった金額とみなし、一定の金額を、譲渡所得の収入金額から差し引いて所得の計算を行うことができます（所法64②）。

なお、保証債務の履行後相当期間を経過した後に行使不能となった場合には、行使不能となることが確定した日の翌日から2月以内に限り、既に確定した確定申告に係る所得金額等について、更正の請求を行うことができます（所法152）。

求償権の行使不能と判断される場合としては、更生計画・再生計画の認可の決定による債務切捨て、特別清算に係る協定の認可の決定による債務の切捨てといった法的なもののほか、債務者に対し債務免除額を書面により通知した場合が含まれます。ただし、この通知による債務免除は、債務者である会社に弁済能力がないと認められる場合のみに限られているため、会社に支払能力があるにもかかわらず免除をしたような場合は、求償

152　第3章　同族会社・役員間の金銭の貸借

権の行使不能と判断されず、この「資産の譲渡代金が回収不能となった場合等の所得計算の特例」の規定は適用されません。

　また、会社債務の保証が、会社が資力を喪失し、保証債務の履行が確実かつ求償権の行使不能が明らかと認められる状態になってから行われた場合は、単なる会社債務の引受け又は会社に対する贈与もしくは私財提供となるため、同規定は適用されません。

②　会社の取扱い

　役員に対する課税は上記①のとおりですが、会社では債務免除益が益金の額に算入されます。しかし、役員からの債務免除が、民事再生法の規定による再生計画の認可の決定があったこと等法人税法施行令117条に定める事実による場合には、法人税法59条1項の「会社更生等による債務免除等があった場合の欠損金の損金算入」の規定が適用されます。

【図表3－5　保証債務の履行に伴う求償権の行使不能の取扱い】

	資産の譲渡をしていない場合	資産の譲渡をした場合
役員	所得税法上何ら考慮されない	その行使不能額を譲渡代金の回収不能額とみなし、一定の金額は資産を譲渡した日の属する年分のその資産の譲渡に係る各種所得の金額の計算上なかったものとみなす
会社	債務免除益を益金算入 ※一定の場合には会社更生等による債務免除等があった場合の欠損金の損金算入の規定の適用あり	

4 会社の借入れに対する保証　*153*

【図表3－6　法人の代表者の保証債務履行に伴う求償権の行使不能の判定基準】

原　則 所基通64－1「回収不能の判定」→所基通51－11（貸金等の全部又は一部の切捨てをした場合の貸倒れ）に準じて判定	所基通51－11 （1）　更生計画認可の決定又は再生計画認可の決定があったこと （2）　特別清算に係る協定の認可の決定があったこと （3）　法令の規定による整理手続によらない関係者の協議決定で、次に掲げるものにより切り捨てられたこと 　イ　債権者集会の協議決定で合理的な基準により債務者の負債整理を定めているもの 　ロ　行政機関又は金融機関その他の第三者のあっせんによる当事者間の協議により締結された契約でその内容がイに準ずるもの （4）　債務者の債務超過の状態が相当期間継続し、その貸金等の弁済を受けることができないと認められる場合において、その債務者に対し債務免除額を書面により通知したこと
所基通51－11（4）の場合の特例 その法人が求償権放棄後も存続し経営を継続する場合	次のすべての状況に該当すると認められるときは、その求償権は行使不能と判定 ①　その代表者等の求償権は、代表者等と金融機関等他の債権者との関係からみて、他の債権者の有する債権と同列に扱うことが困難である等の事情により、放棄せざるを得ない状況にあったと認められること ②　その法人は、求償権を放棄（債務免除）することによっても、なお債務超過の状況にあること ※　その法人が債務超過かどうかの判定に当たっては、土地等及び上場株式等の評価は時価ベースにより行う。なお、この債務超過には、短期間で相当の債務を負ったような場合も含まれる。

【事例3－8】　**会社に対する求償権の放棄**

問　当社は金融機関からの借入れの際、役員から連帯保証を受けました（連帯保証を受けた当時は業績良好で債務超過ではない）が、その後の業績不振により契約どおりの債務の履行ができなかったため、役員が会社に代わり自己所有の不動産3,000万円（取得費等1,000万円・10年間所有）を処分し1,000万円の債務の履行を行いました。

154 第3章 同族会社・役員間の金銭の貸借

　役員は、その会社について債務超過の状態が相当期間継続し、弁済能力がないと認められたため、債務の履行をした年と同年に、会社に対し書面により求償権の放棄を通知しました。

　この場合の役員側及び会社側の取扱いはどのようになるでしょうか。

　※役員の当年分の各種所得の金額は、この不動産の譲渡以外に給与所得の金額1,000万円があります。

答　ご質問の場合の役員側及び会社側の取扱いは以下のとおりとなります。

［役員側の取扱い］（単位：万円）

　求償権の行使不能額 → 通常の場合は所得税法上何ら考慮されない。

　保証債務履行のための譲渡 → 求償権の行使不能額を、回収不能額とみなして譲渡所得の金額の計算上控除

　譲渡所得の金額　（3,000 − 1,000 ※）− 1,000 ＝ 1,000

　※なかったものとみなされる金額

　①　1,000　　　　　（求償権の行使不能額）

　②　2,000 ＋ 1,000 ＝ 3,000　（当年分の総所得金額等の合計額）

　③　3,000 − 1,000 ＝ 2,000　（②の計算の基礎となる譲渡所得金額）

　④　①から③のうち最も低い金額　1,000

［会社側の取扱い］（単位：万円）

　求償権の免除額を益金算入

　〈仕訳〉　借入金　1,000　／　債務免除益　1,000

　一定の場合には会社更生等による債務免除等があった場合の欠損金の損金算入規定の適用あり

第4章

同族会社・役員間の不動産の貸借

第4章のポイント
（同族会社・役員間の不動産の貸借）

○　会社が役員へ建物を貸す場合、役員から収受する賃貸料が、「通常の賃貸料の額」よりも低いときは、その差額が給与課税されます。通常の賃貸料の額は、家屋及び敷地の固定資産税の課税標準額に基づいて計算します。

○　会社が役員から建物を借りる場合、役員へ支払う賃借料が標準の賃料よりも高いときは、その高い部分の金額が、役員給与と認定される可能性があります。

○　会社と役員の間で、借地権の設定時に通常権利金を収受する取引慣行があるにもかかわらず権利金を収受しない場合は、借地権の認定課税が行われます。認定課税を回避するためには、相当の地代を収受するか、「土地の無償返還に関する届出書」を提出する必要があります。

○　会社が通常の権利金を収受した場合、受け取った権利金を益金に算入します。借地権の設定により土地の価額が2分の1以上下落している場合には、土地の一部の譲渡があったものとして土地の帳簿価額の一部が損金に算入されます。

○　土地の貸主が会社の場合、通常権利金を収受する取引慣行があるにもかかわらず権利金を収受しないときは、収受すべき権利金を受領したものとして益金に算入するとともに、同額が役員に対する給与として認定課税が行われます。

○　土地の貸主が会社の場合、通常の権利金を収受しないときは、無償返還の届出書を提出しても、相当の地代を収受しない限り、会社は実際の地代と相当の地代との差額を収益計上するとともに、同額が役員に対する給与とみなされます。

○　駐車場の用に供する目的で、役員が所有する土地を更地のまま同族会社に貸す場合、地代を収受してもしなくても構いませんが、同族会社がそのまま第三者に転貸する場合、同族会社等の行為又は計算の否認等の規定が適用されないよう留意する必要があります。

はじめに

　同族会社と役員の間で不動産の貸借を行う場合は、第三者間の貸借にはない税務上の制約があります。これは、同族会社と役員間の貸借では、その契約条件、賃貸金額等に恣意性が介入する余地があり、税負担を不当に軽減する恐れがあるためです。現実には、税負担を軽減する目的から同族会社と役員とで不動産の貸借取引を開始することは少なくありませんが、安易な考えで取引を開始してしまうと、後で思いもよらない課税処分を受けてしまう可能性があります。

　土地の貸借取引を例に挙げると、貸借開始時では借地権の認定課税の問題があり、その賃料については「相当の地代」を考慮しなければならず、借地権の返還に伴う一時金の取扱いや、相続発生時の評価方法など、入口から出口まで税務上検討しなければならない事項が多数存在します。

　本章では、建物の貸借、土地の貸借を、役員が会社から借りる場合と、会社が役員から借りる場合に区分し、それぞれのケース・タイミングにおける税務上の注意点を解説していきます。

158 第4章　同族会社・役員間の不動産の貸借

1 建物の貸借

（1）　役員が会社から借りる場合

　役員が会社から建物を借りる場合、その建物は様々な用途で使用される可能性がありますが、現実的には大部分が社宅としての利用だと考えられるため、ここでは社宅の貸借に絞って注意点を解説していきます。

　役員から収受する賃貸料については、収受する金額が、いわゆる「通常の賃貸料の額」よりも低い場合、その差額が給与課税の対象となるなど問題が生じますので、その金額の設定は慎重に行わなければなりません。ここでは、まず、通常の賃貸料の額の計算方法を解説し、次に収受する賃貸料が通常の賃貸料より低い場合と高い場合の課税上の留意事項を解説します。

　通常の賃貸料の額は、貸与する社宅の床面積により通常の住宅と小規模な住宅に区分し、次のように計算します（所基通36－40）。

①　通常の賃貸料の額の計算

　会社が役員に貸与する社宅等の賃貸料の月額は、次の算式により計算した額とされます。家屋だけ又は敷地だけを貸与する場合には、その家屋だけ、又は敷地だけについてそれぞれ通常の賃貸料を計算します。

$$\left\{ \begin{array}{l} \text{その年度の家屋} \\ \text{の固定資産税の} \\ \text{課税標準額} \end{array} \times 12\% \begin{bmatrix} \text{木造家屋以外} \\ \text{の家屋につい} \\ \text{ては}10\% \end{bmatrix} + \begin{array}{l} \text{その年度の敷地} \\ \text{の固定資産税の} \\ \text{課税標準額} \end{array} \times 6\% \right\} \times \frac{1}{12}$$

　上記算式中「木造家屋以外の家屋」とは、耐用年数が30年を超える住宅用の建物をいい、木造家屋とは、耐用年数が30年以下の住宅用の建物をいいます。

　なお、会社が他から住宅等を借り受けて、それを役員に貸与した場合、会社が支払う賃借料の額の50％に相当する金額が当該算式により計算した金額を超えるものについては、その50％に相当する金額を賃貸料の月額とします。ただし、②に定める住宅等については②により計算します。

② 小規模住宅等に係る通常の賃貸料の額の計算

社宅となる住宅等のうち、その貸与した家屋の床面積（2以上の世帯を収容する構造の家屋については、1世帯として使用する部分の床面積。）が132㎡（木造家屋以外の家屋については99㎡）以下であるものに係る通常の賃貸料の額は、上記①にかかわらず、次に掲げる算式により計算した金額とします（所基通36 - 41）。

なお、敷地だけを貸与した場合には、この取扱いは適用しません。

$$
\begin{array}{l}\text{その年度の}\\\text{家屋の固定}\\\text{資産税の課}\\\text{税標準額}\end{array} \times 0.2\% + 12円 \times \dfrac{\begin{array}{c}\text{当該家屋の総}\\\text{床面積（㎡）}\end{array}}{3.3（㎡）} + \begin{array}{l}\text{その年度の}\\\text{敷地の固定}\\\text{資産税の課}\\\text{税標準額}\end{array} \times 0.22\%
$$

③ 公的使用に充てられる部分がある住宅等

その住宅等が、公的使用に充てられる部分がある住宅等に該当するときは、次の算式により計算した金額以上の金額をその賃貸料の額として徴収しているときは、その徴収している金額を当該住宅等に係る通常の賃貸料の額として差し支えありません（所基通36 - 43(1)）。

①、②により計算した通常の賃貸料の額 × 70%

④ 単身赴任者のような者が一部を使用しているにすぎない住宅等

その住宅等が、単身赴任者のような者が一部を使用しているにすぎない住宅等に該当するときは、次の算式により計算した金額以上の金額をその賃貸料の額として徴収しているときは、その徴収している金額を当該住宅等に係る通常の賃貸料の額として差し支えありません（所基通36 - 43(2)）。

$$
\begin{array}{c}\text{当該住宅等につき①又は②により}\\\text{計算した通常の賃貸料の額}\end{array} \times \dfrac{50（㎡）}{\text{当該家屋の総床面積（㎡）}}
$$

⑤ 豪華な住宅の場合

時価（実勢価額）が賃貸料相当額になります。いわゆる豪華社宅であるか

160　第4章　同族会社・役員間の不動産の貸借

どうかは、床面積が240㎡を超えるもののうち、取得価額、支払賃貸料の額、内外装の状況等各種の要素を総合勘案して判定します。なお、床面積が240㎡以下のものについては、原則として、プール等や役員個人のし好を著しく反映した設備等を有するものを除き、①又は②の算式によることとなります。

⑥　賃貸料の額の計算に関する細目

　上記の他、通常の賃貸料の額を計算するに当たり、次に掲げる場合には、それぞれ次の算式により計算します（所基通36 - 42）。

イ　例えば、その貸与した家屋が一棟の建物の一部である場合又はその貸与した敷地が一筆の土地の一部である場合のように、固定資産税の課税標準額がその貸与した家屋又は敷地以外の部分を含めて決定されている場合

　　当該課税標準額（上記②により計算する場合にあっては、当該課税標準額及び当該建物の全部の床面積）を基として求めた通常の賃貸料の額をその建物又は土地の状況に応じて合理的にあん分するなどにより、その貸与した家屋又は敷地に対応する通常の賃貸料の額を計算します。

ロ　その住宅等の固定資産税の課税標準額が改訂された場合

　　その改訂後の課税標準額に係る固定資産税の第一期の納期限の属する月の翌月分から、その改訂後の課税標準額を基として計算します。

ハ　その住宅等が年の中途で新築された家屋のように固定資産税の課税標準額が定められていないものである場合

　　当該住宅等と状況の類似する住宅等に係る固定資産税の課税標準額に比準する価額を基として計算します。

ニ　その住宅等が月の中途で役員の居住の用に供されたものである場合

　　その居住の用に供された日の属する月の翌月分から、役員に対して貸与した住宅等としての通常の賃貸料の額を計算します。

【事例4－1】　通常の賃貸料の算定

問　当社は都内に戸建ての住宅を所有しています。これを役員の社宅として利用したいと考えております。次のそれぞれの場合において、通常の賃貸料として役員から収受すべき金額はいくらになりますか。

　社宅の条件　都内某所戸建て　木造

　土地の固定資産税の課税標準額　4,000万円

　建物の固定資産税の課税標準額　1,200万円

　賃料の相場　月額60万円

（1）　建物の床面積が132㎡の場合

（2）　建物の床面積が133㎡の場合

（3）　豪華な住宅に該当する場合

答　通常の賃貸料として次のそれぞれの金額を役員から収受する必要があります。

（1）　建物の床面積が132㎡の場合（小規模住宅に該当する場合）

　　1,200万×0.2％＋12円×132㎡／3.3㎡＋4,000万×0.22％

　　＝ <u>112,480円</u>

（2）　建物の床面積が133㎡の場合（小規模住宅に該当しない場合）

　　（1,200万×12％＋4,000万×6％）×1／12＝ <u>320,000円</u>

（3）　豪華な住宅に該当する場合

　　時価のため　<u>600,000円</u>

⑦　支払う家賃が低額又は高額な場合

　役員が支払う家賃が上記①～⑥の算式により計算した金額よりも低額の場合、会社としては通常の賃貸料との差額を収益に計上する必要があります。同時に同額の役員給与が発生します。仕訳で表すと次のとおりです。

　〈仕訳〉　役員給与　×××　／　受取家賃　×××

162 第4章 同族会社・役員間の不動産の貸借

　この場合、定期同額給与に該当し源泉徴収が必要となります。その結果、株主総会等で決議された役員給与の金額を超える場合には、損金不算入の役員給与となり、会社の所得の金額の計算上、影響を及ぼすことがあります。

　支払う家賃が高額な場合は、特段の課税関係は生じないものと思われます。

【事例4－2】 家賃が低額な場合

問　事例4－1（2）のケースで、役員から収受すべき通常の賃貸料が月額32万円であるのに、当社は役員から20万円の賃貸料しか収受していません。この場合、税務上どのような問題が生じますか。なお、株主総会で決議した役員給与の経済的利益を含めた限度額は月額100万円以内でしたが、役員に対しては金銭で月額70万円の報酬しか支払っていません。

答　通常の賃貸料と実賃貸料との差額（12万円）は役員給与として源泉徴収の対象になります。この金額と金銭で支給されている金額の合計額（82万円）は、株主総会で決議した役員給与の限度額（100万円）以下であるため、定期同額給与として損金に算入されます。また、同額を受取家賃として収益に計上する必要があります。

⑧　相続時の取扱い

　役員が会社から建物を借りている状態で相続が発生した場合のその借家権の価額は、原則として次の算式により計算した金額により評価します（評基通94）。

評基通89《家屋の評価》、89－2《文化財建造物である家屋の評価》又は92《附属設備等の評価》の定めにより評価したその借家権の目的となっている家屋の価額　× 借家権割合 × 賃借割合

家屋の利用形態が使用貸借契約の場合には、当該借主は、借家権を有しないものとされます。なお、社宅については、その性格が雇用関係等を前提とした家屋の利用権であることから、その借主は借家権を有しないものとされます。

ただし、借家権の価額は、借家権が金銭等の支払いを伴って取引される慣行がある地域以外のものについては、相続税又は贈与税の課税対象としないこととされています。

【事例4−3】 社宅の借家権の評価

問 当社の役員が死亡しました。この役員は会社所有の社宅に通常の賃貸料を支払って居住していました。社宅に係る借家権の評価方法をご教示ください。

答 社宅であるため、役員の相続税の計算上、当該借家権は評価しません。

（2） 会社が役員から借りる場合

① 概要

会社が役員から建物を借りる場合の賃借料については、第三者に貸す際の標準の賃料を基準とします。実務上問題となるのは、「イ　実際の賃料が標準の賃料よりも低い場合」、「ロ　実際の賃料が標準の賃料よりも高い場合」が考えられます。

イについては、標準の賃料との差額が役員からの受贈益となりますが、同額の支払家賃が発生するため課税上問題となるケースはほとんどありません。

〈仕訳〉　賃借料・支払家賃　×××　／　受贈益　×××

また、個人の所得税の課税上も、認定課税の規定はないため、特段の問題は生じません。ただし、会社が一括借上などにより、役員から借り上げた建

164　第4章　同族会社・役員間の不動産の貸借

物を第三者に転貸するような場合は、その賃料の設定には注意を要します。

ロについては、標準の賃料よりも高い部分の金額が、役員給与と認定される可能性があり、その場合、定期同額給与に該当し源泉徴収が必要となります。その結果、株主総会等で決議された役員給与の金額を超える場合には、損金不算入の役員給与となり、会社の所得の金額の計算上、影響を及ぼすことがあります。

【事例4－4】　高額な家賃の取扱い

問　当社は役員所有の建物を倉庫として賃借しています。同建物を第三者に賃貸する場合は月額20万円程度ですが、当社では月額50万円の家賃を支払っています。役員給与については、（1）株主総会で決議された限度額（60万円）を金銭で支払っている場合、（2）株主総会で決議された限度額（60万円）よりも低い金額の20万円を金銭で支払っている場合、税務上どのような問題が生じますか。

答
（1）　役員に対して給与等とみなされる金額は、90万円（60万円＋30万円（50万円－20万円））ですので、株主総会で決議された金額を超える部分の30万円が、損金不算入の役員給与とされます。

（2）　役員に対して給与等とみなされる金額は、50万円（20万円＋30万円）で、株主総会で決議された金額の範囲内ですので、全額が損金算入の役員給与とされます。

---

②　相続時の取扱い

役員が会社に建物を貸している状態で相続があった場合の貸家の価額は、次の算式により計算した金額により評価します（評基通93）。

評基通89《家屋の評価》、89－2《文化
財建造物である家屋の評価》又は92《附 －A×借家権割合×賃貸割合
属設備等の評価》の定めにより評価した
その家屋の価額（A）

　なお、上記（1）⑧の取扱いにより、借家権の価額を相続税等の課税価格
に算入しない場合でも、その貸家の評価においては借家権部分を控除するこ
とが可能です。

2 土地の貸借

　土地の貸借に伴い、借主がその土地に建物を建てると借地権課税に係る諸問題が発生します。会社と役員間の取引において借地権の認定課税の問題は最も注意すべき事項のひとつですので、まず借地権の設定に係る課税関係の概要を貸主と借主を区分して解説します。次に、その後の賃貸借に係る課税関係を解説していきます。なお、貸主と借主が法人か個人かで全部で4とおりの組み合わせが考えられますが、ここでは個人×個人、法人×法人の取引は除外して説明します。

　借地権設定時の認定課税は、「通常の権利金の支払いの有無」、「相当の地代の支払いの有無」、「土地の無償返還に関する届出書の提出の有無」などにより課税関係が変化します。これらの適用関係をフローチャートで示すと次のとおりとなります。

【図表4-1 借地権設定時の認定課税の判定】

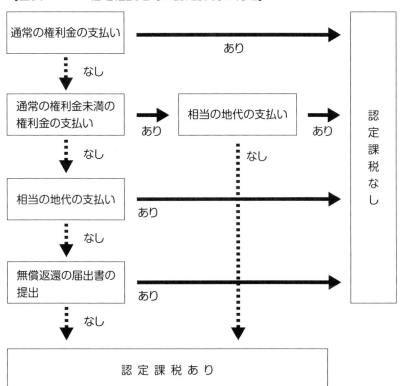

(1) 会社が役員から借りる場合
① 借地権設定時の課税関係

　同族関係にある会社と役員の間で、借地権の設定時に通常権利金を授受する取引慣行があるにもかかわらず、権利金を授受しない場合は借地権の認定課税が行われます。「通常権利金を授受する取引慣行があるか」の判定は、[1]「現実の税務執行上は、市街地から遠く離れた町や村などの地域では、たとえ

---

[1] 松本好正「『無償返還』『相当の地代』『使用貸借』等に係る借地権課税のすべて」P 103

権利金なしで借地権の設定が行われたとしても、これについて権利金認定課税は行わないこととされてきました（また、この場合には、相当の地代の認定課税も行われません。）。…平成3年12月の旧評価通達の改正において、評価通達で課税しない借地権割合を画一的に定めることはふさわしくないとして、『借地権割合が30％未満』といった表現をやめて、『通常権利金その他一時金を支払うなど借地権の取引慣行があると認められる地域以外の地域にある借地権』という表現に改められました。ただし、現在、各国税局長が定めている借地権割合に30％未満のものがないことから、事実上は従前どおり30％未満の地域では権利金の認定課税は行われないと考えられます。」とされています。

　会社が役員から借りる場合、次のケースで借地権の認定課税が生じます。

・無償返還の届出書の提出がなく、かつ、会社が通常の権利金を支払わず、かつ、地代の支払いがない場合

・無償返還の届出書の提出がなく、かつ、会社が通常の権利金を支払わず、かつ、相当の地代に満たない地代を支払う場合

　いずれのケースにおいても、役員が権利金を一切収受していなければ、「土地の無償返還に関する届出書」を提出することにより認定課税は行われません。役員が通常の権利金を収受せずに借地権の認定課税を回避したいのであれば、通常の権利金の収受に代えて相当の地代を収受するか、会社と役員の連名で「土地の無償返還に関する届出書」を提出する必要があります。

　借地権設定時の課税関係をまとめると次のとおりです。

【図表4－2　貸主が役員の場合の借地権設定時の課税関係】

		役員（貸主）	会社（借主）
通常の権利金あり　　　　…イ		不動産所得又は譲渡所得	－
無償返還の届出書の提出なし	権利金なし　　　…ロ（イ）	－	認定課税
	相当の地代　　　…ロ（ロ）	－	－
	相当の地代に満たない地代 …ロ（ハ）	不動産所得又は譲渡所得	一部認定課税
無償返還の届出書の提出あり…ロ（ニ）		－	－

イ　通常の権利金の収受がある場合

　a　会社に対する課税関係

　　通常の権利金の支払いがある場合、借主である会社に課税は生じません。

　b　役員に対する課税関係

　　貸主である役員が権利金を収受した場合には、その権利金がその土地の時価の2分の1以下である場合には不動産所得、2分の1を超える場合には譲渡所得として課税されます。不動産所得に該当する場合は一定の要件を満たせば臨時所得の平均課税の適用を受けることができます。

ロ　通常の権利金の収受がない場合

（イ）　権利金を全く収受しない場合又は通常の権利金に満たない額を収受する場合

　a　会社に対する課税関係

　　借地権の設定時に通常権利金を収受する取引慣行があるにもかかわらず権利金を収受しない場合、会社は、次の算式により計算した金額の受贈益があったものとして借地権の認定課税が行われます。ただし、この算式により計算した金額がその地域における取引慣行において通常収受されるであろう権利金の額を超える場合には、その通常収受される権利金の額とされます。

$$\text{土地の更地価額} \times \left(1 - \frac{\text{実際に収受している地代の年額}}{\text{相当の地代の年額}} \right)$$

相当の地代＝（土地の更地価額－収受した権利金等の額）×6％

---

　b　役員に対する課税関係

　　譲渡所得の起因となる資産の移転には借地権の設定は含まれませんので（所基通59－5）、この場合、貸主である役員には認定課税は行われません。

170 第4章 同族会社・役員間の不動産の貸借

【事例4－5】 権利金を全く支払わない場合

問 当社は役員所有の土地を賃借して、その上に会社で建物を建設する計画をたてています。建築費が発生するため資金繰りの都合で役員に対して権利金の支払いは考えておりませんが、賃料は支払う予定です。賃料は年額36万円で、土地の更地価格は1,000万円である場合、税務上どのような問題が生じますか。

答 下記の算式により400万円が会社の所得の金額の計算上、受贈益として課税されます。なお、譲渡所得の起因となる資産の移転には借地権等の設定は含まれないため、役員について課税関係は生じません。

$$1,000万円 \times \left(1 - \frac{36万円}{60万円※}\right) = 400万円$$

※ 1,000万円 × 6％ = 60万円

(ロ) 相当の地代を収受する場合

a 会社に対する課税関係

権利金の支払いがない場合や、通常の権利金に満たない権利金の支払いがあった場合でも、次の算式により計算した「相当の地代」の支払いがあり、所定の届出をしたときは、借地権の設定時に認定課税の問題は生じません。

相当の地代（年額）

　＝（土地の更地価額※1－収受した権利金等の額※2）× 6％

※1 土地の更地価額は、課税上弊害がなければ、公示価格、基準価格、又は、相続税評価額、もしくは、相続税評価額の過去3年の平均額によることもできます。

※2 土地の更地価額に相続税評価額を採用した場合には、収受した権

利金等の額は以下の算式により計算します。権利金の支払いの代わりに有利な条件による金銭の貸付けを行うケースがありますが、そのような経済的利益があった場合は、その経済的利益の額も権利金の額に加算します。

$$収受した権利金等の額 \times \frac{採用した土地の更地価額}{通常の取引価額による土地の更地価額}$$

b 役員に対する課税関係

相当の地代を収受した場合、貸主である役員に対する認定課税は行われません。

【事例4－6】 相当の地代の計算

問　事例4－5で、通常の権利金の支払いをせずに、借地権の認定課税を受けないためには地代をいくら以上支払えば良いのですか。

答　下記の算式により、年額60万円（※）の地代の支払いがあれば、認定課税はありません。

※　1,000万円×6％＝60万円（年額）

(ハ) 相当の地代に満たない地代を収受する場合

a 会社に対する課税関係

会社が、通常の権利金未満の権利金を支払い、かつ、相当の地代未満の地代を支払うときは、次の算式により計算した金額の贈与があったものとして法人税が課税されます。

$$土地の更地価額 \times \left(1 - \frac{実際に収受している地代の年額}{相当の地代の年額※1}\right) - 収受した権利金等の額　※2$$

172 第4章 同族会社・役員間の不動産の貸借

> ※1 相当の地代の年額は、実際に収受している権利金の額又は特別の
> 経済的な利益の額がある場合であってもこれらの金額がないものと
> して計算した金額によります。
> ※2 算式により計算した金額が、通常の権利金の額を超えることとな
> る場合には、通常の権利金の額とします。

　b　役員に対する課税関係

　　この場合、貸主である役員には認定課税は行われません。通常の権
利金に満たない額の権利金を受け取っている場合は不動産所得又は譲
渡所得として課税されます。

【事例4－7】 相当の地代に満たない地代を支払う場合の計算

問　事例4－5、6に関連して、通常の権利金の額に満たない権利金
の支払いをし、相当の地代に満たない額の地代を支払っている場合、借
地権の設定時において、会社や役員に対してどのような課税が生じます
か。

　土地の更地価額　1,000万円
　支払った権利金の額　100万円
　実際に支払っている地代の年額　36万円

....

答　会社の所得の金額の計算上、300万円が収入金額となります。

$$1,000万円 \times \left(1 - \frac{36万円}{60万円※} \right) - 100万円 = 300万円（受贈益）$$

※ 1,000万円×6％＝60万円（相当の地代の年額）

　役員については収受した権利金の額（100万円）を不動産所得の総収
入金額に算入します。

（二）　無償返還の届出書を提出する場合

　a　会社に対する課税関係

　　会社と役員が、将来その土地を無償で返還することを約し「土地の無償返還に関する届出書」を税務署に提出している場合には、借地権の認定課税は行われません。この規定は、借地権がないということを前提としているため、少額でも権利金を収受したり、経済的な利益を受けたりする場合には適用がありませんので注意が必要です。

　　なお、この届出書は、当事者間において土地を無償で返還することを約した場合には遅滞なく提出することとなっています。遅滞なくとは諸説あり、一般的には借地権の認定等があった後最初に到来する申告期限までですが、例えば、提出することを失念していて税務調査などで指摘された後に提出しても認められるという説もあります。

　b　役員に対する課税関係

　　この場合、貸主である役員には認定課税は行われません。

②　賃貸料に係る課税関係

イ　会社に対する課税関係

　　支払った地代は会社の所得の金額の計算上、損金に算入されます。ただし、地代が過度に高額な場合は、会社の所得の金額の計算上、損金に算入されない可能性があります。

ロ　役員に対する課税関係

　　会社から収受する地代は、役員個人の不動産所得の計算上、収入金額に算入されます。通常の権利金を収受した場合や、無償返還の届出書を提出した場合は、その地代が相当の地代や第三者間取引において通常収受すべき地代以下であっても、その差額について特段の課税関係は生じません。

174   第4章　同族会社・役員間の不動産の貸借

【事例4－8】 相当の地代方式をやめる場合

問　当社は役員が所有する土地に建物を建設して、相当の地代方式により地代を支払い、その後定期的に改定も行ってきましたが、相当の地代が高額であり、役員の税負担や法人の資金繰りが厳しくなってきました。何か対策があればご教示ください。

答　相当の地代方式から無償返還の届出書を提出する方式に変更する方法が考えられます。

手順は以下のとおりです。
① 現在の賃貸借契約を終了させる書面を作成します。
② 会社から役員に土地を無償で返還します（旧賃貸借契約書に無償返還の文言が入っていない場合は①の書面で明記します。）。
③ 同日、役員と会社との間で将来無償返還である旨の記載がある賃貸借契約書を作成します。
④ 役員と会社が連名で「土地の無償返還に関する届出書」を提出します。

③ 相続時の取扱い

借地権が設定されている土地の所有者である役員が死亡した場合等のその土地等の評価は、次の区分に応じ、それぞれ次によります。

イ　通常の権利金の収受がある場合

> 自用地評価額×（1－借地権割合）

ロ　通常の権利金の収受がない場合
　（イ）　権利金を全く収受しない場合又は通常の権利金に満たない額を収受する場合

> 自用地評価額 － A
>
> A ＝自用地評価額×借地権割合
>
> $$\times \left(1 - \frac{\text{実際に収受している地代の年額}-\text{通常の地代の年額}}{\text{相当の地代の年額}-\text{通常の地代の年額}} \right)$$
>
> 通常の地代の年額は、その地域における第三者間取引で支払われている金額を基に計算しますが、不明な場合は次の算式により計算した金額とします。
>
> 相続発生前3年間の自用地価額の平均額×（1－借地権割合）×6％

（ロ）　相当の地代を収受する場合

　a　通常の権利金に満たない額の収受がある場合

> 自用地評価額 － A
>
> A ＝自用地評価額×借地権割合
>
> $$\times \left(1 - \frac{\text{実際に収受している地代の年額}-\text{通常の地代の年額}}{\text{相当の地代の年額}-\text{通常の地代の年額}} \right)$$
>
> 上記の算式により計算した金額が自用地評価額の80％を超える場合には、自用地評価額の80％とします。

　b　権利金を全く収受しない場合

　　次の算式により計算した金額とします。

> 自用地評価額× 80％

（ハ）　相当の地代に満たない地代を収受する場合

> 自用地評価額 － A
>
> A ＝自用地評価額×借地権割合
>
> $$\times \left(1 - \frac{\text{実際に収受している地代の年額}-\text{通常の地代の年額}}{\text{相当の地代の年額}-\text{通常の地代の年額}} \right)$$

176 第4章 同族会社・役員間の不動産の貸借

（二）　無償返還の届出書を提出する場合

> 自用地評価額×80%

　　無償返還の届出書を提出した場合であっても、使用貸借契約であるときは、自用地評価額とします。

【事例4－9】　底地の評価

問　当社の役員が死亡しました。役員は生前、自己の所有する土地を会社に賃貸し、会社は建物を建設して社屋として使用していました。役員の相続財産の評価額はいくらになりますか。

　　土地の自用地評価額　1,000万円

　　過去3年の自用地評価額の平均額　950万円

　　実際に収受している地代の年額　36万円

　　相当の地代の年額　60万円

　　借地権割合　70%

答　下記の計算により、役員の相続財産の評価額は6,083,917円になります。

$$1,000万円-1,000万円\times70\%\times\left(1-\frac{36万円-17.1万円※}{60万円-17.1万円}\right)$$

$$=6,083,917円$$

※ 950万円×（1－70%）×6%

2　土地の貸借　*177*

> **【事例4－10】**　**無償返還の届出書の提出を失念した場合**
>
> **問**　平成30年8月に当社の役員が死亡しました。当該役員が所有する土地に平成20年に会社が建物を建設しましたが、当時は顧問税理士に依頼しておらず、税務に不案内であったため、無償返還の届出書を未提出で、権利金も地代も支払っておりませんでした。この場合、役員の相続財産の評価額はいくらになりますか。
>
> 　自用地としての相続税評価額　5,000万円
>
> 　借地権割合　70%
>
> --
>
> **答**　下記算式のとおり役員の相続財産の評価額は1,500万円となります。
>
> 　5,000万円×（1－0.7）＝1,500万円
>
> 　通常の底地と同様に評価することとなります。本来は、会社に対して平成20年当時に借地権の認定課税が発生するはずでしたが、既に除斥期間が経過しているため認定課税は行われないものと考えます。

④　借地権の返還があった場合の課税関係

　借地権の返還とは、法律上は借地権の消滅を意味します。貸主と借主が第三者間である場合には、借地権が消滅する経緯や立退料の支払いの有無も多様でしょうが、会社と役員間の取引ではトラブルが少ないものと仮定し、無償で借地権の返還があった場合と、立退料を受領して借地権の返還があった場合の取扱いについて解説します。

　契約の終了等により借地権の返還があった場合、税務上は、借主側から借地権の譲渡があったものとして、一定の場合を除き、借主側に対して課税されます。

イ　無償で借地権の返還があった場合

（イ）　会社に対する課税関係

会社が借地権の返還に当たり、通常借地権の価額に相当する立退料等を授受する取引上の慣行があるにもかかわらず、立退料等を収受しなかった場合には、原則として通常収受すべき借地権の対価の額に相当する金額を役員に贈与したものとします（法基通13－1－14）。

これを仕訳で表すと次のとおりになります。

役員給与（損金不算入）×××／借地権　　　　　　　×××
　　　　　　　　　　　　　　／雑収入（値上がり益部分）×××

(ロ)　役員に対する課税関係

　無償で借地権の返還があった場合には、上記（イ）の金額が給与所得として課税されます。

ロ　立退料を収受して借地権の返還があった場合

(イ)　会社に対する課税関係

　会社が借地権の返還に際し立退料を受け取った場合には、借地権の帳簿価額と受領した立退料の差額に対して課税されます。

　なお、立退料を受領して借地権の返還をした場合には、会社が受領した立退料等については、特定資産の買換えの場合の課税の特例（措法65の7）、交換により取得した資産の圧縮額の損金算入（法法50）等の適用を受けることができます。

(ロ)　役員に対する課税関係

　役員が借地権の返還に際し立退料を支払った場合には、原則として課税関係は生じませんが、その支払った立退料は土地の取得価額に算入され、将来その土地を譲渡等した際に取得費となり、収入金額から控除されます。

　なお、立退料を支払って借地権の返還を受けた場合は、特定の事業用資産の買換えの場合の譲渡所得の課税の特例（措法37）の適用を受けることができます。

⑤　借地法と借地借家法

　借地法は「借地人の保護」に重点を置いて大正 10 年に施行され、現行の借地借家法にかわる平成 4 年 7 月 31 日まで 71 年間続いた法律です。借地法では、借地権の存続期間は原則として堅固建物の契約期間は 60 年、非堅固建物の契約期間は 30 年とし、建物がこの期間の満了前に<u>朽廃</u>したときは借地権は消滅する、と規定されています（借地法 2）。朽廃とは時間の経過により経済的な価値がなくなることを指します。一般的には建物がいつ崩壊するかわからない状態で、修繕に新築と変わらないくらいの負担を要するときに朽廃と判断することが多いようです。借地法において借地権が消滅するのは建物が朽廃したときだけであるため、単に建物を取り壊した場合は借地権は存在することとなります。

　また、借地法では、借地権者が借地権の消滅後土地の使用を継続する場合においては、土地の所有者が遅滞なく異議を述べないときは、前の契約をもって、さらに借地権を設定したものとみなす、と規定されていることから（借地法 6）、建物を取り壊しても貸主が異議を唱えず引き続き借主が土地を使用しているときは、契約期間を経過したとしても法定更新がなされたものとされ、借地権は存在することとなります。

　これに対し、借地借家法（平成 4 年 8 月 1 日施行）では、建物の消滅は朽廃に限定しておらず、「借地権の存続期間が満了する前に建物の滅失（借地権者又は転借地権者による取壊しを含む。以下同じ。）があった場合において、借地権者が残存期間を超えて存続すべき建物を築造したときは、その建物を築造するにつき借地権設定者の承諾がある場合に限り、借地権は、承諾があった日又は建物が築造された日のいずれか早い日から二十年間存続する。ただし、残存期間がこれより長いとき、又は当事者がこれより長い期間を定めたときは、その期間による。」と規定されており（借地借家法 7 ①）、「借地権者が借地権設定者に対し残存期間を超えて存続すべき建物を新たに築造する旨を通知した場合において、借地権設定者がその通知を受けた後二月以内に異議を述べなかったときは、その建物を築造するにつき前項の借地権設定者の

180　第4章　同族会社・役員間の不動産の貸借

承諾があったものとみなす。」とされ（借地借家法7②前段）、借地権者が建物を建てる旨を地主に対し通知し、異議がなかった場合に借地権が存続することとなります。

【事例4－11】　旧借地法の効力を受ける場合

問　昭和60年10月4日に役員が所有する土地に会社が工場（非堅固建物に該当）を建設しました。同族会社との取引であったため、契約期間は定めていませんでしたが、通常の地代は支払っていました。工場を使用しなくなったため平成25年（建設より28年経過）に取り壊し、本社ビルの建設を検討していましたが計画がまとまりませんでした。その後は会社の駐車場として使用していたところ、平成30年8月役員が死亡しました。

この場合、役員の相続財産の評価額はいくらになりますか。

自用地としての相続税評価額　5,000万円

借地権割合　70%

答　下記算式のとおり役員の相続財産の評価額は1,500万円となります。

5,000万円×（1－0.7）＝1,500万円

昭和60年10月4日に借地権が発生し、30年を経過する日である平成27年10月4日に借地権は一度消滅したことになりますが、会社は継続して土地を使用し、役員も異議を申していないことから、借地法6条における法定更新がなされ、前契約と同一条件で借地権を設定したとされ、借地権が存在することとなります。

なお、法定期間が経過することにより一度借地権は消滅し、法定更新により新たに設定することとなりますが、更新の場合は認定課税等の問題は生じないものと考えます。

（2）　役員が会社から借りる場合

①　借地権設定時の課税関係

　会社が貸主としてその所有する土地を役員に貸す場合、次のケースで借地権の認定課税が行われます。

・無償返還の届出書の提出がなく、かつ、通常の権利金を収受せず、かつ、地代を収受しない場合

・無償返還の届出書の提出がなく、かつ、通常の権利金を収受せず、かつ、相当の地代に満たない地代を収受する場合

　これらは会社が役員から借りる場合と同様ですが、会社が貸主である場合は、同額が役員に対しても課税されるという点で、役員が貸主である場合と異なります。いずれのケースにおいても、権利金を一切収受していなければ、「土地の無償返還に関する届出書」を提出することにより、認定課税は行われません。これも会社が役員から借りる場合と同様です。

　借地権設定時の課税関係をまとめると次のとおりです。

【図表 4 − 3　貸主が会社の場合の借地権設定時の課税関係】

		会社（貸主）	役員（借主）
通常の権利金あり　　　…イ		益金	−
無償返還の届出書の提出なし	権利金なし　　　…ロ（イ）	認定課税	給与課税
	相当の地代　　　…ロ（ロ）	−	−
	相当の地代に満たない地代 …ロ（ハ）	一部認定課税	給与課税
無償返還の届出書の提出あり…ロ（ニ）		−	−

イ　通常の権利金の収受がある場合

　　（イ）　会社に対する課税関係

　　　　　通常の権利金を収受した場合、会社はその受け取った権利金を益金に算入します。借地権を設定し権利金を受け取ったことにより、その土地の価額が借地権の設定前に比べて２分の１（一定の借地権又は地上権の設定の場合には４分の１）以上下落している場合には、その土地の一部の譲渡があったものとして次の算式により計算した金額が損

金に算入されます。条件を満たせば、交換や買換えの場合の課税の特例を受けることが可能です。

$$その土地の帳簿価額 \times \frac{借地権等の価額}{借地権設定直前の土地の価額}$$

（ロ）　役員に対する課税関係

　　　通常の権利金の支払いがある場合、借主である役員に課税は生じません。

ロ　権利金の収受がない場合

　　貸主が会社である場合、通常の権利金の支払いがあるとき、相当の地代の支払いがあるとき、無償返還の届出書を提出するときを除き、会社と役員の双方に対して借地権相当額の認定課税が行われます。以下ケース別に解説していきます。

（イ）　権利金を全く収受しない場合又は通常の権利金に満たない額を収受する場合

　　a　会社に対する課税関係

　　　　借地権の設定時に通常権利金を収受する取引慣行があるにもかかわらず権利金を収受しない場合、会社は、収受すべき権利金を受領したものとして益金に算入するとともに、会社から役員へ、次の算式により計算した金額の寄付（役員においては損金不算入の給与）があったものとして認定課税が行われます。

$$土地の更地価額 \times \left(1 - \frac{実際に収受している地代の年額}{相当の地代の年額} \right)$$

　　　　上記の取引を仕訳で表すと次のとおりです。

　　　　〈仕訳〉　賞与又は寄附金　×××／権利金収入　×××

　　b　役員に対する課税関係

　　　　役員は、同額が給与所得として課税されます。役員（又は従業員）以外の個人については一時所得となります。

（ロ）　相当の地代を収受する場合

　a　会社に対する課税関係

　　権利金の収受がない場合や、通常の権利金に満たない権利金の収受
　がある場合は、原則として認定課税が行われますが、下記の算式によ
　る相当の地代の支払いがあり、所定の届出をしたときは、認定課税は
　行われません。

相当の地代（年額）＝（土地の更地価額※１－収受した権利金等の額※２）
　　　　　　　　　　　　　×６％

※１　土地の更地価額は、課税上弊害がなければ、公示価格、基準価格、
　　　又は相続税評価額、もしくは、相続税評価額の過去３年の平均額によ
　　　ることもできます。

※２　土地の更地価額に相続税評価額等を採用した場合には、収受した
　　　権利金等の額は以下の算式により計算します。権利金の支払いの代
　　　わりに有利な条件による金銭の貸付けを行うケースがありますが、
　　　そのような経済的利益があった場合は、その経済的利益の額も権利
　　　金の額に加算します。

　　　収受した権利金等の額× $\dfrac{採用した土地の更地価額}{通常の取引価額による土地の更地価額}$

---

　b　役員に対する課税関係

　　役員について課税関係は生じません。

（ハ）　相当の地代に満たない地代を収受する場合

　a　会社に対する課税関係

　　会社が通常の権利金未満の権利金を収受し、かつ、相当の地代未満
　の地代を収受するときは、下記の算式により計算した金額が役員に対
　して贈与があったものとして上記「（イ）権利金を全く収受しない場合
　又は通常の権利金に満たない額を収受する場合」と同様に認定課税が

184 第4章 同族会社・役員間の不動産の貸借

行われます。

$$
土地の更地価額 \times \left(1 - \frac{実際に収受している地代の年額}{相当の地代の年額※1}\right) - 収受した権利金等の額 \quad ※2
$$

※1 相当の地代の年額は、実際に収受している権利金の額又は特別の
　　経済的な利益の額がある場合であってもこれらの金額がないものと
　　して計算した金額によります。

※2 算式により計算した金額が、通常の権利金の額を超えることとな
　　る場合には、通常の権利金の額とします。

　b 役員に対する課税関係

　　役員は、同額が給与所得として課税されます。役員（又は従業員）
　以外の個人については一時所得となります。

(ニ) 無償返還の届出書を提出する場合

　a 会社に対する課税関係

　　会社について認定課税は行われません。

　b 役員に対する課税関係

　　役員について認定課税は行われません。

【事例4－12】 相当の地代に満たない地代を支払う場合の計算

問 当社は、会社所有の土地を役員に賃貸しようと考えています。役
員はその土地の上に建物の建設を予定していますが、下記の条件で賃貸
する場合、会社や役員に対してどのような課税が生じますか。下記の権
利金は、通常の権利金の額に満たない金額を収受しています。

　土地の更地価額　1,000万円

　収受した権利金の額　100万円

　実際に収受している地代の年額　36万円

2　土地の貸借　*185*

> **答**　会社の所得の金額の計算上、400万円（100万円＋300万円）を益金に算入します。認定課税される受贈益の300万円については損金不算入の役員給与となります。
>
> $$1,000万円 \times \left(1 - \frac{36万円}{60万円※}\right) - 100万円 = 300万円（認定課税される受贈益）$$
>
> ※　1,000万円×6％＝60万円（相当の地代の年額）
>
> 　役員については、会社が認定課税された受贈益の金額（300万円）が役員給与として課税されます。ここが、役員が貸主である「事例4－7」と異なる部分です。

②　賃貸料に係る課税関係

　土地の貸主が会社の場合、通常の権利金を収受していなければ、無償返還の届出書を提出していても、上記①ロ（ロ）の相当の地代を支払わなければなりません。その金額以下の金額の支払いしかない場合は、その差額について、会社と役員の双方に対して課税されます。

　通常の権利金を収受した場合も次の算式により計算した地代を収受しなければ、給与所得として課税されると考えられます。

> 通常の賃貸料（月額）＝その年度の固定資産税の課税標準額×6％×1／12

イ　会社に対する課税関係

　受け取った地代は、所得の金額の計算上益金に算入されます。受け取る金額が相当の地代に満たない場合は、その差額についても収益計上しなければなりません。同額が役員に対する給与とみなされますが、過大給与と認定されると損金に算入されない可能性もありますので注意が必要です。

　仕訳で表すと次のとおりになります。

　〈仕訳〉　役員給与　×××　／　受取地代　×××

ロ　役員に対する課税関係

　建物の用途が役員の事業用である場合は、その所得の金額の計算上必要経費に算入します。自己の居住用等の用途の場合は家事費となります。いずれにおいても支払う地代が相当の地代に満たない場合は、その差額が給与所得として課税されます。

　収受しなければならない地代は次のとおりとなります。繰り返しになりますが、無償返還の届出書の提出の有無は関係ありません。

【図表4－4　収受すべき地代】

通常の権利金の収受あり	通常の賃貸料(月額)＝その年度の固定資産税の課税標準額×6％×1/12
通常の権利金の収受なし	相当の地代(年額)＝(土地の更地価額－収受した権利金等の額)×6％

税法上、「地代」に関する用語は類似のものが多く存在します。代表的な混同しやすい用語を挙げると以下のとおりとなります。

【相当の地代】

　自用地（更地）価額×6％をいいます。

　法人税基本通達における相当の地代と、相続税個別通達の相当の地代通達における相当の地代の違いは、原則として法人税は時価課税するのに対し、相続税では路線価（時価の約80％）を元に計算します。法人税基本通達13－1－2（使用の対価としての相当の地代）注1において、土地の更地価額に相続税評価額を採用した場合に、収受した権利金等の額を換算し直すのは、価格差を補正するためです（（1）会社が役員から借りる場合①ロ通常の権利金の収受がない場合（ロ）相当の地代を収受する場合a参照）。

【通常の地代】

　相当の地代通達における「通常の地代」とは、通常の権利金に満たない額の権利金を収受する場合の借地権等の計算で用いる金額です。通常

の地代は、その地域における第三者間取引で支払われている金額を参考にする方法や、固定資産税の３倍超の地代をもって計算する方法もありますが、実務上は次の算式により計算した金額を用いることが多いようです。

　　相続開始前３年間の自用地価額の平均額×（１－借地権割合）×６％

　　相当の地代が自用地価額に対応する金額であるのに対し、通常の地代が底地価額に対応する金額です。通常の権利金に満たない額の権利金を収受する場合の借地権等の算式は、実際に収受している地代と通常の地代等との差額部分を用いて理論上の借地権価額を計算しています。

【通常の賃貸料】

　所得税基本通達36－40（役員に貸与した住宅等に係る通常の賃貸料の額の計算）における「通常の賃貸料」は、次の算式により計算した金額で、役員からその金額以下の地代しか収受しない場合のその差額は、役員に対する経済的利益となります。

　　通常の賃貸料（月額）＝その年度の固定資産税の課税標準額×６％×１／12

【相当の対価】

　相続税の財産評価において、その宅地が貸付事業用宅地として小規模宅地等の特例を受けるための判定の基準となる金額です。その貸付事業において利益が出ているか、又は近隣相場以上であれば相当の対価と認められます。

【事例４－13】　地代に係る課税関係

問　当社は下記の条件で会社所有の土地を役員に賃貸しており、役員はその土地の上に建物を建設して使用しています。会社や役員にどのような課税が生じますか。

　　土地の更地価額　　１億円

　　実際に収受している地代の年額　　360万円

借地権設定時に権利金の授受はなし

無償返還の届出書の提出あり

答 相当の地代の年額（600万円※）と実際に収受している地代の年額との差額の240万円が会社の所得の計算上、受取地代として益金に算入されます。無償返還の届出書の提出の有無によらず、相当の地代相当額が課税されます。同額の240万円が役員給与とされ源泉徴収の対象となります。この金額（240万円）と実際に支払っている役員給与の金額との合計額が、株主総会等で決議された金額の範囲内であれば損金に算入されます。

※　1億円×6％＝600万円

③　相続時の取扱い

借地権が設定されている土地の借主である役員が死亡した場合等のその借地権の評価は、次の区分に応じ、それぞれ次によります。

イ　通常の権利金の収受がある場合

> 自用地評価額×借地権割合

ロ　通常の権利金の収受がない場合

（イ）　権利金を全く収受しない場合又は通常の権利金に満たない額を収受する場合

$$\text{自用地評価額} \times \text{借地権割合} \times \left(1 - \frac{\text{実際に収受している地代の年額} - \text{通常の地代の年額}}{\text{相当の地代の年額} - \text{通常の地代の年額}}\right)$$

2 土地の貸借　　*189*

（ロ）　相当の地代を収受する場合

> 自用地評価額×借地権割合×
> $$\left(1-\frac{\text{実際に収受している地代の年額}-\text{通常の地代の年額}}{\text{相当の地代の年額}-\text{通常の地代の年額}}\right)$$

　　ただし、権利金を全く収受しない場合で、地代の改訂をするときは、借地権価額はゼロとなります。

（ハ）　相当の地代に満たない地代を収受する場合

> 自用地評価額×借地権割合×
> $$\left(1-\frac{\text{実際に収受している地代の年額}-\text{通常の地代の年額}}{\text{相当の地代の年額}-\text{通常の地代の年額}}\right)$$

（ニ）　無償返還の届出書を提出する場合

　　　無償返還の届出書を提出している場合、借地権価額はゼロとなります。

④　借地権の返還があった場合の課税関係

イ　無償で借地権の返還があった場合

（イ）　会社に対する課税関係

　　　借地権の返還に際し、会社が立退料等を支払わず、無償で返還を受けた場合でも、原則として、時価による経済的利益はないものとして、借地権設定時に損金に算入した金額を土地の帳簿価額に加算します（法基通13－1－16）。

【事例4－14】　無償で借地権の返還があった場合

問　会社が借地権設定時に役員から1,000万円を収受し、それに対応する簿価200万円を減額した土地についてその借地権が無償で返還されました。当該借地権の時価は2,000万円であるとき一連の取引に関して

会社が行うべき仕訳はどうなりますか。

答 仕訳は次のとおりです。

【借地権設定時】

現金　1,000万円　／　土　地　200万円
　　　　　　　　　　　／　売却益　800万円

　　時価と簿価との差額を売却益として収益に計上します。

【借地権返還時】

土地　200万円　／　雑収入　200万円

　無償で借地権の返還があった場合、借地権設定時に損金に算入した金額を土地の帳簿価額に加算します。時価による経済的利益はないものとされるため、借地権の時価2,000万円は考慮しません。

　（ロ）　役員に対する課税関係

　　　　　役員が立退料等を収受せず無償で借地権の返還をした場合には、会社に対して贈与により借地権を移転したとされ、借地権の時価に相当する金額に対してみなし譲渡所得（所法59）が生じます。

ロ　立退料を収受して借地権の返還があった場合

　（イ）　会社に対する課税関係

　　　　　会社が借地権の返還に際し立退料を支払った場合の取扱いは、借地権設定時に土地の帳簿価額の一部を損金に算入したか否かによりその取扱いが異なります。

　　a　借地権設定時に損金算入していない場合

　　　　会社が支払った立退料は土地の価額に加算されます。

　　b　借地権設定時に損金算入している場合

　　　　借地権設定時に損金に算入した金額と支払った立退料の額とのいずれか高い金額を土地の価額に加算します。この際、借地権設定時に損金に算入した金額が支払った立退料を超えている場合のその差額は益

金として課税されます。

【事例4－15】 立退料を支払って借地権の返還があった場合

問 会社が借地権設定時に役員から1,000万円を収受し、それに対応する簿価200万円を減額した土地について、その借地権について立退料を支払い、返還を受けました。借地権の設定時は土地の一部を減額した下記の処理をしています。次のそれぞれのケースに関して会社が行うべき仕訳はどうなりますか。

（1） 支払った立退料が100万円の場合

（2） 支払った立退料が400万円の場合

〔借地権設定時の処理〕

現金　1,000万円　／　土　地　200万円
　　　　　　　　　／　売却益　800万円

答 仕訳は次のとおりです。

（1） 支払った立退料が100万円の場合

土　地　200万円　／　現　金　100万円
　　　　　　　　　／　雑収入　100万円

　支払った立退料が借地権設定時に減額した土地の価額（200万円）より低いので、200万円を土地の価額に加算します。これは借地権の返還により借地権が消滅することとなり、減額した土地の価額を元の帳簿価額まで回復させる必要があるためです。

（2） 支払った立退料が400万円の場合

土　地　400万円　／　現　金　400万円

　支払った立退料が、借地権設定時に減額した土地の価額（200万円）より高いので、400万円を土地の価額に加算します。

（ロ）　役員に対する課税関係

役員が収受した立退料は、譲渡所得の収入金額として課税されます。

3 ケーススタディ

　会社や役員が所有する不動産について、その利用の形態により課税関係が変化します。実務上、節税の観点から会社と役員の取引が発生するケースが多々ありますが、ここでは代表的な事例を挙げて税務上の注意点を解説していきます。

　いずれのケースでも、不動産の賃貸収入を会社で計上し、役員に対して報酬を支払うような取引において、特に会社が不動産賃貸業のみを行うときは、役員や家族に支払う給料の額が業務内容に見合うものでなければ損金不算入となる可能性がありますので注意が必要です。

（1）　役員所有の土地を賃貸する場合の注意事項
①　駐車場（更地）で賃貸する場合

　役員所有の土地を更地のまま第三者に賃貸する場合、同族会社の関与の仕方によって税務上メリット・デメリットや注意すべき事項が発生します。ここでは各段階における注意点を解説していきます。

イ　賃貸時の留意事項

　まず注意すべきは借地権の認定課税の問題ですが、役員が自己の所有する土地を更地で同族会社に貸す場合、借地権の認定課税はありません。地代を収受してもしなくても構いません。借地権の認定課税が発生しないのは、会社がアスファルト等の軽微な構築物を設ける場合であって、立体駐車場のような堅固な駐車場施設を建てた場合は建物を建てるのと同様に借地権の認定課税の問題が発生しますので注意が必要です。詳しくは後述の③を参照してください。

　次に注意すべきは、役員所有の土地を同族会社に貸し付け、同族会社がそのまま第三者に転貸する場合、所得税法157条の同族会社等の行為又は計算の否認等の規定が適用されないようにする必要があります。このようなケースでは、役員から賃借した土地をそのまま第三者に転貸するのでは

なく、同族会社がアスファルトなどを設けてから第三者に転貸するなどの対策を講ずる必要があります。

ロ　相続時の留意事項

相続時は自用地として評価されます。

②　役員が建物を建てて賃貸する場合

イ　賃貸時の留意事項

建物を賃貸したことによる収入は役員の不動産所得となります。このケースでは会社は、

（イ）　建物（アパートなど）を一括借上して第三者に転貸する

（ロ）　建物を管理して管理収入を得る

（ハ）　建物を会社が使用する

という3通りの関与方法が考えられます。

（イ）のケースでは会社が役員から借り上げる賃料の設定が問題になります。転貸取引は、通常、第三者から収受する賃料の一部を会社の所得とすることによる節税の効果を目的として行われます。アパートなど複数戸ある建物の一括借上は、空室リスクによる家賃保証の側面や会社による管理手数料などの側面から会社が収受する賃料と、支払う賃料に差があっても認められることが多いようですが、家賃保証等のサービスを付加しないまま転貸借をする際は、同族会社の行為計算否認の規定が適用される可能性があります。

（ロ）のケースでは、管理料の設定が問題となります。管理料は近隣の不動産業者が収受している金額が目安となります。筆者の住む地域では4～10％程度の管理料を収受していることが多いようです。同族会社が管理を行う場合、外部の不動産業者よりも見回りや清掃等の頻度が多くきめ細やかになることもあるでしょうから、そのようなケースでは不動産業者よりも高額な管理料を収受することも可能であると考えます。管理料は、割合を用いて計算されることが多いですが、その業務内容によっては毎月定額でも差し支えないでしょう。

結論として、管理料は、会社が実際に行う管理の内容により決定されるべきものであるので、単に賃料の何％という決定の方法は好ましくありません。金額の算定の根拠となる業務内容や頻度を明確にし、業務委託契約書等の書類は作成すべきです。

（ハ）のケースでは賃料の設定に注意を要します。詳細は①（2）を参照してください。

ロ　相続時の留意事項

その建物が次の用途で使用されている場合には、その宅地は小規模宅地等の評価減の特例の適用を受けることが可能となります。

・第三者に貸し付けられていた場合

・特定同族会社の事業用として貸し付けられていた場合

・被相続人と生計を一にする親族の事業の用に使用されていた場合　など

③　会社が建物を建てる場合

イ　賃貸時の留意事項

借地権設定時、以下の場合以外では、会社に対して認定課税が行われます。

・通常の権利金を収受する

・相当の地代を収受する

・無償返還の届出書を提出する

会社に対して認定課税が行われた場合であっても、個人に対しては課税されません。

地代は、第三者に対して賃貸した際に通常収受する地代以下の地代を収受すれば無償でも構いません。これに対して特に認定課税が行われることはありません。

ロ　相続時の留意事項

相続時の評価は、権利金や相当の地代の収受の有無、無償返還の届出書の提出の有無によって異なります。また、小規模宅地等の評価減の特例は同族会社がその建物を賃貸しているか、自己の事業の用に供しているかに

よって区分されます。

（イ）　土地の評価

次の区分に応じ、それぞれの算式により求めた金額を土地の価額として評価します。

a　通常の権利金を収受する場合

> 自用地価額×（1－借地権割合）

b　権利金の収受がなく、相当の地代を収受する場合

> 自用地価額×80％

c　権利金の収受がなく、相当の地代に満たない地代を収受する場合

> 自用地価額－A
>
> A＝自用地価額×借地権割合
> $$\times\left(1-\frac{実際に支払っている地代の年額－通常の地代の年額}{相当の地代の年額－通常の地代の年額}\right)$$
>
> ※上記の算式により計算した金額が自用地価額の80％相当額を超えるときは自用地価額の80％相当額

d　無償返還の届出書を提出している場合

> 自用地価額×80％

無償返還の届出書を提出した場合であっても、使用貸借契約であるときは、自用地評価額とします。

（ロ）　小規模宅地等の評価減の特例

その宅地が特定同族会社の事業の用に供されていて一定の要件に該当する場合には、その宅地のうち400㎡までの部分について80％の減額があります。その他の場合には200㎡までの部分について50％の減額があります。これらはいずれにおいても地代の支払いがある場合に

限り認められ、使用貸借では適用がありません。

【事例 4 − 16】 収益不動産の論点

問 役員が所有する土地に賃貸用の建物（いわゆる収益不動産）を建設する場合、役員個人が建設するのと会社が建設するのはどちらが良いかご教示ください。

答 どちらも一長一短がありますので一概にはいえませんが、税務上は会社で建設したほうがメリットがあると考えられます。

【役員が建設する場合】

収益不動産に対する会社の関与方法は不動産管理となることが多いと思いますが、収益の中から一定額を会社が受け取るのみとなります。借入金で建設する場合は、相続発生時の建物の評価額と借入金の残高によっては相続財産の圧縮効果が見込めることがあります。相続発生時の宅地の評価は貸家建付地として評価します。

【会社が建設する場合】

収益に応じて役員報酬や地代を支払うことが可能となります。また、株式を譲渡や贈与することで事業承継も比較的容易に行えます。会社が建設する場合は、借地権の認定課税に注意しなければなりませんが、会社が多額の繰越欠損金を有している場合などは、あえて認定課税を受けることで役員の相続税の負担軽減となります。相続発生時の宅地の評価は貸宅地として評価します。

（2） 会社所有の土地を賃貸する場合の注意事項

① 会社所有の土地に役員が建物を建てる場合

イ 賃貸時の留意事項

198 第4章 同族会社・役員間の不動産の貸借

　詳しくは上記「[2]土地の貸借（2）役員が会社から借りる場合」を参照してください。借地権設定時に通常の権利金の収受がないと、会社と役員の双方に認定課税が行われます。認定課税を回避するために無償返還の届出書を提出している場合であっても相当の地代を支払わなければなりません。相当の地代に満たない地代を収受している場合も同様です。相当の地代に満たない場合、相当の地代との差額に対しても会社と役員の双方に課税されるので注意が必要です。

　相当の地代は高額であるため、建物を第三者に賃貸すると、個人の不動産所得が減額することとなり、手元現金が減少するため相続財産の圧縮効果が期待できます。

ロ　相続時の留意事項

　権利金の収受がない場合、借地権の評価はゼロとなります。

② **会社所有の土地に会社が建物を建てて役員に賃貸する場合**

イ　賃貸時の留意事項

　当該建物が社宅である場合、上記「[1]　建物の貸借（1）役員が会社から借りる場合」を基に賃料を決定しなければなりません。

ロ　相続時の留意事項

　会社が所有する不動産は相続財産とはなりませんが、会社の株式と建設代金を役員が負担している場合は会社に対する貸付金が相続財産となります。相続対策から建物の名義を会社にすることもあるかもしれませんが、会社の業績が好調で株価が高額である場合や貸付金の残高が多額であるケースでは注意しなければなりません。

【事例4－17】　**会社所有の土地の有効活用の一例**

　問　当社の代表者が65歳になり第一線を退くことから相続対策を検討しています。代表者は多額の現預金等を保有しておりますが、その他の財産は自宅がある程度です。経営する会社は多額の債務超過であり株

式は後継者に贈与することも可能です。会社が所有する遊休地を利用して何か対策になることがあればご教示ください。

答 会社の所有地に代表者が建物を建設すると相続財産の圧縮効果が期待できます。以下一例を順を追って解説していきます。

① まず代表者の現金で建物を建設します。仮に相続が発生した場合でも建物の評価額は固定資産税評価額を基として計算されるため、購入額の5〜7割程度に減額されます。

② 借地権設定時に借地権の認定課税の問題が生じますが、代表者の年齢が比較的若く、高額の資産を保有していることから、通常の権利金の支払いをせずに無償返還の届出書の提出をするほうが良いと考えられます。無償返還の届出書を提出することにより相続発生時の借地権はゼロとして評価されます。一概には言えませんが、土地の価額が高額であるほどこの方法が有用だと思います。

③ 代表者が支払う賃借料は、相当の地代の額としなければならないため、通常よりも高額な賃借料を支払うことが可能となり、代表者の現預金の減少に役立ちます。また、当該建物が賃貸物件であるときは、代表者の不動産所得の金額の圧縮効果も期待できます。

④ 同族会社の株式を評価する際、当該土地は、自用地評価額の80%で評価しますので、自用地評価額で評価する場合よりも減額することが可能となります。

第5章

同族会社・役員間の不動産の売買

第 5 章のポイント

（同族会社・役員間の不動産の売買）

○ 会社と役員の間で不動産の売買をする場合、売買価額の決定に恣意性が介入する可能性が高く、売買価額が適正でないと思わぬ税負担が生じることもあり、適正な売買価額（時価）の算定が重要となります。

○ 土地の時価の算定方法には、不動産鑑定評価に基づく方法、売買実例価額に基づく方法、公示価額に基づく方法、相続税評価額に基づく方法などがあり、これらを総合的に斟酌し時価を算定する必要があります。

○ 建物の時価の算定方法には、不動産鑑定評価に基づく方法、売買実例価額に基づく方法、相続税評価額に基づく方法、再取得価額から減価償却を控除する方法などがあります。

○ 一括譲渡した土地建物の譲渡価額が区分されていない場合の合理的な区分方法として、①譲渡時における土地及び建物の時価の比率による方法、②相続税評価額や固定資産税評価額の比率を基にする方法、③不動産鑑定評価額を基にする方法、④土地譲渡益重課制度における取扱いにより区分する方法があります。

○ 役員が会社へ低額譲渡した場合、役員においては時価の 1/2 未満のときのみ、みなし譲渡課税が適用され、会社は常に時価との差額が受贈益となります。また、その譲渡により株価が増加したときは、その役員以外の株主に贈与税が課税されます。

○ 役員が会社へ高額譲渡した場合、時価との差額は、役員においては給与所得課税され、会社は損金不算入の役員給与を支給したものとされます。

○ 会社が役員へ低額譲渡した場合、時価との差額は、役員においては給与所得課税され、会社は損金不算入の役員給与を支給したものとされます。

○ 会社が役員へ高額譲渡した場合、会社は時価との差額が受贈益となり、その譲渡により株価が増加したときは、その役員以外の株主に贈与税が課税されます。

○ 会社と役員の間で不動産の交換をした場合、一定の要件を満たすときは、法人税法上の圧縮記帳の特例や所得税法上の譲渡所得の課税の特例の適用を受けることができます。

はじめに

　不動産の売買をする場合、それが独立した第三者間において通常行われる取引である限り、税務上の問題は生じません。しかし、同族関係にある会社・役員間の取引については、その売買価額の決定に恣意性が介入する可能性が高くなります。これにより買手又は売手のいずれかが過大に利益を受けたり、税金の負担が不当に軽減される恐れがあるためその売買価額が適正であるか否かについて、課税サイドのチェックは厳しいものとなります。また、会社・役員間の不動産の売買については所得税・法人税・贈与税等が複雑に絡んでくるため、その売買価額が適正でないと判断された場合には、思わぬ税負担が生じる可能性があります。さらに、税務上は、同族会社を一方の当事者とする取引が、経済的、実質的にみて、経済人の行為として、不自然かつ不合理なもので、利害関係を共通にしない経済人の間では通常行われ得なかったものと認められた場合、その取引そのものが否認される恐れもあります。このように、安易な価額決定及び目的での不動産の売買はリスクを伴います。同族関係にある会社・役員間で不動産の売買を行う場合には、その売買価額が通常の取引として妥当であるか、その取引を行う合理的な理由があるかなどを十分に検討する必要があります。また、株主総会や取締役会の決議・議事録の作成、売買契約書の作成、所有権移転登記などの形式を整えておくことも大切です。

　そこで本章においては、同族関係にある会社・役員間で不動産の売買を行う場合の課税関係を確認するとともに、その適正な売買価額（時価）について考察します。

1 不動産の時価

　一般的に時価とは課税時期において、それぞれの財産の現況に応じ、不特定多数の当事者間で自由な取引が行われた場合に通常成立すると認められる価額、すなわち客観的な交換価値をいうものと解されています。

　しかし、所得税法・法人税法においては、時価について「その時における価額」と規定されているだけで、相続税法における財産評価基本通達のような時価の算定方法を示した明確な規定はありません。このため、適正な時価の算定については、実務上判断に迷うことが少なくありません。

　ただし、通達に不動産の時価について定めたいくつかの規定があります。法人税基本通達4－1－3及び9－1－3《時価》において「当該資産が使用収益されるものとしてその時において譲渡される場合に通常付される価額」と定めています。そして、法人税基本通達4－1－8及び9－1－19《減価償却資産の時価》において「当該資産の再取得価額を基礎として旧定率法により償却を行ったものとした場合に計算される未償却残額に相当する金額によっているときは、これを認める」旨を定めたものがあります。また、法人税基本通達12の3－2－1《連結納税の開始等に伴う時価評価資産に係る時価の意義(2)土地》において「当該土地につきその近傍類地の売買実例を基礎として合理的に算定した価額又は当該土地につきその近傍類地の公示価格等から合理的に算定した価額をもって当該土地の価額とする方法」によりその時の価額を算定しているときは、課税上弊害がない限り、これを認めると定めたものがあります。同族会社とその役員との間で不動産の売買を行う場合には、これらの通達の定めや判例等を参考にして、合理的に時価を算定する必要があります。

（1） 土地の時価の算定方法

① 一般的に採用されている時価の算定方法

　適正な価額（時価）を算定するために実務上採用されている方法として、下記の方法があります。

イ　不動産鑑定評価に基づく方法

　　不動産鑑定士が不動産鑑定評価基準等に基づき算定する方法

ロ　売買実例価額に基づく方法

　　類似する近隣の売買実例との比較等により算定する方法

ハ　地価公示価格に基づく方法

　　類似する近隣の地価公示価格に基づき算定する方法

（注）土地の形状などの条件が異なる場合には、土地の補正等が必要になります。

ニ　相続税評価額÷80%

　　路線価が地価公示価格の80%を目安に設定されているため、路線価地域に所在する土地の相続税評価額を地価公示価格の水準に置き換える方法

ホ　固定資産評価額÷70%

　　固定資産評価額が地価公示価格の70%を目安に設定されているため、土地の固定資産税評価額を地価公示価格の水準に置き換える方法

② 過去の判決において採用された土地の時価の算定方法

　適正な価額（時価）を算定する上で参考となる過去の判決において採用された具体的な計算方法について説明します。

　個人から法人への土地の譲渡価額について、所得税法59条1項2号《みなし課税》及び法人税法22条《受贈益の認定課税》の適用の可否が争われた裁判において時価を算定する上で採用された方法であり、相続税評価額に、公示価格比準倍率及び時点修正率を乗じて時価（公示価格水準）を算定する方法です（東京高裁平3.11.21、千葉地裁平3.2.28、東京高裁平1.9.25）。

　具体的な計算方法は以下のとおりです。

206　第5章　同族会社・役員間の不動産の売買

> 評価対象地の譲渡年の1㎡当たりの相続税評価額×公示価格比準倍率（注1）
> ×時点修正率（注2）×評価対象地の面積＝時価（公示価格水準）
> （注1）公示価格比準倍率
> 　　評価対象地が所在する地域内のすべての地価公示法の規定に基づく標準
> 地（以下「比較対象地」という。）の譲渡年の公示価格を比較対象地の譲渡年
> の相続税財産評価基準の路線価で除した割合の平均値
> （注2）時点修正率
> 　イ　比較対象地の譲渡年の翌年の公示価格を譲渡年の公示価格で除して求
> 　　めた対前年比の平均値（A）
> 　ロ　1＋（A－100）÷100×（年初から譲渡日までの経過月数÷12）

【図表5－1　公示価格比準倍率による計算方法】

> Ⅰ　平均比準倍率の算出
> 　①　公示価格比準倍率
> 　　譲渡年の比較対象地の公示価格÷譲渡年の比較対象地の路線価
> 　②　平均比準倍率
> 　　①の平均値
> Ⅱ　譲渡日への時点修正
> 　①　公示価格の前年比
> 　　譲渡年の翌年の比較対象地の公示価格
> 　　　÷譲渡年の比較対象地の公示価格×100
> 　②　年初から譲渡日までの経過月数
> 　③　時点修正率
> 　　　1＋（①－100）÷100×②÷12
> Ⅲ　公示価格相当額
> 　相続税評価額×平均比準倍率×時点修正率

　所得税法・法人税法において土地の時価を算定する場合には、近隣の類似する物件の売買実例に準拠して算定するのが最も合理的で、相当な方法であると解されています。

1 不動産の時価 *207*

　しかし、実際に売買実例に基づいて時価を算定するには、取引時期、立地、形状、用途等の類似した物件の売買実例の把握や当事者間の個別事情（売り急ぎ、買い進み、縁故関係等）の存在など困難を伴うことが多くあります。また、不動産鑑定士による鑑定評価額を用いることも合理的な方法の一つといえますが、不動産鑑定士に対する報酬などの費用の負担を伴います。

　上記の裁判で採用された方法は、被告である税務署長が主張した時価の算定方法であり、公示価格と相続税評価額（路線価）とを比準し、時価（公示価格水準）を求めようとするものです。この判決のなかで「公示価格は、客観的な取引価格に近いものであるが、通常は時価をある程度下回るものであることは公知の事実である。」と判示しており、この方法により算定した価額は、特段の事情がない限り、当該土地の時価を上回ることはなく、時価の範囲内での更正処分を相当と認めたものです。したがって、この方法により算定した価額が、ただちに税務上の時価であるとはいえませんが、連結納税の開始等に伴う時価評価資産に係る時価の意義において、公示価格等から合理的に算定した価額をもって当該土地の価額とする方法が採用されており、課税上弊害がない限りこれを認めると定めていることから、土地の時価の算定方法の一つとして参考になる評価方法といえます。

【事例5－1】　土地の時価の算定

　問　当社は、代表取締役の甲に対して、当社所有の土地を譲渡することにしました。近隣に類似する売買実例がないため、公示価格をもとに譲渡価額を算定したいと考えていますが、具体的な計算方法はどのようになりますか。

譲渡年月日　Ｘ1年5月22日

評価対象地　1㎡当たりの相続税評価額250,000円、地積200㎡

比較対象地　3地点（Ａ～Ｃ）の公示価格及び路線価

	公示価格（X1）	公示価格（X2）	路線価
A	308,000円	310,000円	240,000円
B	320,000円	328,000円	268,000円
C	318,000円	322,000円	255,000円

答 公示価格比準倍率による時価の算定

Ⅰ 公示価格比準倍率の平均値

（ⅰ）譲渡年（X1）の比較対象地の公示価格比準倍率（小数点以下第3位四捨五入）

A 308,000円(公示価格)÷240,000円(路線価) = 1.28(比準倍率)

B 320,000円(公示価格)÷268,000円(路線価) = 1.19(比準倍率)

C 318,000円(公示価格)÷255,000円(路線価) = 1.25(比準倍率)

（ⅱ）公示価格比準倍率の平均値

(1.28 ＋ 1.19 ＋ 1.25)÷3 = 1.24

Ⅱ 譲渡日への時点修正

（ⅰ）比較対象地の公示価格の前年比（小数点以下第2位四捨五入）

A 310,000円（翌年（X2）の公示価格）

÷308,000円（譲渡年（X1）の公示価格） = 100.6%

B 328,000円（翌年（X2）の公示価格）

÷320,000円（譲渡年（X1）の公示価格） = 102.5%

C 322,000円（翌年（X2）の公示価格）

÷318,000円（譲渡年（X1）の公示価格） = 101.3%

平均値（100.6 ＋ 102.5 ＋ 101.3）÷3 = 101.5%

（ⅱ）年初（1/1）から譲渡日（5/22）までの経過月数　5か月

（ⅲ）時点修正率

1 ＋(101.5 － 100)÷100 ×(5 ÷ 12)

= 1.006（小数点以下第4位四捨五入）

Ⅲ 譲渡価額の算定

250,000 円× 1.24 × 1.006 × 200㎡＝ 62,372,000 円

（2） 建物の時価の算定方法

　適正な価額（時価）を算定するために実務上採用されている方法として、下記の方法があります。

イ　不動産鑑定評価に基づく方法

　　不動産鑑定士が不動産鑑定評価基準等に基づき算定する方法

ロ　売買実例価額に基づく方法

　　類似する近隣の売買実例との比較等により算定する方法

ハ　相続税評価額（固定資産税評価額）に基づく方法

　　固定資産税評価額による方法。利用状況に応じ、自家用家屋、貸付用家屋に区分されます。

ニ　再取得価額から減価償却額を控除する方法（複成価格法）

　　売買を行う時点で、新品として取得する場合の価額（再取得価額）から経過年数に応じた減価償却額を控除する方法（法基通9－1－19）

　なお、建物の再取得価額は、国土交通省の建築統計年報等に基づく建築価額等により計算することができます。

　また、その資産を取得してからの経過年数が短く、この間に市場価額に著しい変動がないと認められる場合には、建築等をした時の取得価額を採用することもできると考えます。

　建物の時価は、その建物の用途、構造、経過年数等、類似する近隣の売買実例等を考慮して決定すべきものと考えられますが、中古物件の場合には、近隣の取引事例の把握が困難です。このように時価の算定が困難な場合には、法人税基本通達9－1－19（減価償却資産の時価）の規定により計算した未償却残額をもって時価とすることも1つの方法です。この通達は資産の評価損を計上する場合の時価の取扱いを規定したものですが、課税上の弊害

がない限り、譲渡の場合にも時価として認められるものと思われます。

ただし、例えば、法定耐用年数を経過していて未償却残額はないが、現に賃貸に供されている収益物件のように、時価を適正に反映しているとはいえない場合には、固定資産税評価額等他の方法で算出した価額を考慮して合理的に時価を算定する必要があります。

【事例5-2】 建物の時価の算定

問 下記の建物の時価を複成価格法により算定する場合の具体的な計算方法はどのようになりますか。

用途	構造	床面積	耐用年数	経過年数	再建築価額（㎡）
事務所	木造	200㎡	24年	15年	170千円

答 170千円×200㎡×0.237（※）＝8,058千円

（※）耐用年数24年、経過年数が15年の場合の旧定率法残価率

定率法による未償却残額の方が適切に時価を反映するものである場合には定率法によっても差し支えありません。

（3） 土地建物を一括譲渡した場合の譲渡価額の区分

土地建物を一括譲渡した場合、買手が法人又は個人事業者であるときは、建物等の減価償却資産については減価償却費の算定において取得価額を区分する必要があります。売手においても、土地の譲渡益に対する追加課税制度（いわゆる土地重課制度、令和2年（2020年）3月31日まで課税停止中）を適用する場合などその価額を区分する必要があります。

また、消費税の計算においては、その譲渡対価を課税資産に係るものと非課税資産に係るものとに区分する必要があります。

① 法人税法、所得税法における取扱い

　契約書に土地建物の価額を区分して記載しているとき（建物に係る消費税額が記載されているときを含む。）は、その価額に特段不合理な点が認められない限り、その契約書に記載された価額により区分するのが妥当であると思われます。しかし、契約書で土地建物の価額が区分されていない場合、又は区分されていたとしても契約当事者が同族関係者など特殊な利害関係を有しており租税回避目的等で故意に実態と異なる内容を契約書に記載するなどその区分が合理的でない場合は、次に掲げる方法などにより土地と建物を合理的に区分する必要があります。

イ　譲渡時における土地及び建物のそれぞれの時価の比率により按分する方法

ロ　相続税評価額や固定資産税評価額の比率を基にして按分する方法

ハ　不動産鑑定士の鑑定評価額を基にして按分する方法

ニ　所得税又は法人税の土地の譲渡益に対する追加課税制度の計算における取扱いにより区分する方法（措通 28 の 4 － 31〜33、62 の 3 ⑵－ 3 〜 5 、63 ⑵－ 3 〜 5 ）

② 消費税法における取扱い

　消費税法 28 条 1 項《課税標準》に規定する「課税資産の譲渡等の対価の額」及び 30 条 6 項《仕入れに係る消費税額の控除》に規定する「課税仕入れに係る支払対価の額」とは、対価として収受し、又は収受すべき、あるいは対価として支払い、又は支払うべき一切の金銭等の額をいい、その資産の時価ではなく、その取引の当事者間で授受することとした対価の額をいうものとされています。したがって、消費税法においては、当事者間の契約によりその対価の額が明らかにされている場合は、原則としてその契約書の区分によることになります。ただし、法人がその役員に対して課税資産の贈与又は著しく低い価額による譲渡をしたときは、その時価を対価の額とみなします（消法 28 ①②）。

　しかし、契約によりその対価の額が明らかにされていればその区分が無条

212 第5章 同族会社・役員間の不動産の売買

件に認められるとなると恣意的な区分が可能となり、課税の公平上問題があ
ります。このため、売手側の課税標準の計算において、課税資産と非課税資
産を一括して譲渡した場合にそれぞれの資産の対価の額が合理的に区分され
ていないときは、譲渡時の時価の比により按分する旨が定められています(消
令45③)。なお、それぞれの対価につき、所得税又は法人税の土地の譲渡等
に係る課税の特例の計算における取扱いにより区分しているときは、その区
分した価額によることになります（消基通10－1－5）。

2 課税関係

　同族会社と役員との間の不動産の売買が、時価により行われていれば、税務上問題はありません。しかし、同族会社は親族等の少数の株主によって経営が支配されており、会社と役員との利害は必ずしも対立するものではありません。例えば、役員がバブル期に購入した不動産を時価よりも高い価額により会社に譲渡した場合、会社は建物等の減価償却資産については、取得価額が高額であるほど減価償却費を多く計上できるなど税負担を軽減することができます。また、役員はもともと高額でその不動産を購入しているため譲渡所得税は課税されず、その時価を超える価額に相当する金額を、税負担なしに移転することが可能となります。このように、同族会社と役員との取引においては、第三者との取引のような市場原理が働かず、経済的に合理性のない取引が行われる可能性があります。そして、時価以外の価額により売買が行われたときは、所得税、法人税、贈与税等においてさまざまな課税上の問題が生じます。以下、それぞれのケースごとに、個々の課税関係についてその取扱いを確認していきます。

(1)　役員から会社への不動産の譲渡
①　時価により譲渡した場合
イ　役員（売手）の課税関係
　（イ）　所得税関係

　　　譲渡価額（時価）をもとに譲渡所得金額が計算され、所得税等が課税されます。

　　　不動産の譲渡による所得は、他の所得とは分離してその所有期間に応じて次の税率により所得税等が課税されます。ただし、不動産業を営んでいる場合において、販売目的で所有する棚卸資産に該当するときは事業所得となります。

　　a　長期譲渡所得（譲渡した年の1月1日現在で所有期間が5年を超え

214　第5章　同族会社・役員間の不動産の売買

るもの）

　　　　所得税15%、住民税5%

　　b　短期譲渡所得（譲渡した年の1月1日現在で所有期間が5年以下の
　　　もの）

　　　　所得税30%、住民税9%

　　（注）　平成25年から令和19年（2037年）までは、復興特別所得税と
　　　　して各年分の所得税額の2.1%を所得税と併せて申告・納付する
　　　　ことになります。

（ロ）　消費税関係

　　a　事業用の不動産を譲渡した場合

　　i　課税事業者の場合

　　　　国内において事業者が事業として対価を得て行う資産の譲渡等
　　　（その性質上事業に付随して対価を得て行われる資産の譲渡等を含
　　　む。）となり消費税等が課税されます。ただし、その資産が土地等の
　　　場合には非課税となります。

　　ii　免税事業者の場合

　　　　消費税等の納税義務は、免除されます。ただし、納税義務が免除
　　　されるか否かを判定するときの基準期間（個人事業者の場合はその
　　　年の前々年）における課税売上高にその譲渡価額が含まれますので
　　　注意が必要です。なお、基準期間が免税事業者の場合は、その基準
　　　期間中の課税売上高には、消費税等が課税されていませんから、税
　　　抜き処理を行わない売上高で判定します。

　　b　家事用の不動産を譲渡した場合

　　　　事業者が事業として行う取引に該当しないため、消費税等は、課税
　　　されません。

ロ　会社（買手）の課税関係

（イ）　法人税関係

　　　課税関係は生じません。

2 課税関係　*215*

（ロ）　消費税関係

　a　課税事業者の場合

　　不動産を取得した日の属する課税期間において、その購入価額に係る消費税の額が仕入税額控除の対象となります。また、免税事業者や事業者でない者から購入したときも、その支払った対価の額は消費税等込みの金額とされますので、仕入税額控除を行うことができます。ただし、その資産が土地等の場合には非課税となります。

　　簡易課税制度を選択している場合は、仕入に係る消費税額を実額で計算することなく、売上げに係る消費税額に一定のみなし仕入率を乗じた金額を仕入れに係る消費税額とみなすことになります。

　b　免税事業者の場合

　　消費税の納税義務が免除されている事業者は、仕入れに係る消費税額等を控除することはできません。

②　**無償又は時価に満たない価額により譲渡した場合**

イ　役員（売手）の課税関係

（イ）　所得税関係

　a　時価の2分の1未満の価額により譲渡した場合（贈与した場合を含む。）

　　時価により譲渡が行われたものとみなされ、時価をもとに譲渡所得金額が計算され、所得税等が課税されます（所法59①、所令169）。

　b　時価の2分の1以上の価額により譲渡した場合

　　譲渡価額をもとに譲渡所得金額が計算され、所得税等が課税されます。

　　ただし、時価の2分の1以上の価額による譲渡であっても、その譲渡が「同族会社等の行為又は計算の否認」の規定（所法157）に該当する場合には、時価による譲渡があったものとされます（所基通59－3）。

c 現物出資した場合

　役員が会社に対して不動産を現物出資した場合も資産の譲渡になり所得税の課税の対象とされます。この場合に収入金額とされるのは、出資した不動産の時価ではなく、その現物出資により取得した株式等の時価となります。ただし、その取得した株式等の時価が出資した不動産の時価の2分の1に満たない場合には、その出資した不動産の時価が、収入金額とみなされます（所法36、所法59、所令169）。

d 一の契約による2以上の資産の譲渡があった場合

　法人に対し一の契約により2以上の資産を譲渡した場合における低額譲渡の判定については、個々の資産ごとに判定するのではなく、当該契約により譲渡したすべての資産の対価の額の合計額を基として判定します（所基通59－4）。

（ロ）　消費税関係

　上記①イ（ロ）と同様、課税事業者である役員が事業用の不動産を譲渡した場合には消費税等が課税されます（土地等の場合には非課税）。ただし、対価を得て行う資産の譲渡等とは、資産の譲渡等に対して反対給付を受けることをいいますので、無償によるものは資産の譲渡等に該当しません（消基通5－1－2）。また、譲渡等の対価の額とは、対価として収受し、又は収受すべき額であり、当事者間で授受することとした対価の額をいいます（消法28①、消基通10－1－1）。したがって低額譲渡が行われた場合であっても、その資産の時価ではなく実際に対価として収受された金額に対して消費税等が課税されます。なお、課税資産と非課税資産を一括して譲渡した場合にそれぞれの資産の対価の額が合理的に区分されていないときは、譲渡時の時価の比により区分することとなります（消令45③）。

ロ　会社（買手）の課税関係

（イ）　法人税関係

　時価の2分の1未満か否かにかかわらず、時価により取得したもの

とされ、時価と譲受価額との差額に相当する金額は受贈益として益金の額に算入されます（法法22）。

(ロ)　消費税関係

　　　上記①ロ（ロ）と同様、不動産を取得した日の属する課税期間において、その購入価額に係る消費税の額が仕入税額控除の対象となります（土地等の場合には非課税）。したがって、低額譲渡が行われた場合であっても、その資産の時価ではなく、実際に対価として支払った金額が仕入税額控除の対象となります。ただし、簡易課税制度を選択しているときを除きます。

ハ　同族会社の株主等の課税関係

　　同族会社の役員が会社に対し不動産の無償提供、時価より著しく低い価額での現物出資又は譲渡をした場合において、その同族会社の株式等の価額が増加したときは、その同族会社の株主等は、その増加した部分に相当する金額を、その役員から贈与により取得したものとみなされ、贈与税が課税されます（相法9、相基通9-2(1)、(2)、(4)）。ただし、その会社が資力を喪失したために、その役員が上記の行為をしたことによりその会社が受けた利益に相当する金額のうち、その会社の債務超過額に相当する部分の金額については、贈与により取得したものとして取り扱わないものとされています（相基通9-3）。

【事例5-3】　役員から会社への低額譲渡（時価の1／2未満、一括譲渡）

問　甲（乙社の代表取締役）は同族会社乙社に対して、甲が所有し乙社の事務所として賃貸していた土地・建物をそれぞれ下記の価額で譲渡しました。

　この場合における甲及び乙社の課税関係はどのような取扱いになりますか。

218　第5章　同族会社・役員間の不動産の売買

	売買価額	取得費	適正価額（時価）
土地	2,000万円	1,200万円	6,600万円
建物	2,200万円	2,200万円	2,200万円
合計	4,200万円	3,400万円	8,800万円

（注1）譲渡価額には消費税等は含まれておらず、建物に係る消費税等は別途授受されています。

（注2）甲及び乙社は、消費税の課税事業者であり、税抜方式により経理し、原則課税により申告しています。

（注3）甲は、乙社の株式を100%所有しています。

（注4）建物の取得費は償却後の金額とします。

（注5）譲渡費用はないものとします。

答

A　甲の課税関係

I　所得税関係

　土地・建物を一括で譲渡しているので、その合計額により低額譲渡の判定をします。

　土地・建物の譲渡価額の合計額が、時価の合計額の2分の1に満たないため、時価により譲渡があったものとみなされます。

〔みなし譲渡課税の判定〕

4,200万円（売買価額の合計）＜8,800万円（時価の合計）×1／2

∴みなし譲渡課税の適用あり

〔譲渡所得の金額〕

（ⅰ）収入金額

　6,600万円（土地の時価）＋2,200万円（建物の時価）

＝8,800万円

（ⅱ）取得費

　1,200万円＋2,200万円＝3,400万円

（ⅲ）譲渡所得の金額

　8,800万円－3,400万円＝5,400万円

Ⅱ　消費税関係

　　原則として建物の譲渡対価として収受した 2,200 万円が課税標準に算入されます。ただし、一括譲渡した土地・建物の価額が合理的に区分されていると認められない場合には、譲渡価額の合計額を時価の比により按分した建物価額が課税標準に算入されます（土地は非課税）。

　　〔時価比による課税標準の計算〕

　　4,200 万円× 2,200 万円÷ 8,800 万円＝ 1,050 万円

B　乙社の課税関係

Ⅰ　法人税関係

　　時価により取得したものとされ、その支払金額と時価との差額に相当する金額は受贈益として益金の額に算入されます。

　　　土地　6,600 万円　／　現金預金　4,000 万円

　　　建物　2,200 万円　／　受贈益　　4,800 万円

Ⅱ　消費税関係

　　上記ＡのⅡと同様、原則として建物の譲受対価として支払った 2,200 万円に係る消費税が仕入税額控除されます。ただし、一括譲渡した土地・建物の価額が合理的に区分されていると認められない場合には、譲受価額の合計額を時価の比により按分した建物価額（1,050 万円）に係る消費税が仕入税額控除されます（土地は非課税）。

【事例 5 − 4】　役員から会社への低額譲渡（時価の 1 ／ 2 以上、現物出資、みなし贈与）

　問　　甲及び丙（甲の子）は、下記のように土地（取得費 1,000 万円）と現金を出資して同族会社乙社を設立しました。

　この場合における甲、乙社及び丙の課税関係はどのような取扱いになりますか。

出資者	出資資産	時価	相続税評価額	取得株式数	受入価額
甲	土地	2,000万円	1,600万円	100株	500万円
丙	現金	500万円	500万円	100株	500万円

(注) 譲渡費用はないものとします。

A 甲の課税関係
　Ⅰ 所得税関係
　　譲渡所得の収入金額は現物出資により取得した株式の時価となります。取得した株式の時価が現物出資した土地の時価の2分の1以上のためみなし譲渡課税の適用はありません。
　　〔取得株式1株当たりの時価〕
　　　（2,000万円＋500万円）÷200株＝12.5万円
　　〔みなし譲渡課税の判定〕
　　　1,250万円（※）≧2,000万円（土地の時価）×1/2
　　　　　　　　　　　　　　　　　　　　　＝1,000万円
　　　（※）取得株式の時価　12.5万円×100株＝1,250万円
　　　∴みなし譲渡課税の適用なし
　　〔譲渡所得の金額〕
　　　1,250万円（取得株式の時価）－1,000万円＝250万円
　　ただし、同族会社の行為又は計算の否認が適用される場合には、現物出資資産の時価による譲渡があったものとされます。
　Ⅱ 消費税関係
　　現物出資により取得する株式の時価が課税標準に算入されますが土地の譲渡のため非課税となります。
B 乙社の課税関係
　資本等取引となりますので、課税関係は生じません。
C 丙の課税関係

2　課税関係　*221*

丙が取得した株式の価額と出資金額との差額に相当する金額に対して贈与税が課税されます。

〔丙が取得した株式の価額〕

10.5 万円× 100 株＝ 1,050 万円

〔1 株当たりの相続税評価額〕

$$\frac{2,100万円（※1）-\{2,100万円-（1,000万円（※2）+1,100万円（※3}\}\times37\%}{200株}$$

$$=10.5万円$$

（※1）　純資産（相続税評価額）1,600 万円＋ 500 万円＝ 2,100 万円

（※2）　純資産（帳簿価額）500 万円＋ 500 万円＝ 1,000 万円

（※3）　現物出資受入れ差額　1,600 万円－ 500 万円＝ 1,100 万円

〔みなし贈与額〕

1,050 万円－ 500 万円＝ 550 万円

③　時価を超える価額により譲渡した場合

イ　役員（売手）の課税関係

（イ）　所得税関係

時価により譲渡したものとして、時価をもとに譲渡所得金額が計算されます。また、時価と譲渡価額との差額に相当する金額については給与所得として所得税等が課税されます。

（ロ）　消費税関係

上記①イ（ロ）と同様、課税事業者である役員が事業用の不動産を譲渡した場合には消費税等が課税されます（土地等の場合には非課税）。ただし、譲渡等の対価の額とは、対価として収受し又は収受すべき額であり、当事者間で授受することとした対価の額をいいます（消法 28 ①、消基通 10 － 1 － 1）。したがって高額譲渡が行われた場合であっても、その資産の時価ではなく実際に対価として収受された金額に対して消費税等が課税されます。なお、課税資産と非課税資産を一括して譲渡した場合にそれぞれの資産の対価の額が合理的に区分さ

222　第5章　同族会社・役員間の不動産の売買

れていないときは、譲渡時の時価の比により区分することとなります
（消令45③）。

ロ　会社（買手）の課税関係
　（イ）　法人税関係
　　　　時価により取得したものとされ、時価と譲受価額との差額に相当す
　　　る金額については損金不算入の役員給与を支給したものとされます。
　　　また、役員給与に相当する金額について源泉徴収をする必要が生じま
　　　す。

　（ロ）　消費税関係
　　　　上記①ロ（ロ）と同様、不動産を取得した日の属する課税期間にお
　　　いて、その購入価額に係る消費税の額が仕入税額控除の対象となりま
　　　す（土地等の場合には非課税）。ただし、高額譲渡が行われた場合で
　　　あっても、その資産の時価ではなく実際に対価として支払った金額が、
　　　仕入税額控除の対象となります。なお、簡易課税制度を選択している
　　　ときを除きます。

【事例5－5】　役員から会社への高額譲渡

　問　甲（乙社の代表取締役）は同族会社乙社に対して、甲が所有する
土地を下記の価額で譲渡しました。
　この場合における甲及び乙社の課税関係はどのような取扱いになりま
すか。

	売買価額	取得費	適正価額（時価）
土地	12,000万円	6,000万円	8,000万円

（注）譲渡費用はないものとします。

A　甲の課税関係

時価で譲渡したものとして、譲渡所得課税されるとともに、時価と譲渡価額との差額に相当する金額については、給与所得課税されることとなります。

〔譲渡所得の金額〕

8,000万円（時価）− 6,000万円（取得費）= 2,000万円

〔給与所得の収入金額〕

12,000万円（譲渡価額）− 8,000万円（時価）= 4,000万円

B　乙社の課税関係

時価により取得したものとされ、時価と譲受価額との差額に相当する金額は損金不算入の役員給与とされます。

なお、譲受価額と時価との差額に相当する金額は、土地の購入対価ではなく甲への役員給与であることから、乙社の土地の取得価額は、時価となります。

| 土地 | 8,000万円 | / | 現金預金 | 12,000万円 |
| 役員給与 | 4,000万円 | | | |

【図表5－2　役員から会社へ譲渡した場合の課税関係】

	役員	会社
時価譲渡	譲渡価額（時価）をもとに譲渡所得計算	譲渡価額（時価）により資産計上
低額譲渡	時価の1/2未満：時価をもとに譲渡所得計算 時価の1/2以上：譲渡価額をもとに譲渡所得計算	時価により資産計上 時価との差額：受贈益
高額譲渡	時価をもとに譲渡所得計算 時価との差額：給与所得	時価により資産計上 時価との差額：役員給与

（2）　会社から役員への不動産の譲渡

①　時価により譲渡した場合

イ　会社（売手）の課税関係

（イ）　法人税関係

譲渡価額（時価）と帳簿価額との差額に相当する金額が譲渡損益として損金又は益金の額に算入されます（法法22）。

（ロ）　消費税関係

a　課税事業者の場合

国内において事業者が事業として対価を得て行う資産の譲渡等となり、消費税等が課税されます。ただし、その資産が土地等の場合には非課税となります。

b　免税事業者の場合

消費税等の納税義務は、免除されます。ただし、納税義務が免除されるか否かを判定する基準期間における課税売上高にその譲渡価額が含まれますので注意が必要です。なお、基準期間が免税事業者の場合は、その基準期間である課税期間中の課税売上高には、消費税等が課税されていませんから、税抜き処理を行わない売上高で判定します。

ロ　役員（買手）の課税関係

（イ）　所得税関係

課税関係は生じません。

（ロ）　消費税関係

a　事業用の不動産を取得した場合

i　課税事業者の場合

不動産を取得した日の属する課税期間において、その購入価額に係る消費税の額が仕入税額控除の対象となります。また、免税事業者や事業者でない者から購入したときも、その支払った対価の額は消費税等込みの金額とされますので、仕入税額控除を行うことができます。ただし、その資産が土地等の場合には非課税となります。

簡易課税制度を選択している場合は、仕入に係る消費税額を実額で計算することなく、売上げに係る消費税額に一定のみなし仕入率を乗じた金額を仕入れに係る消費税額とみなすことになります。

ⅱ　免税事業者の場合

消費税の納税義務が免除されている事業者は、仕入れに係る消費税額等を控除することはできません。

b　家事用の不動産を取得した場合

事業者が事業として行う取引に該当しないため、仕入れに係る消費税額等を控除することはできません。

②　無償又は時価に満たない価額により譲渡した場合

イ　会社（売手）の課税関係

（イ）　法人税関係

時価により譲渡したものとして、時価と帳簿価額との差額に相当する金額は譲渡損益として損金又は益金の額に算入され、時価と譲受価額との差額に相当する金額については損金不算入の役員給与を支給したものとされます（法基通9－2－9(2)）。また、役員給与に相当する金額について源泉徴収をする必要が生じます。

（ロ）　消費税関係

上記①イ（ロ）と同様、消費税等が課税されます（土地等の場合には非課税）。ただし、消費税の課税標準は、低額譲渡が行われた場合であってもその資産の時価ではなく、対価として収受すべき金額、つまり当事者間で授受することとした対価の額となります（消法28①、消基通10－1－1）。しかし、会社が役員に対して著しく低い価額で資産の譲渡もしくは贈与を行った場合には、時価により譲渡があったものとして課税されます（消法28①ただし書、消基通10－1－1（注））。この場合の著しく低い価額とは、その譲渡金額が、時価のおおむね50％に相当する金額に満たない場合をいいます。なお、その資産が棚卸資産であるときは、課税仕入れの金額以上であり、通常他に販売す

226　第5章　同族会社・役員間の不動産の売買

る価額のおおむね50％に相当する金額以上であれば、著しく低い価額には該当しないこととなります（消基通10－1－2）。

ロ　役員（買手）の課税関係

（イ）　所得税関係

時価との差額に相当する金額について給与所得として所得税等が課税されます（所法28、所基通36－15⑴）。

また、不動産の取得価額はその時の時価になります。

（ロ）　消費税関係

上記①ロ（ロ）と同様、課税事業者である役員が事業用の不動産を取得した場合には、それを取得した日の属する課税期間において、その購入価額に係る消費税の額が仕入税額控除の対象となります（土地等の場合には非課税）。ただし、会社が役員に対して著しく低い価額で資産の譲渡もしくは贈与を行った場合には、時価により譲渡があったものとして課税されます。なお、簡易課税制度を選択しているときを除きます。

【事例5－6】　会社から役員への低額譲渡

問　同族会社乙社は甲（乙社の代表取締役）に対して、乙社が所有し甲に社宅として賃貸していた土地・建物をそれぞれ下記の価額で譲渡しました。

この場合における乙社及び甲の課税関係はどのような取扱いになりますか。

	売買価額	帳簿価額	適正価額（時価）
土地	3,000万円	1,200万円	6,600万円
建物	1,000万円	2,200万円	2,200万円
合計	4,000万円	3,400万円	8,800万円

（注1）譲渡価額には消費税等は含まれておらず、建物に係る消費税等は別途授受されています。

（注2）甲及び乙社は、消費税の課税事業者であり、税抜方式により経理し、原則課税により申告しています。

（注3）譲渡費用はないものとします。

答

A　乙社の課税関係

Ⅰ　法人税関係

時価により譲渡があったものとされ、時価と譲渡価額との差額に相当する金額は、損金不算入の役員給与とされます。

現金預金　4,000万円	土地　　　　1,200万円
役員給与　4,800万円（※1）	建物　　　　2,200万円
	土地譲渡益 5,400万円（※2）

（※1）8,800万円（時価の合計額）－4,000万円（譲渡価額の合計額）

（※2）6,600万円（土地の時価）－1,200万円（土地の帳簿価額）

Ⅱ　消費税関係

建物の譲渡価額が、時価の50％に満たないため、時価である2,200万円が課税標準に算入されます（土地は非課税）。

〔著しく低い価額の判定〕

1,000万円（譲渡価額）＜2,200万円（時価）×50％＝1,100万円

B　甲の課税関係

Ⅰ　所得税関係

時価と譲受価額との差額に相当する金額は、給与所得となります。

また、資産の取得価額は時価になります。

〔給与所得の収入金額〕

8,800万円（時価の合計）－4,000万円（支払対価の合計）

＝4,800万円

228　第5章　同族会社・役員間の不動産の売買

　　Ⅱ　消費税関係
　　住宅用の土地建物の購入のため、仕入れ税額控除することはできません。

③　時価を超える価額により譲渡した場合

イ　会社（売手）の課税関係
　（イ）　法人税関係
　　　　時価により譲渡したものとされ、時価と帳簿価額との差額に相当する金額は譲渡損益として損金又は益金の額に算入されます。また、時価と譲渡価額との差額に相当する金額については役員から贈与を受けたものとされ受贈益として益金の額に算入されます。
　（ロ）　消費税関係
　　　　上記①イ（ロ）と同様、消費税等が課税されます（土地等の場合には非課税）。ただし、譲渡等の対価の額とは、対価として収受し又は収受すべき額であり、当事者間で授受することとした対価の額をいいます（消法28①、消基通10－1－1）。したがって高額譲渡が行われた場合であっても、その資産の時価ではなく実際に対価として収受された金額に対して消費税等が課税されます。なお、課税資産と非課税資産を一括して譲渡した場合にそれぞれの資産の対価の額が合理的に区分されていないときは、譲渡時の時価の比により区分することとなります（消令45③）。
ロ　役員（買手）の課税関係
　（イ）　所得税関係
　　　　課税関係は生じません。
　　　　なお、時価と譲受価額との差額に相当する金額は、購入対価ではなく会社への寄附となることから、不動産の購入対価は、その時の時価になります。
　（ロ）　消費税関係

上記①ロ（ロ）と同様、課税事業者である役員が事業用の不動産を取得した場合には、それを取得した日の属する課税期間において、その購入価額に係る消費税の額が仕入税額控除の対象となります（土地等の場合には非課税）。ただし、高額譲渡が行われた場合であっても、その資産の時価ではなく実際に対価として支払った金額が、仕入税額控除の対象となります。なお、簡易課税制度を選択しているときを除きます。

ハ　同族会社の株主等の課税関係

同族会社が役員に対して、資産を高額譲渡したことにより、その同族会社の株式等の価額が増加した場合には、その同族会社の株主等は、その増加額に相当する金額をその役員から贈与されたものとみなされ、その役員以外の株主等に贈与税が課税されます。

【事例5－7】　会社から役員への高額譲渡

問　乙社は甲（乙社の代表取締役）に対して、乙社が所有し甲に社宅として賃貸していた土地・建物をそれぞれ下記の価額で譲渡しました。

この場合における甲及び乙社の課税関係はどのような取扱いになりますか。

	売買価額	帳簿価額	適正価額（時価）
土地	10,000万円	1,200万円	6,000万円
建物	4,000万円	2,400万円	2,400万円
合計	14,000万円	3,600万円	8,400万円

（注1）譲渡価額には消費税等は含まれておらず、建物に係る消費税等は別途授受されています。

（注2）甲及び乙社は、消費税の課税事業者であり、税抜方式により経理し、原則課税により申告しています。

（注3）甲は、乙社の株式の100％を所有しています。

（注4）譲渡費用はないものとします。

230 第5章 同族会社・役員間の不動産の売買

答

A 乙社の課税関係

I 法人税関係

時価で譲渡したものとして譲渡益を計算するとともに、譲渡価額と時価との差額に相当する金額は、受贈益として益金の額に算入されます。

現金預金 14,000万円	土地	1,200万円
	建物	2,400万円
	土地譲渡益	4,800万円（※1）
	受贈益	5,600万円（※2）

（※1）6,000万円（土地の時価）－1,200万円（土地の帳簿価額）

（※2）14,000万円（譲渡価額の合計額）－8,400万円（時価の合計額）

II 消費税関係

実際に建物の譲渡対価として収受した金額である4,000万円が課税標準に算入されます（土地は非課税）。

B 甲の課税関係

I 所得税関係

課税関係はありません。

なお、譲受価額と時価との差額に相当する金額は、購入対価ではなく、乙社への寄附となることから、取得価額はそれぞれの時価となります。

II 消費税関係

住宅用の土地建物の購入であり、仕入税額控除することはできません。

2 課税関係 *231*

【図表5-3 会社から役員へ譲渡した場合の課税関係】

	会社	役員
時価譲渡	譲渡価額(時価)をもとに譲渡損益計算	課税関係なし
低額譲渡	時価をもとに譲渡損益計算 時価との差額：役員給与	時価との差額：給与所得
高額譲渡	時価をもとに譲渡損益計算 時価との差額：受贈益	課税関係なし

（3） 建物のみを譲渡した場合の借地権課税

役員又は会社が、その所有する土地・建物のうち建物のみを譲渡したときは、その敷地に対する借地権課税の問題が生じます。

その課税関係については、第4章②(1)、(2)のとおりとなります。

（4） 会社と役員との不動産の交換

① 会社の課税関係

イ 法人税関係

（イ） 交換により取得した資産の圧縮記帳

会社が固定資産の交換をした場合には、原則として交換により取得した資産（以下「取得資産」という。）の時価と、譲渡した資産（以下「譲渡資産」という。）の帳簿価額の差額が譲渡益として課税されます。

しかし、次のすべての要件を満たしたときは、法人税法上、圧縮記帳の特例の適用を受けることができます（法法50）。

a 譲渡資産と取得資産が、土地と土地、建物と建物のように互いに同じ種類の資産であること。なお、借地権は土地に含まれます。また、建物とともに交換する建物附属設備や構築物はその建物に含まれます。

b 譲渡資産も取得資産も固定資産であること。したがって、不動産業者などが販売目的で所有している土地、建物などの棚卸資産は対象となりません。

232　第5章　同族会社・役員間の不動産の売買

c　譲渡資産も取得資産もそれぞれの所有者がともに1年以上所有していたものであること

d　取得資産は、相手方が交換するために取得した資産でないこと

e　取得資産を交換譲渡資産の交換直前の用途と同じ用途に使用すること。この用途は、土地については、宅地、田畑、山林、鉱泉地、池又は沼、牧場又は原野、その他に区分され、また、建物については、居住用、店舗又は事務所用、工場用、倉庫用、その他用に区分されています。

f　交換した時における譲渡資産の価額（時価）と取得資産の価額（時価）との差額が、これらの時価のうちいずれか高い方の価額の20％以内であること

（ロ）　圧縮限度額の計算と申告

交換による圧縮限度額は、交換差金等の有無等により次の算式によって計算します。

a　交換差金等がない場合

圧縮限度額＝取得資産の価額－（譲渡資産の譲渡直前の帳簿価額＋譲渡経費の額）

b　交換差金等を受け取った場合

圧縮限度額＝取得資産の価額－（譲渡資産の譲渡直前の帳簿価額＋譲渡経費の額）×取得資産の価額／（取得資産の価額＋交換差金等の額）

c　交換差金等を支払った場合

圧縮限度額＝取得資産の価額－（譲渡資産の譲渡直前の帳簿価額＋譲渡経費の額＋交換差金等の額）

（注1）　交換差金等とは、交換の時における譲渡資産の価額（時価）と取得資産の価額（時価）とが同額でない場合にその差額を補うために授受される金銭等をいいます。

（注2）　譲渡経費の額には、交換に当たって支出した譲渡資産につい

ての仲介手数料、荷役日、運送保険料などその譲渡のために要
した費用の額のほか、土地の上にある建物を取り壊してその土
地を交換した場合の取壊費用やその取壊しによって借家人に支
払った立退料などの額が含まれます。

この特例を受けるためには、取得資産の帳簿価額を損金経理
により減額し、減額した金額の損金算入についての明細を確定
申告書に記載して提出する必要があります。

ロ　消費税関係

消費税は、国内において事業として対価を得て行われる取引に課税され
ます。交換のように金銭の支払いを伴わない資産の引渡しでも、何らかの
反対給付があるものは、対価を得て行われる取引になりますので、課税の
対象となります（土地等の場合には非課税）。

（イ）　交換により譲渡した資産の課税標準に算入すべき対価の額（消令45
②四）

交換取得資産の時価＋収受する交換差金の額（－支払う交換差金の
額）

（ロ）　交換により取得した資産の支払対価の額

交換譲渡資産の時価＋支払う交換差金の額（－収受する交換差金の
額）

②　役員の課税関係

イ　所得税関係

（イ）　固定資産を交換した場合の譲渡所得の特例

譲渡とは、有償無償を問わず、所有資産を移転させる一切の行為を
いいますので、通常の売買のほか、交換の場合も原則として譲渡所得
として所得税等が課税されます（その不動産が販売目的で所有する棚
卸資産に該当する場合には事業所得となる。）。しかし、土地や建物な
どの固定資産を同じ種類の固定資産と交換したときは、譲渡がなかっ
たものとする特例があります。この特例を受けるための要件は上記①

234 第5章 同族会社・役員間の不動産の売買

　　イ　(イ)の圧縮記帳の特例の要件と同じです。なお、交換に伴って相
　　　手方から金銭などの交換差金等を受け取ったときは、その交換差金等
　　　が所得税の課税対象になります。
　　　　この特例を受けるためには、確定申告書に所定の事項を記載の上、
　　　譲渡所得の内訳書（確定申告書付表兼計算明細書）［土地・建物用］を
　　　添付して提出する必要があります。
　ロ　消費税関係
　　　課税事業者である役員が事業用の不動産を交換した場合には、上記①ロ
　　と同様、消費税の課税の対象となります。

【事例5－8】　会社と役員との土地の交換

問　甲（乙社の代表取締役）と乙社は、下記の土地を交換しました。
この交換にあたり乙社は甲に交換差金として500万円を支払っていま
す。この取引について交換の特例を適用したいと考えていますが、その
適用の可否並びに甲及び乙社の課税関係についてその取扱いはどうなり
ますか。

所有者	交換資産	時価	譲渡費用	取得費 (帳簿価額)
甲	Ｘ土地	3,000万円	100万円	1,100万円
乙社	Ｙ土地	2,500万円	100万円	1,000万円

(注) 交換特例の適用にあたり、価額要件以外の要件はすべて満たしているものとします。

答　〔交換特例の適用判断〕

　3,000万円 - 2,500万円＝500万円（交換差金）

　3,000万円（Ｘ土地の時価）×20％＝600万円≧500万円（交換差金）

　∴交換特例の適用あり

Ａ　甲の課税関係

〔譲渡所得の金額〕

$$500万円-\left(1,100万円+100万円\right)\times\frac{500万円}{2,500万円+500万円}=300万円$$

〔取得資産の取得価額〕

$$(1,100万円+100万円)\times\frac{2,500万円}{2,500万円+500万円}=1,000万円$$

B　乙社の課税関係

　益金となる土地の譲渡益と損金となる譲渡費用と圧縮損の合計が同額となり、課税関係は生じません。

X土地　3,000万円（時価）	Y土地　1,000万円（帳簿価額）
	現金　　　500万円（交換差金）
	譲渡益　1,500万円
譲渡経費　100万円	現金　　　100万円

〔圧縮限度額の計算〕

3,000万円（X土地の時価）－（1,000万円＋100万円＋500万円）
　　　　　　　　　　　　　　　　　　　　　　　　＝1,400万円

圧縮損　1,400万円　　　／　　　　X土地　1,400万円

第6章

同族会社・役員間の資本取引

第6章のポイント
（同族会社・役員間の資本取引）

○ 増資には財産の払込みにより資本金を増加させる有償増資と、準備金又は剰余金の資本組入れにより資本金を増加させる無償増資とがあり、いずれの増資も資本等取引に該当するため、会社側においては、会計上、税務上ともに収益（益金）にはなりません。

○ 株主割当増資の際に生じた失権株を既存株主の親族等に割り当てた場合や失権株につき再募集をすることなく打ち切った場合に、既存株主と引受株主とが親族関係にあるときは、贈与税の課税問題が生じます。

○ 現物出資により受け入れた資産の価額が過小に評価された場合、会計上はその評価額が受入資産の取得価額となるため、時価で受け入れた場合に比べ減価償却費が過小に計上されることになります。税務上は受入資産の時価をもって計上し、受入価額と時価との差額に相当する金額は資本金等として取り扱われます。

○ 会社法上の減資は、単に資本金の額を減少させる行為であるため、有償減資の場合は、資本金の額の減少と剰余金の配当という二つの手続きが必要となります。

○ 有償減資及び自己株式の取得は、会社側においては資本等取引であることから原則として損益には関係しませんが、払戻額のうち資本金等の額を超える部分については、みなし配当課税の対象となります。株主側においては、払戻額のうち、みなし配当以外の金額については、株式等に係る譲渡所得の収入金額とみなされます。

○ 自己株式の処分は、新株発行と同様の資本等取引となるため、自己株式の処分が適正な価額で行われる限り、資本等取引として処分価額が資本金等の額に加算されます。

○ 自己株式の消却は、自己株式を取得した時点で資本の払戻しとして取り扱っていることから、利益積立金額及び資本金等の額に変動はありません。

はじめに

　会社法施行後は、同族会社においても行政の許認可関係の必要から増資をするケースや、事業承継スキームの一環として自己株式を取得するなど、資本取引が活発に行われるようになってきました。

　増資や減資、自己株式の売買は資本等取引に該当することから、発行会社においては原則として課税関係が生じることはありませんが、株主側においてはみなし譲渡やみなし配当などの問題が生じる場合が考えられます。

　また、同族会社に特有のものとして株主が親族のみである場合、有利発行による新株の割当てや失権株の発生など一定の事実が生じた場合、みなし贈与の問題が生じるケースが考えられることから、その実行に当たっては税務上の取扱いに注意しなければなりません。

　本章においては、増資・減資・自己株式の資本取引における同族会社・役員間の課税関係を解説していくとともに、同族会社ゆえに恣意的な操作が入りやすい取引について詳述し、事例を挙げて確認していくこととします。

240 第6章 同族会社・役員間の資本取引

1 増資

　増資については、有償増資と無償増資の課税関係を会社・役員（株主）別に解説し、特に同族会社に生じる問題として現物出資の場合は受入資産の価額が、第三者割当増資の場合は発行価額が恣意的な操作を受けやすく、税務上の時価と異なる場合に課税上の問題が生じることから、この点につき詳述していきます。

（1）　概要

①　増資の種類

　増資とは、会社成立後に資本金を増やすことをいい、新株発行により株主から財産の払込み又は給付を受けることにより資本金を増加させる有償増資と財産の払込みを伴わず準備金又は剰余金の資本組入れにより資本金を増加させる無償増資とがあります。ここで財産の払込みとは金銭出資をいい、財産の給付とは現物出資をいいます。

②　増資の手続

イ　発行可能株式総数の確認

　　新株の発行に当たっては、既存株主の利益を保護する観点から定款に定める発行可能株式総数の枠内で行わなければならず、発行可能株式総数を超える新株の発行をする場合には、あらかじめ定款を変更して発行可能株式総数を増加させておく必要があります。その際の定款変更に当たっては、株主総会における特別決議を経なければなりません（会社法309②）。

　　以上が有償増資の場合ですが、準備金及び剰余金の資本組入れである無償増資の際は、原則として新株発行が必要ないことから、発行可能株式総数を増加させておく必要はありません。

ロ　募集事項等の決定機関

　　非公開会社においては、定款に別段の定めがある場合を除き、株主総会の特別決議が必要となりますが（会社法199②）、株主割当増資の場合は、

募集事項等の決定を取締役（取締役会設置会社にあっては取締役会）に委任する旨、定款で定めることができます（会社法202③）。また、第三者割当増資の場合は、株主総会の特別決議により募集事項等の決定を取締役（取締役会設置会社にあっては取締役会）に委任することができますが、その際、募集株式の上限と払込金額の下限を定める必要があります（会社法200）。

③　法人税法における資本金等の額

資本金等の額とは、法人が株主等から出資を受けた金額として政令で定める金額をいいます（法法2十六）。

会社法の規定に従い増資又は減資を実施し、資本金、準備金、剰余金の額が増減したとしても、「資本金等の額」につき法人税法施行令8条1項各号において増減項目が規定されているため、法人税法における資本金等の額が連動して増減するわけではありません。したがって、資本金の額が増減しても資本金等の額が変動しない場合もあります。

④　資本金の額又は資本金等の額が変動した場合に影響する規定

資本金の額又は資本金等の額が変動した場合には、税務上の取扱いが変わることがあります。

【図表6-1　資本金の額の増減が税額に影響を与える規定】

イ	800万円以下の所得金額に対する軽減税率	法法66②、措法42の3の2
ロ	特定同族会社の留保金課税の適用除外	法法67
ハ	交際費課税の定額控除限度額	措法61の4
ニ	貸倒引当金の法定繰入率	措法57の9
ホ	欠損金の繰戻しによる還付の適用	法法80、措法66の13
ヘ	中小企業者の特別償却又は特別税額控除	措法42の4等
ト	中小企業者の少額減価償却資産の特例	措法67の5
チ	外形標準課税の対象法人	地法72の2
リ	法人住民税・法人事業税の超過税率	地法1①五

中小企業者とは普通法人（資本金（出資金）の額が5億円以上である法人等との間にその法人等による完全支配関係があるもの等を除く。）のうち各

事業年度終了の時において資本金（出資金）の額が１億円以下であるもの又は資本（出資）を有しないものをいいます。

なお、期末資本金額が１億円以下の法人であっても、資本金が５億円以上の法人との間に完全支配関係がある場合は、上記イからホに掲げる規定は適用されません。

【図表６－２　資本金等の額の増減が税額に影響を与える規定】

イ	寄附金の損金算入限度額	法令73①
ロ	法人の均等割の税率　※	地法52,312
ハ	外形標準課税の資本割	地法72、72の12、72の21

　※　法人均等割の税率区分となる資本金等の額

　　資本金等の額は、法人税法２条16号に規定する資本金等の額であり、「①資本金の額又は出資金の額」と「②株主等から法人に払込み又は給付した財産の額で、資本金の額又は出資金の額として組み入れられなかったもの等（例：資本準備金）」の合計額（①＋②）をいいます。

　　ただし、平成27年４月１日以後に開始する事業年度については、無償増資、無償減資等による欠損填補を行い、地方税法23条（292条）１項４号の５の規定に該当する場合は、調整後の金額となります。

> 地方税法上の資本金等の額＝法人税法上の資本金等の額＋無償増資を行った金額－無償減資等による欠損填補・損失の補填に充てた額

　　また、地方税法上の資本金等の額が、資本金及び資本準備金の合算額又は出資金の額に満たない場合には、地方税法上の資本金等の額は、資本金及び資本準備金の合算額又は出資金の額とします。

> 地方税法上の資本金等の額＜資本金及び資本準備金の合算額又は出資金の額→資本金及び資本準備金の合算額又は出資金の額
> 地方税法上の資本金等の額＞資本金及び資本準備金の合算額又は出資金の額→地方税法上の資本金等の額

1　増資　　*243*

⑤　異動届出書の提出

　増資や減資により資本金の額に異動が生じた場合には、所轄税務署、都道府県税事務所、市町村に対して、登記事項証明書を添付のうえ異動届出書を提出する必要があります。

（2）　金銭出資

①　株主割当増資

イ　会社の会計と税務

　　会計上、株主割当増資により金銭の払込があった場合には、資本金及び資本準備金を増加させる処理を行います。税務上、株主割当増資は資本等取引に該当し損益は発生しないことから課税関係は生じません。

　　また、会計上、増資に伴い発生する登録免許税等の株式交付費については、原則として費用処理しますが、繰延資産として資産に計上した場合には、発行後3年以内に償却することとされています（会計指針40、41、会計規74③五）。

　　税務上の株式交付費の取扱いは、償却限度額（期末現在の未償却残高）を償却費として損金経理した場合には、その償却費相当額が損金算入額として認められます（法法32①、法令64①一）。

ロ　役員（株主）の税務

（イ）　贈与税が課税される場合

　　　　株主割当増資の際に全員が権利を行使し失権株が生じない場合には、たとえ有利な発行価額であっても、株主全員の持分に変動がなく経済的利益の移転は生じないことから、株主間において贈与税が課税されることはありません。

　　　　また、失権株が生じ持株割合が変動しても発行価額が有利発行ではなく時価発行であれば、株主間における経済的利益の移転の問題は生じないことから、贈与税が課税されることはありません。

　　　　ただし、同族会社に特有のケースとして、株主割当増資の際に生じ

244 第6章 同族会社・役員間の資本取引

た失権株を既存株主の親族等に割り当てた場合には、既存株主から当
該既存株主の親族等に対し新株引受権に相当する額の贈与があったも
のとして贈与税が課税されます（相基通9－4）。

　また、株主割当増資の際に生じた失権株に関して再募集をすること
なく打ち切られたときは、結果として失権株主の持分の一部が新株を
引き受けた株主に移転することとなります。この場合に失権株主と新
株を引き受けた株主とが親族関係にあるときは、失権株主から引受株
主に対して贈与があったものとして贈与税が課税されます（相基通9
－7）。

(ロ)　税務上の時価

　a　法人税法上の時価

　　法人税法上の時価については、法人税基本通達9－1－13、9－1
－14において規定されています。これらの規定は、非上場株式の評
価損計上時の時価を算定するための通達ですが、増資の際の時価算定
についても準用されます。

　b　所得税法上の時価

　　所得税法上の時価については、法人税法と同様の取扱いが規定され
ています（所基通23〜35共－9、59－6）。

　c　相続税法上の時価

　　相続税法上の時価については、取引相場のない株式の場合、発行会
社の規模や同族関係者等の議決権割合にしたがい評価していくことと
なります（評基通178〜189－7）。

【事例6－1】　失権株の取扱い

　問　当社の発行済株式200株のうち社長が150株を保有し、残り50
株を社長の息子が保有しています。増資前の1株当たりの税務上の時価
が10万円、払込金額を5万円とした倍額増資を実施しましたが、社長は

すべて失権しています。この場合、税務上どのような取扱いとなりますか。

答 社長の失権株は、息子に割り当てられることなく打ち切られていることから、失権株主である社長の持分の一部が新株を引き受けた息子に移転することとなり、かつ、社長と息子は親族であることから、以下の価額に相当する金額を息子が社長から贈与により取得したものとして取り扱われ、贈与税が課税されます。

〔新株発行後の1株当たりの価額〕

　（10万円×200株＋5万円×50株）÷（200株＋50株）＝9万円

〔社長から息子が贈与により取得したものとみなされる金額〕

　9万円×（50株＋50株）－（10万円×50株＋5万円×50株）

　＝150万円

ハ　その他

　既存株主が複数の親族から失権株を割り当てられた場合において、そのいずれからどれだけの数の新株式引受権の贈与があったものとするかは、次の算式により計算するものとします。その際、その者の親族等が2人以上あるときは、当該親族等の1人ごとに計算するものとします（相基通9－5）。

　A×C÷B＝D

　A　他の株主又は従業員と同じ条件により与えられる新株引受権の数を超えて与えられた者のその超える部分の新株引受権

　B　当該法人の株主又は従業員が他の株主又は従業員と同じ条件により与えられる新株引受権のうち、その者の取得した新株の数が、当該与えられる新株引受権の数に満たない数の総数

　C　Bの新株引受権の総数のうち、Aに掲げる者の親族等（親族等が2人以上あるときは、当該親族等の1人ごと）の占めているものの数

246 第6章 同族会社・役員間の資本取引

D その者の親族等から贈与を受けた新株引受権の数

【事例6－2】 **親族等から贈与を受けた新株引受権の数等**

問 当社の発行済株式300株のうち社長が150株を保有し、社長の長男が60株、長女が40株、親族関係のない取引先X社が50株保有しています。増資前の1株当たりの税務上の時価が10万円、払込金額を4万円とした倍額増資を実施し、以下のように引き受けられました。この場合の長男が贈与を受けた新株引受権の数と贈与を受けたものとみなされる金額、一時所得の収入金額となる部分を教えてください。

株主	増資前所有株数	予定割当株数	実際の引受株数	過不足数
社長	150 株	150 株	0	△ 150 株
長男	60	60	260	＋ 200
長女	40	40	30	△ 10
X社	50	50	10	△ 40
計	300	300	300	0

答

【長男が贈与を受けた新株引受権の数の計算】

① 社長からの贈与分

200株×150株÷（150株＋10株＋40株）＝150株

② 長女からの贈与分

200株×10株÷（150株＋10株＋40株）＝10株

【長男が贈与を受けたものとみなされる金額】

① 新株発行後の1株当たりの価額

（10万円＋4万円×1）÷（1株＋1株）＝7万円

② 新株引受権に相当する額

7万円－4万円＝3万円

③ 贈与を受けたものとみなされる金額の合計額

1 増資　*247*

　3万円×（150株＋10株）＝480万円

【長男が一時所得の収入金額とされるものの計算】

　200株×40株（Ⅹ社）÷（150株＋10株＋40株）＝40株

　3万円×40株＝120万円

② 第三者割当増資

イ　会社の会計と税務

　発行会社において第三者割当増資は資本等取引に該当することから、会計上も税務上も株主割当増資の場合と同様の処理となります。したがって、有利発行であっても増資による損益取引は発生しないことから課税関係は生じません。

ロ　役員（株主）の税務

（イ）　所得税が課税される場合

　第三者割当増資が有利な発行価額により行われた場合には、取得時の時価と払込金額との差額は経済的利益として所得税の課税対象となります（所令84②三）。この場合、有利な発行価額に該当するか否かの判定は、経済的利益の額が時価の10％相当額以上であるかどうかにより判定します（所基通23〜35共−7）。

　また、第三者割当増資が有利な発行価額により行われた場合の新株引受権の所得区分は以下のとおりです（所基通23〜35共−6（3））。

　a　発行法人の役員又は使用人に対し、その地位又は職務等に関連して株式を取得する権利が与えられたと認められるとき　給与所得

　b　発行法人の役員又は使用人の退職に基因して当該株式を取得する権利が与えられたと認められるとき　退職所得

　c　上記以外の場合　一時所得

　なお、新株引受権を与えられた者が当該株式の取得について申込み等をしなかったことにより失権した場合は、権利を放棄しただけで経済的利益を受けていないことから、課税関係は生じません（所基通

248　第6章　同族会社・役員間の資本取引

23〜35共－6の2）。

（ロ）　贈与税が課税される場合

　a　有利発行による場合

　　同族会社の場合、株価決定につき恣意性の介入する余地があること
から、第三者割当増資が有利な発行価額により行われた場合、前述（イ）
のとおり所得税が課税されますが、同族会社の既存株主の親族等が新
株の割当てを受けたときには、既存株主から当該既存株主の親族等に
対し新株引受権に相当する額の贈与があったものとして贈与税が課税
されます（相基通9－4）。

【事例6－3】　第三者割当増資の取扱い

　問　現在、当社の発行済株式200株の全株を社長が保有していますが、
今回、息子に対して第三者割当増資（100株）を実施することにしまし
た。増資前の1株当たりの税務上の時価は10万円、払込金額は4万円。
このような有利発行が行われた場合、税務上の取扱いは、どのようにな
りますか。

・・

　答　同族会社の株主である社長と息子は親族であることから、以下の
算式により計算した新株引受権に相当する金額を息子が社長から贈与に
より取得したものとして取り扱われ、贈与税が課税されます。

〔1株当たりの新株引受権の価額〕

　（10万円＋4万円×0.5）÷（1株＋0.5株）＝8万円

　8万円－4万円＝4万円

〔社長から息子が贈与により取得したものとみなされる金額〕

　4万円×100株＝400万円

---

　b　高額で引き受けた場合

1 増資　*249*

　　同族会社の場合、上記ａの有利発行とは逆に株式の時価よりも高い
価額による株式の引受けも考えられます。高額引受けにより同族会社
の株式の価額が増加した場合には、その増加した部分に相当する金額
を既存株主が新株を引き受けた者から贈与により取得したものとして
贈与税が課税されます。(相基通９－２)。

　　ただし、同族会社が会社更生等により資力を喪失している場合に、
債務超過相当額について高額引受けがあったときは、この規定の適用
はありません（相基通９－３）。

（3）　現物出資

①　会社の税務

　会社が現物出資により資産を受け入れた場合、税務上の性格は資本等取引
に該当するため、原則として現物出資により課税関係は生じません。

イ　過小評価の場合

　　現物出資により受け入れた資産の価額が過小に評価された場合、会計上
はその評価額が受入資産の取得価額となるため、減価償却費の計算におい
て時価評価より過小に計上されるという影響が生じます。

　　また、税務上は受入資産の時価をもって計上することとなるため、受入資
産の価額と時価との差額に相当する金額は資本金等として取り扱われます。

【事例６－４】　過小評価の取扱い

　問　当社は時価300万円の車両を現物出資することとしましたが、発
行価額は１株当たり５万円、新株発行数は40株の過小評価による場合、
税務上どのような取扱いとなりますか。

　答　会計上は過小評価であっても、その評価額が受入資産の取得価額
となりますが、税務上は時価で受け入れることから、以下の調整処理が

250 第6章 同族会社・役員間の資本取引

必要となります。

5万円×40株＝200万円

〔会計上の仕訳〕

車両運搬具　2,000,000　／　資本金　2,000,000

〔税務上の調整処理〕

車両運搬具　1,000,000／資本金等の額　1,000,000

ロ　過大評価の場合（財産価格塡補責任）

　現物出資により受け入れた資産の価額が過大に評価された場合、財産的基礎の裏付けがないことから会社の資本充実が害されるおそれがあります。したがって、現物出資の際には裁判所の選任する検査役の調査や税理士等の証明を受けることにより評価の妥当性が検証されます。

　このため、受入資産の過大評価は少ないものと思われますが、何らかの外的要因により新株を発行する時点で受入資産の価額が著しく下落してしまったというケースは考えられます。

　このような場合には、取締役等がその不足額に相当する金額を、会社に対し連帯して支払う義務を負います（会社法213①）。ただし、検査役の調査を経ている場合や職務執行について注意を怠らなかったことを証明した場合には責任を負うことはありません（会社法213②）。財産価格塡補責任は、過失責任であることから、税理士等の証明者についても、取締役等の責任と同様となります。

ハ　消費税

　会社が現物出資（消令2①二）により資産を取得した場合において、現物出資をした役員に交付した株式の交付時における価額に相当する金額のうち、課税資産に対応する部分の金額が課税仕入に係る支払対価の額となります（消基通11−4−1）。

②　役員（株主）の税務

イ　譲渡による収入金額

役員が現物出資を行った場合には、原則として譲渡所得として所得税が課税されます。その際の譲渡による収入金額は、その年において収入すべき金額（金銭以外の物をもって収入する場合には、その金銭以外の物の価額）とされ、その金銭以外の物の価額は、その物を取得する時における価額とされています（所法 36 ①②）。したがって、現物出資により取得した株式の時価が、役員（株主）の譲渡による収入金額となります。

ロ　株価の計算方法

現物出資により取得した株式の時価は、売買実例価額等がある場合を除き、純資産価額等の時価評価となります（所基通 23〜35 共 − 9（4）（ニ））。

【事例 6 − 5】　譲渡による収入金額の計算

問　社長の所有する建物を現物出資する予定です。建物の時価は 800 万円、受入価額は 500 万円（新株発行数 100 株、発行価額 5 万円／株）。会社の純資産価額の時価は 2,000 万円、資本金 1,500 万円、発行済株式総数 300 株です。

この場合、社長の譲渡所得による収入金額はどのように計算しますか。

答　現物出資の場合、現物出資資産の価額ではなく、取得した株式の時価が譲渡による収入金額となることから、以下の算式により計算した金額となります。

なお、同一の現物出資資産であっても受入価額と新株発行数を変更すると、譲渡所得の収入金額も結果として変わってくることになります。

2,000 万円＋ 800 万円＝ 2,800 万円

2,800 万円÷（300 株＋ 100 株）＝ 7 万円…1 株当たりの株価

7 万円× 100 株＝ 700 万円…譲渡所得による収入金額

ハ　みなし譲渡課税

252　第6章　同族会社・役員間の資本取引

　　同族会社においては、同一の現物出資資産であっても受入価額と新株発
行数の変更調整が可能なため、役員が現物出資により新株を取得した場合
における株式の時価が、現物出資資産の払込時の時価の2分の1未満とな
るケースが考えられます。この場合には、現物出資資産の払込時の時価に
より譲渡があったものとみなされます（所法59①二、所令169）。

　　また、新株式の時価が現物出資資産の時価の2分の1以上であっても、
同族会社の行為計算否認（所法157）が適用される場合には、現物出資資産
の時価が譲渡対価とされます。

ニ　消費税の課税関係

　　役員が現物出資を行った場合の対価の額は、当該出資により取得する株
式の取得時の価額に相当する金額とされています（消令45②三）。した
がって、現物出資に係る課税資産の譲渡等の対価の額は、当該現物出資に
より取得する株式の取得時における価額に相当する金額のうち、課税資産
の譲渡等に該当する部分の金額となります。この場合に別途消費税及び地
方消費税に相当する金額の授受がないときは、当該課税資産の譲渡等に該
当する部分の金額は、消費税及び地方消費税に相当する金額を含んだ金額
となります。

ホ　贈与税の課税関係

　　同族会社が時価より著しく低い価額の対価で現物出資資産を譲受けた場
合には、譲受価額と時価との差額に相当する金額だけ同社の純資産価額が
増加することとなります。このため、株式の価値増加部分に相当する金額
を既存株主が現物出資者から、贈与により取得したものとして取り扱うも
のとされています（相基通9－2（2））。

ヘ　現物出資受入れ資産がある場合の相続税評価額

　　同族会社の株式を純資産価額で評価する場合において、その有する資産
の中に、現物出資により著しく低い価額で受け入れた資産があるときは、
原則として、その現物出資の時における受入れ資産の価額（相続税評価額）
とその現物出資による受入れ価額との差額（現物出資受入れ差額）に対す

る法人税額等に相当する金額は、純資産価額の計算上控除しないこととしています（評基通186－2）。

　具体的には、課税時期における評価会社の有する各資産の帳簿価額に、現物出資受入れ差額を加算することにより、現物出資受入れ差額が計算上生じないものとし、当該現物出資受入れ差額に対する法人税額等に相当する金額もなかったものとします。

【事例6－6】　現物出資受入れ差額がある場合の株式の評価

問　A社の株主である社長は、100％所有するA社株式を著しく低い価額で現物出資してB社を設立しましたが、この場合、B社の所有するA社株式の純資産価額（相続税評価額）はどのように計算しますか。

〔B社が現物出資により受け入れたA社株式の内容〕

　課税時期の相続税評価額　800万円

　現物出資時の価額　600万円

　実際の受入価額　200万円

　その他の資産・負債はないものとする。

答　B社の所有するA社株式の純資産価額（相続税評価額）の計算方法は、帳簿価額に現物出資受入れ差額を加算して、現物出資受入れ差額が計算上生じないものとすることにより、現物出資受入れ差額に対する法人税額等に相当する金額がなかったものとします。

　現物出資受入れ差額　600万円－200万円＝400万円

　帳簿価額　200万円＋400万円＝600万円

　評価差額に対する法人税額等相当額　（800万円－600万円）×38％＝76万円

　B社の所有するA社株式の純資産価額（相続税評価額）

　800万円－76万円＝724万円

254 第6章 同族会社・役員間の資本取引

（4） DES

① DES（デット・エクイティ・スワップ）

DES（デット・エクイティ・スワップ）とは、一般的には債務の資本化をいい、債権者が債務者に対し、その有する債権を現物出資して株式を取得する方法をいいます。東京地裁平成21年4月28日判決（東京地裁平成19年（行ウ）第758号法人税更正処分取消請求事件）によると、現物出資型のDESとは①会社債権者の債務者会社に対する債権の現物出資、②混同による債権債務の消滅、③債務者会社の新株発行及び会社債権者の新株の引き受けという3段階からなるものとしています。

DESのメリットとして、債務者は借入元金の返済や利息の支払いをする必要がなくなるため、資金繰りの改善や自己資本比率の向上による財務体質の健全化を図ることができます。

債権者については、債権が株式に転換されることにより、株主地位に基づく発言力が増大するとともに、将来会社が再建に成功した場合には、株式の配当や売却による利益を得ることが可能となってきます。

デメリットとしては、会社側にとって債権者が株主となることから、株主地位に基づき経営に影響を及ぼしてくることが考えられます。債権者については債権が株式に転換することで、借入元金の払戻しや利息の受け取りがなくなり、資金の回収が困難となる可能性が出てきます。

② 会社（債務者側）の会計と税務

イ 会計

会社（債務者側）における会計処理は、借入金の債務の金額そのものを資本金とする券面額説と、債権の時価評価額を資本金とし、時価と額面金額との差額を債務消滅益とする時価評価説があり、以前はどちらの会計処理によるべきか見解が分かれていました。この点に関して東京地方裁判所商事部が券面額説を採用することを明らかにしたことから、以後においては券面額説による会計処理が行われています。

ロ 税務

1 増資 *255*

　会社法が新株の発行に際して増加する資本金の額を、「株主となる者が当該株式会社に対して払込み又は給付をした財産の額」（会社法445①）と規定したことに伴い、平成18年度税制改正においても増加する資本金等の額を、給付を受けた金銭以外の資産の価額その他の対価の額（法令8①一）と規定し、時価評価説により債権は評価されることとなりました。

　したがって、現物出資型のDESによる増加資本金等の額は、給付を受けた金銭以外の資産の価額となることから、債権の時価相当額が資本金等の増加額となり、債権の額面と時価相当額に差額がある場合には、その差額を債務消滅益として益金の額に計上することとなります。

　また、会社更生法、民事再生法等において現物出資型のDESにより債務消滅益が生じた場合には、当該債務消滅益については期限切れ欠損金の損金算入制度の対象とされています（法法59）。

　ただし、会社更生法等によらない社長借入による現物出資型のDESにより発生した債務消滅益については法人税法59条を適用することはできず、期限切れ欠損金の損金算入制度の対象とはなりません。さらに、DESを実行するに際しての債権の時価評価の方法につき、現時点で法令・通達等が存在していないことから、適用にあたっては、十分に注意する必要があります。

【事例6－7】　現物出資型ＤＥＳの取扱い

問　当社は債務超過会社であり財務体質の改善を図る目的から、ＤＥＳにより借入金を資本金に振り替え、新株発行をしました。この場合、会計上と税務上の取扱いと別表の処理を教えてください。また、法人均等割の税率区分となる資本金等の額はどのように算定しますか。

　期首資本金額は300万円、債権の額面3,000万円、時価500万円です。

256 第6章 同族会社・役員間の資本取引

答 会計上は券面額説によりますが、税務上は時価評価説となります。したがって、別表においては、債権の額面と時価相当額との差額である債務消滅益を益金の額に算入して利益積立金額を増加させるとともに、資本金等の額を減少させます。

〔会計上の仕訳…券面額説による〕

(借 入 金) 30,000,000 (資 本 金) 30,000,000

〔税務上の仕訳…時価評価説による〕

(借 入 金) 30,000,000 (資 本 金) 5,000,000

(債務消滅益) 25,000,000

別表四 所得の金額の計算に関する明細書

区　　　分	総額	処　　分	
		留保	社外流出
	①	②	③
当期利益又は当期欠損の額			配当
			その他
加算 債務消滅益	25,000,000	25,000,000	

別表五(一) 利益積立金額及び資本金等の額の計算に関する明細書

Ⅰ　利益積立金額の計算に関する明細書				
区　　　分	期首現在利益積立金額	当期の増減		差引翌期首現在利益積立金額
		減	増	
	①	②	③	④
利益準備金				
資本金等の額			25,000,000	25,000,000

Ⅱ　資本金等の額の計算に関する明細書				
区　　分	期首現在資本金等の額	当期の増減		差引翌期首現在資本金等の額
		減	増	
	①	②	③	④
資本金又は出資金	3,000,000		30,000,000	33,000,000
資本準備金				
利益積立金額			△ 25,000,000	△ 25,000,000
差引合計額	3,000,000	0	5,000,000	8,000,000

〔法人均等割の税率区分となる資本金等の額〕

　ＤＥＳを行った場合、法人税法上の資本金等の額の加算項目に該当します（法令8①一）。均等割の税率区分の基準となる資本金等の額においても、この法人税法の取扱いに基づき資本金等の額を計算します。

　ただし、平成27年4月1日以後に開始する各事業年度においては、その資本金等の額が、資本金及び資本準備金の合算額又は出資金の額に満たない場合には、資本金等の額は、資本金及び資本準備金の合算額又は出資金の額とします。

　したがって、資本金等の額は800万円ですが、資本金の額が3,300万円であるため均等割の額は増加します。

③　役員（債権者側）の税務

イ　所得税の課税関係

　所得税法上、DESによる役員貸付金の譲渡は、譲渡所得の対象から除かれており（所基通33-1）、事業所得又は雑所得として取り扱われます。したがって、債権の時価が額面価額を下回る場合には、実質的には貸倒損失と何ら変わらず、その差額に相当する金額は事業所得又は雑所得に係る損失として必要経費に算入されます。

ロ　贈与税の課税関係

258 第6章 同族会社・役員間の資本取引

　現物出資型 DES により債務消滅益が発生し債務超過が解消された場合や資本金組入額に対応する新株の発行がされなかったことに基因して株価が上昇した場合には、当該株式の価値増加部分に相当する金額を既存株主が DES による現物出資者から贈与により取得したものとして贈与税の問題が発生します。

（5）　無償増資

①　資本準備金又はその他資本剰余金の資本組入れ

イ　会社

　株主総会の普通決議により、資本準備金又はその他資本剰余金を資本金へ組み入れることができます（会社法 448 ①、450 ①②、会計規 25 ①）。

　なお、税務上、資本準備金又はその他資本剰余金の資本組入れは、資本金等の額の減少項目に該当しますが（法令 8 ①十三）、資本金の額が増加することから、結果として資本金等の額に変動は生じません。

ロ　役員（株主）

　役員（株主）側では何ら処理する必要はありません。持分についても変動はないことから、課税関係は生じません。

【事例6－8】　資本準備金、その他資本剰余金の資本組入れ

問　当社は株主総会の普通決議を経て資本準備金 500 万円、その他資本剰余金 1,000 万円を資本金に組み入れました。この場合、会計上と税務上の取扱いはどのようになりますか。また、別表の処理を教えてください。

　期首資本金額 1,500 万円、資本準備金 700 万円、その他資本剰余金 1,000 万円です。

1 増資 *259*

答 会計上も税務上も同じ仕訳になります。別表においては、資本準備金とその他資本剰余金の資本組入れは資本金等の額を減少させますが、同額の資本金が増加しているため、資本金等の額は変動しません。

資本準備金 　　　 5,000,000 ／ 資本金 　15,000,000
その他資本剰余金 10,000,000 ／

別表五㈠　Ⅱ　資本金等の額の計算に関する明細書

区　　分	期首現在資本金等の額	当期の増減		差引翌期首現在資本金等の額
		減	増	
	①	②	③	④
資本金又は出資金	15,000,000		15,000,000	30,000,000
資本準備金	7,000,000	5,000,000		2,000,000
その他資本剰余金	10,000,000	10,000,000		
差引合計額	32,000,000	15,000,000	15,000,000	32,000,000

② **利益準備金又はその他利益剰余金の資本組入れ**

イ　会社

　株主総会の普通決議により、利益準備金又はその他利益剰余金を資本金へ組み入れることができます（会社法 448 ①、450 ①②、会計規 25 ①）。

　従来、会社計算規則における資本と利益の混同を禁止する規定により、利益準備金又はその他利益剰余金から資本金への組入れは認められていませんでしたが、平成 21 年 3 月 27 日の会社計算規則の改正により、利益準備金又はその他利益剰余金から資本金への組入れも認められることとなりました。

　なお、税務上、利益準備金又はその他利益剰余金の資本組入れは、資本金等の額の減少項目に該当するため（法令 8 ①十三）、資本金の額が増加することから、結果として資本金等の額に変動は生じません。

260　第6章　同族会社・役員間の資本取引

　また、利益積立金額に関しては、法人税法2条18号において「法人の所得の金額で留保している金額」と定め、法人税法施行令9条1項において独自に増減項目を規定していることから、会社法において利益準備金又はその他利益剰余金が増減しても法人税法における利益積立金額に変動は生じません。

【事例6－9】　利益準備金、繰越利益剰余金の資本組入れ

問　当社は株主総会の普通決議を経て利益準備金100万円、繰越利益剰余金900万円を資本金に組み入れました。この場合、会計上と税務上の取扱いと別表の処理を教えてください。また、法人均等割の税率区分となる資本金等の額はどのように算定しますか。期首資本金額は800万円です。

答　〔会計上の仕訳〕

利益準備金	1,000,000	資本金	10,000,000
繰越利益剰余金	9,000,000		

　利益準備金とその他利益剰余金の資本組入れは利益積立金額と資本金等の額を減少させますが、税務上は調整処理により同額増加するため、利益積立金額と資本金等の額は変動しません。

〔税務上の仕訳〕

資本金等の額	10,000,000	利益積立金額	10,000,000

別表五㈠　利益積立金額及び資本金等の額の計算に関する明細書

区　　分	I　利益積立金額の計算に関する明細書			
	期首現在利益積立金額	当期の増減		差引翌期首現在利益積立金額
		減	増	
	①	②	③	④
利益準備金	1,700,000	1,000,000		700,000

	期首現在資本金等の額		10,000,000	10,000,000
資本金等			10,000,000	10,000,000
繰越損益金		9,000,000		△ 9,000,000

Ⅱ　資本金等の額の計算に関する明細書

区　　分	期首現在資本金等の額	当期の増減		差引翌期首現在資本金等の額
		減	増	
	①	②	③	④
資本金又は出資金	8,000,000		10,000,000	18,000,000
資本準備金				
利益積立金額		10,000,000		△ 10,000,000
差引合計額	8,000,000			8,000,000

〔法人均等割の税率区分となる資本金等の額　※〕

地方税法上の資本金等の額＝法人税法上の資本金等の額＋無償増資を行った金額より

8,000,000 ＋ 10,000,000 ＝ 18,000,000

したがって、800万円から1,800万円に増加したため、均等割額は増加します。

※　平成22年4月1日以後に、利益準備金又はその他利益剰余金による無償増資を行った場合、平成27年4月1日以後に開始する各事業年度においては、その増資相当額を資本金等の額に加算します。

ロ　役員（株主）

役員（株主）側においては、利益準備金又はその他利益剰余金の資本組入れがあっても、金銭の授受がないことから、みなし配当課税は行われません。

262 第6章 同族会社・役員間の資本取引

2 減資

減資については、有償による場合と無償による場合の課税関係を会社・役員（株主）別に詳述していくとともに、準備金を減少させる場合の取扱いについても解説していきます。

（1） 概要

減資とは、会社法上資本金の額を減少させる行為をいいます。旧商法における減資には株主への払戻しを伴う有償減資と、株主への払戻しを伴わない無償減資とがありましたが、会社法上の減資は、資本金の額を減少させるのみで払戻しがないことから、旧商法における無償減資と同様となります。したがって、減資に伴い資本金の額を株主に払い戻す有償減資の場合は、株主総会において減資の決議のほかに剰余金の配当の決議が必要となりました。そのため、この剰余金の配当が会社法上、財源規制の対象となっています（会社法461①）。

準備金の減少とは、法定準備金の額を減少させる行為をいい、手続と仕組も減資と同様となります。

なお、会社法では資本金の額をゼロ円とする減資が可能であり（会社法447②）、準備金の減少も資本金の額の4分の1規制が撤廃されたため、ゼロ円とすることが可能となりました（会社法448②）。

（2） 減資等の手続

資本金の額及び準備金の額を減少させるにあたっては、会社法の規定による手続に従う必要があります。資本金の額及び準備金の額の減少は、株主だけでなく会社債権者にとっても重大な影響を及ぼすことから、原則として株主総会決議が要求されるとともに、官報での公告など厳格な債権者保護手続が必要とされています。

【図表6-3　減資等の手続の流れ】

		減資の手続	準備金の減少手続
イ	株主総会決議	資本金の額を減少させるには、株主総会の特別決議が原則必要（会社法447①、309②九）。	準備金の額を減少させるには、株主総会の普通決議が原則必要（会社法448①）。
ロ	債権者保護手続	異議申述期間は一か月以上。官報にて公告及び個別催告（会社法449②）。	異議申述期間は一か月以上。官報にて公告及び個別催告（会社法449②）。
ハ	効力発生日	原則、株主総会決議で定めた日。例外、債権者保護手続終了日（会社法449⑥）。	原則、株主総会決議で定めた日。例外、債権者保護手続終了日（会社法449⑥）。
ニ	変更登記	効力が発生した後、資本金の額の変更登記が必要。	登記は不要

（3）　有償減資

①　会社の会計と税務

　会計上は、減資時に資本金を減少させ、それに伴いその他資本剰余金を増加させる処理を行います。さらに金銭等交付時に、その他資本剰余金をもとに剰余金の分配があったものとして処理を行います。

　税務上は、有償減資の取引は資本等取引であることから損益には関係しませんが、交付金銭等の払戻額が、資本金等の額に対応する部分を超えるときは、その超える部分の金額が利益積立金額からの払戻しとして、みなし配当課税の対象となります（法令8①十八）。

　その際、会社はみなし配当額につき、原則として、20.42％の所得税及び復興特別所得税を源泉徴収し、法定納期限までにその合計額を国に納付するとともに、交付金銭等の支払調書を提出しなければなりません（所法225①二、所規83①三）。

　なお、株主に対する交付金銭等の払戻額が、資本金の減少額より少ないときは、その差額に相当する金額を資本金減少差益としてその他資本剰余金に計上します。

264 第6章 同族会社・役員間の資本取引

　この資本金減少差益で負の繰越利益剰余金を填補することはできますが（自己基準60、61）、法人税法上の繰越欠損金が変動することはありません。したがって、繰越控除される欠損金額は補填前の金額となります。

【事例6－10】 有償減資の処理

問　当社は有償減資を実施しました。この場合、会計上と税務上の取扱いはどのようになりますか。また、別表の処理を教えてください。
　資本金700万円、前事業年度の簿価純資産1,000万円、株主への払戻金200万円。

答　会計上の仕訳を時系列化すると以下のとおりとなります。金銭交付時には、みなし配当額につき所得税及び復興特別所得税を源泉徴収します。
　〔減資時〕
　　資本金　2,000,000　／　その他資本剰余金　2,000,000
　〔金銭交付時〕
　　その他資本剰余金　2,000,000　／　現金預金　1,877,480
　　　　　　　　　　　　　　　　　　　預り金　　　122,520
　税務上の調整処理は、交付金銭等の払戻額が資本金等の額に対応する部分を超えるときは、その超える部分の金額がみなし配当の金額として利益積立金額から減算されます。
　　利益積立金額　600,000　／　資本金等の額　600,000
　　　※みなし配当：2,000,000 － 7,000,000 × 2,000,000 ／ 10,000,000
　　　　　　　　　 ＝ 600,000
　　　※源泉所得税、復興特別所得税：600,000 × 20.42％ ＝ 122,520

別表四　所得の金額の計算に関する明細書

区　　分	総　額	処　　分		
		留　保	社外流出	
	①	②	③	
当期利益又は 当期欠損の額			配当	600,000
			その他	

別表五㈠　利益積立金額及び資本金等の額の計算に関する明細書

Ⅰ　利益積立金額の計算に関する明細書				
区　　分	期首現在利 益積立金額	当期の増減		差引翌期首 現在利益積 立金額
		減	増	
	①	②	③	④
利益準備金				
資本金等の額			△600,000	△600,000

Ⅱ　資本金等の額の計算に関する明細書				
区　　分	期首現在資 本金等の額	当期の増減		差引翌期首 現在資本金 等の額
		減	増	
	①	②	③	④
資本金又は出資金	7,000,000	2,000,000		5,000,000
資本準備金				
その他資本剰余金		2,000,000	2,000,000	
利益積立金額			600,000	600,000
差引合計額	7,000,000	4,000,000	2,600,000	5,600,000

②　役員（株主）の税務

　株主が有償減資により受ける交付金銭等の額の合計額が資本金等の額を超えるときは、その超える部分の金額についてはみなし配当課税の対象とされ（所法25①四、所令61②四）、それ以外の金額については、株式等に係る譲渡所得の収入金額とみなされます（措法37の10③三）。

　したがって、みなし配当とされた配当所得の金額は、他の所得と合算され

266　第6章　同族会社・役員間の資本取引

総合課税されるとともに、配当控除の対象となることから、一定の方法により計算した金額を所得税額から控除することができます（所法92）。なお、1回に支払を受けるべき金額が10万円以下の少額配当である場合には、申告不要制度が選択できます（措法8の5①一）。

株式等に係る譲渡所得の収入金額とみなされた部分については、取得費等を控除した金額が、株式等に係る譲渡所得等として申告分離課税されます。その際、譲渡損失が生じた場合には、平成28年1月1日以後においては、非上場株式間において譲渡益との通算は可能ですが、上場株式の譲渡益とは通算できなくなりました（措法37の10①）。

（4）　無償減資

①　会社の会計と税務

会計上は、減資時に資本金を減少させ、それに伴いその他資本剰余金を増加させる処理を行います。

税務上は、無償減資の取引は資本等取引であることから損益には関係せず、別表五㈠Ⅱ資本金等の額の計算に関する明細書において振替処理を行うのみとなります。

なお、有償減資と異なり無償減資では株主に対し交付金銭等の払戻しがないことから、減少した資本金の全額が資本金減少差益となりますが、負の繰越利益剰余金がある場合には、負の金額を限度として欠損塡補に充てることができます（自己基準60、61）。

この資本金減少差益で欠損金を塡補したことにより、負の繰越利益剰余金がなくなった場合でも、法人税法上の繰越欠損金が変動することはありません。したがって、繰越控除される欠損金額は補塡前の金額となります。

2　減資　267

【事例 6 − 11】　無償減資の処理

問　当社は、資本金 700 万円の無償減資を実施し、その減資により生じた資本金減少差益で繰越欠損金 500 万円を補填しました。この場合、会計上と税務上の取扱いと別表の処理を教えてください。また、法人均等割の税率区分となる資本金等の額はどのように算定しますか。期首資本金額は 1,300 万円です。

答　〔会計上の仕訳〕

（　　資本金　　）7,000,000　　　（資本金減少差益）7,000,000
　　　　　　　　　　　　　　　　　　－その他資本剰余金－

（資本金減少差益）5,000,000　　　（　繰越欠損金　）5,000,000
　　－その他資本剰余金－

　繰越欠損金を資本金減少差益で填補した場合、税務上は繰越欠損金の補填はなかったものとすることから、欠損填補に充てた金額分だけ資本金等の額と利益積立金額を増加させる調整処理をすることとなります。

〔税務上の仕訳〕

（　繰越欠損金　）5,000,000　　　（　資本金等の額　）5,000,000

別表五㈠　利益積立金額及び資本金等の額の計算に関する明細書

区　　分	期首現在利益積立金額	当期の増減		差引翌期首現在利益積立金額
		減	増	
	①	②	③	④
	Ⅰ　利益積立金額の計算に関する明細書			
利益準備金				
資本金等の額			△ 5,000,000	△ 5,000,000

| 繰越損益金 | | △5,000,000 | | 5,000,000 |

Ⅱ　資本金等の額の計算に関する明細書				
区　　分	期首現在資本金等の額	当期の増減		差引翌期首現在資本金等の額
		減	増	
	①	②	③	④
資本金又は出資金	13,000,000	7,000,000		6,000,000
資本準備金				
その他資本剰余金			2,000,000	2,000,000
利益積立金額			5,000,000	5,000,000
差引合計額	13,000,000	7,000,000	7,000,000	13,000,000

税務上は欠損金の填補はなかったものとされ、資本金等の額も変動しません。

〔法人均等割の税率区分となる資本金等の額　※〕

　地方税法上の資本金等の額＝法人税法上の資本金等の額－無償減資等による欠損填補・損失の填補に充てた金額より

　13,000,000 － 5,000,000 ＝ 8,000,000

　そして、800万円＞600万円より800万円

　したがって、1,300万円から800万円に減少したため、均等割額は減少します。

※　平成13年4月1日以後平成18年4月30日までに、資本又は出資の減少により資本の欠損に填補した場合又は旧商法289条1項及び2項2号に規定する資本準備金による欠損の填補をした場合には、その欠損填補に充てた金額を資本金等の額から控除します。

　平成18年5月1日以後に、会社法447条の規定による資本金の減少又は会社法448条の規定による資本準備金の取り崩しにより増加させたその他資本剰余金を、会社法452条の規定により損失の補填に充てた場合は、その他資本剰余金として計上してから1年以内に損失の補填に充てた金額に限り、資本金等の額から控除します（地法23（292）①四の5

イ（2）（3））。

② 役員（株主）の税務

　無償減資が株主平等原則に従い、一律の割合で行われる場合、持株割合が変動しないことから税務上の問題は生じませんが、株式の併合により持株数が減少するときは、取得価額の付替計算をすることになります（所令110①）。

（5）　準備金の減少
① 会社の会計と税務

　会計上は、準備金から剰余金への振替処理をすることになります。具体的には、資本準備金から準備金減少差益（その他資本剰余金）へ、利益準備金から繰越利益剰余金（その他利益剰余金）へ振り替わります。利益準備金から資本剰余金へ振り替えることはできませんが（会計規27①二、29①一）、繰越利益剰余金が負である場合には、負の金額を限度として資本準備金を欠損塡補に充てることができます。

　税務上は、準備金の減少により剰余金が増加する場合、別表五㈠において取崩しの処理をするのみですが、資本準備金の減少により増加したその他資本剰余金を原資として欠損塡補する場合や配当する場合は、減資の場合と同様の処理が必要となってきます。

　なお、準備金減少差益で欠損金を塡補したことにより、負の繰越利益剰余金がなくなった場合でも、法人税法上の繰越欠損金が変動することはありません。したがって、繰越控除される欠損金額は補塡前の金額となります。

② 役員（株主）の税務

　準備金の減少により増加した剰余金を原資としてなされた配当のうち、その他資本剰余金を原資とする場合については、減資の場合と同様みなし配当課税の問題が生じます。

270 第6章 同族会社・役員間の資本取引

3 自己株式

平成18年の会社法施行とそれに伴う平成18年度税制改正により、自己株式の取扱いが大幅に整備されました。会社が自己株式を活用するにあたり注意すべき点として、その取得・処分・消却時における法務を確認していくとともに、各ケースにおける課税関係を会社・役員（株主）別に詳述していきます。

（1） 概要

自己株式とは、株式の発行会社が自己の株式を取得・保有した場合のその株式を指します。自己株式を取得できる場合とは会社法155条及び会社法施行規則27条において限定列挙されており、自己株式の保有については平成13年商法改正後、制限が撤廃され長期保有が可能となりました。

（2） 取得・処分・消却時の法務

① 財源規制

自己株式の有償取得は有償減資と同様、会社財産の流出を伴います。そのため、会社債権者保護の観点から会社が自己株式の有償取得をする場合には、株主に交付する金銭等の総額は、その取得が効力を生ずる日における分配可能額を超えてはならないと規定しています（会社法461①）。

なお、自己株式を無償取得した場合については、交付金銭等の支払いがないことから財源規制には抵触しません（会社法155十三、会社規27一）。

② 取得の手続

イ　株主との合意による取得の場合

（イ）　会社がすべての株主に売却機会を与えて自己株式を有償取得する場合には、株主総会において、取得する株式の数、取得と引き換えに交付する金銭等の内容及び総額、取得期間を決議しなければなりません（会社法156①）。続いて、取締役（取締役会設置会社は取締役会）が株主総会決議に基づき取得する株式の数、株式1株当たりの交付金銭

等の内容及び数等、交付金銭等の総額、申込期日を決議し（会社法157）、株主に決議事項を通知します（会社法 158 ①）。

　通知を受けた株主は、その保有する株式につき会社へ譲渡の申込みをする場合には、申込みに係る株式の数を明らかにしなければなりません（会社法 159 ①）。

（ロ）　会社が特定の株主から自己株式を有償取得する場合には、株主平等原則に配慮する必要から、株主総会においては特別決議によることとなります（会社法 160 ①、309 ②二）。

　また、会社は他の株主に対しても、自己を特定の株主に加えたものを株主総会の議案とすることを請求できる旨の通知をすることにより（会社法 160 ②③）、売却の機会を保障しています。

　なお、相続人等の一般承継人から取得する場合には、他の株主は売主追加請求権が認められていません（会社法 162）。また、定款において、特定の株主から株式を取得するにあたり他の株主に売主追加請求権を適用しない旨を定めることができますが、株主全員の同意が必要となります（会社法 164 ①）。

（ハ）　会社が特定の株主から自己株式を無償取得する場合には、株主平等原則に反しないことから、通常の業務執行として取得することが可能です。

ロ　相続人等に対する売渡請求

　会社は、相続その他の一般承継によりその会社の株式（譲渡制限株式に限る）を取得した者に対し、その株式をその会社に売り渡すことを請求することができる旨を定款で定めることができます（会社法 174）。

　株式が相続人等に移転した場合において、その相続人等が会社にとって好ましくない者であるときを考慮して規定されたものであり、相続人等からの同意を要せず、会社は強制的に株式を取得することができます。

③　処分の手続

自己株式の処分については、別段の定めがある場合を除き、新株発行の場

272 第6章 同族会社・役員間の資本取引

合と同様に募集株式の方法に従います（会社法199）。

④ 消却の手続

会社は自己株式を消却することができますが、その際、消却する自己株式の数を定めなければならず、取締役会設置会社にあっては、取締役会決議が必要となります（会社法178）。

自己株式の消却により発行済株式総数は減少することから変更登記が必要となりますが、発行可能株式総数は変動しないためその必要はありません。また、株式の消却は自己株式のみであり、財源規制の問題は生じません。

（3） 取得・処分・消却時の会計と税務

① 会社の会計と税務

イ　取得する場合

（イ）　会計

有償取得した自己株式については、その対価が金銭の場合は対価を支払うべき日に認識し、対価が金銭以外の場合は対価が引き渡された日に認識します（自己指針5）。無償取得による場合は、自己株式の数のみの増加として処理します（自己指針14）。

会社が取得した自己株式は、取得原価をもって純資産の部の株主資本から控除し（自己基準7）、期末に保有する自己株式は、純資産の部の株主資本の末尾に自己株式として一括して控除する形式で表示します（自己基準8）。純資産の部の表示方法については、「貸借対照表の純資産の部の表示に関する会計基準等の適用指針」、「財務諸表等規則」、「会社計算規則」とも統一されています。なお、株主資本等変動計算書にも記載しなければなりません。

（ロ）　税務

自己株式を有償取得した場合の税務処理は、交付金銭等の額のうち資本金等の額からなる払戻し部分とそれを超える利益積立金額からなる払戻し部分とに区分し（法令8①二十、9①十四）、利益積立金額か

らなる払戻し部分がみなし配当課税されます。

　平成 18 年度税制改正により、自己株式の取得は資本の払戻しとして取り扱われ、資本等取引とされています。したがって、自己株式の取得対価が適正な時価より低額又は高額であってもその差額は資本等取引であり、発行会社側において課税関係が生じることは原則としてありません。ただし、「株主と発行法人との間で適正な時価を認識しつつ、贈与又は経済的な利益を供与する意図をもって高額又は無償（低廉）で自己株式の取引を行った場合には、適正な価額での取引（発行法人側にとっての資本等取引）と差額寄附金又は受贈益の損益取引とが行われたものと認定されるおそれがある」とする見解もあります[2]。

【図表 6 − 4　取得時の税務上の取扱い】

株　　主	発行法人	
譲渡収入金額	減少する資本金等の額	交付金銭等の額
みなし配当の額	減少する利益積立金額	

【取得資本金額】（法令 8 ①二十イ）

$$
\text{自己株式の取得等に係る株式数} \times \frac{\text{自己株式の取得等直前の資本金等の額}}{\text{自己株式の取得等直前の発行済株式総数（自己の株式を除く）}}
$$

【減少する利益積立金額】（法令 9 ①十四）

交付金銭等　−　取得資本金額

---

［2］諸星健司著「事例詳解　資本等取引をめぐる法人税実務（三訂版）118 頁」

274 第6章 同族会社・役員間の資本取引

(ハ) 源泉徴収義務

　　自己株式の取得に伴い交付する金銭等の額につきみなし配当課税される場合には、会社は、その支払をする際に、みなし配当に係る所得税及び復興特別所得税を徴収し、その徴収の日の属する月の翌月10日までに納付しなければなりません（所法181、復確法28）。

(ニ) 支払調書の提出

　　株主に対し、みなし配当に係る交付金銭等の支払をする会社は、その支払の確定した日から1か月以内に納税地の所轄税務署長に対し「配当等とみなす金額に関する支払調書（支払通知書）」及び「配当等とみなす金額に関する支払調書合計表」を提出しなければなりません（所法225①二、所規83①三）。

　　なお、交付金銭等の額が15,000円以下であるときは、上記支払調書の提出を要しません（所規83②三）。また、株主に対しては「配当等とみなす金額に関する支払調書（支払通知書）」を交付する必要があります（所法225②二）。

【事例6－12】 自己株式取得時の取扱い

問　当社は社長の保有する自己株式4,000株を1株800円で取得しました。この場合、会計上と税務上の取扱いと別表の処理を教えてください。また、法人均等割の税率区分となる資本金等の額はどのように算定しますか。

期首資本金額は1,100万円、発行済株式総数22,000株です。

答　〔会計上の仕訳〕

　金銭交付時には、みなし配当額につき所得税及び復興特別所得税を源泉徴収します。

　（　自己株式　）3,200,000　　　（　現金預金　）2,954,960

                                    （源泉税預り金）　245,040

〈計算〉

　※みなし配当：3,200,000 － 11,000,000 × 4,000 株／ 22,000 株
　　＝ 1,200,000

　※源泉所得税、復興特別所得税：1,200,000 × 20.42％ ＝ 245,040

〔税務上の仕訳〕

　税務上の調整処理は、交付金銭等の払戻額が資本金等の額に対応する部分を超えるときは、その超える部分の金額がみなし配当の金額として利益積立金額から減算されます。

　（　資本金等の額　）2,000,000　　　　（　自己株式　）3,200,000
　（　利益積立金額　）1,200,000

別表四　所得の金額の計算に関する明細書

区　　　分	総　　額	処　　分		
		留保	社外流出	
	①	②	③	
当期利益又は当期欠損の額			配当	1,200,000
			その他	

別表五㈠　利益積立金額及び資本金等の額の計算に関する明細書

Ⅰ　利益積立金額の計算に関する明細書				
区　　　分	期首現在利益積立金額	当期の増減		差引翌期首現在利益積立金額
		減	増	
	①	②	③	④
利益準備金				
自己株式			△ 1,200,000	△ 1,200,000
Ⅱ　資本金等の額の計算に関する明細書				
区　　　分	期首現在資本金等の額	当期の増減		差引翌期首現在資本金等の額
		減	増	
	①	②	③	④

資本金又は出資金	11,000,000			11,000,000
資本準備金				
自己株式		2,000,000		△ 2,000,000
差引合計額	11,000,000	2,000,000		9,000,000

〔法人均等割の税率区分となる資本金等の額〕

自己株式を取得した場合、法人税法上の資本金等の額の減算項目に該当します（法令8①二十）。均等割の税率区分の基準となる資本金等の額においても、この法人税法の取扱いに基づき資本金等の額を計算します。

ただし、平成27年4月1日以後に開始する各事業年度においては、その資本金等の額が、資本金及び資本準備金の合算額又は出資金の額に満たない場合には、資本金等の額は、資本金及び資本準備金の合算額又は出資金の額とします。

したがって、資本金等の額は900万円ですが、資本金の額が1,100万円であるため均等割の額は減少せず変わらないことになります。

ロ　処分する場合

（イ）　会計

自己株式の処分（譲渡）による譲渡対価が帳簿価額を上回る場合には自己株式処分差益としてその他資本剰余金に計上され（自己基準9）、下回る場合には自己株式処分差損としてその他資本剰余金から減額されます（自己基準10）。

したがって、自己株式処分差損をその他資本剰余金から減額した結果、その他資本剰余金の残高が負の値となった場合には、会計期間末において、その他資本剰余金をゼロとし、その負の値をその他利益剰余金（繰越利益剰余金）から減額します（自己基準12）。

（ロ）　税務

3　自己株式　*277*

　　自己株式の処分については新株発行と同様、損益には影響せず資本
等取引に該当し、譲渡対価の全額が資本金等の額の増加となります(法
令8①一)。

　　したがって、自己株式の譲渡対価が適正な時価より低額又は高額で
あってもその差額は資本等取引であり、発行会社側において課税関係
が生じることは原則としてありません。なお、租税回避等を目的とし
た意図的な取引である場合には、寄附金又は受贈益として認定される
おそれがあり、無償取引である場合には寄附金として取り扱われるも
のと思われます。

　　消費税法における自己株式の取扱いについては、会社が自己株式を
取得する場合における株主から会社への引渡し及び会社が自己株式を
処分する場合における他の者への株式の引渡しは、いずれも資産の譲
渡等に該当しません（消基通5−2−9）。

【事例6−13】　自己株式処分時の取扱い

問　事例6−12の自己株式4,000株を翌期において1株1,000円で
処分しました。この場合、会計上と税務上の取扱いはどのようになりま
すか。また、別表の処理を教えてください。

答　〔会計上の仕訳〕
（　現金預金　）4,000,000　　　　（　　自己株式　　）3,200,000
　　　　　　　　　　　　　　　　（自己株式処分差益）　800,000
　〔税務上の仕訳〕　　　　　　　　−その他資本剰余金−
　税務上、自己株式の処分は資本等取引に該当することから処分価額の
全額が、資本金等の額の増加となります。
（　自　己　株　式　）3,200,000　　（　資本金等の額　）4,000,000
（自己株式処分差益）　800,000

278　第6章　同族会社・役員間の資本取引

別表五(一)　利益積立金額及び資本金等の額の計算に関する明細書

区　　分	Ⅰ　利益積立金額の計算に関する明細書			
	期首現在利益積立金額	当期の増減		差引翌期首現在利益積立金額
		減	増	
	①	②	③	④
利益準備金				
自己株式	△1,200,000	△1,200,000		
資本金等の額			△1,200,000	△1,200,000

区　　分	Ⅱ　資本金等の額の計算に関する明細書			
	期首現在資本金等の額	当期の増減		差引翌期首現在資本金等の額
		減	増	
	①	②	③	④
資本金又は出資金	11,000,000			11,000,000
資本準備金				
自己株式	△2,000,000		3,200,000	1,200,000
自己株式処分差益			800,000	800,000
差引合計額	9,000,000		4,000,000	13,000,000

ハ　消却する場合

（イ）　会計

　　　会社は取締役会等の決議により、自己株式を消却することができます（会社法178）。

　　　自己株式を消却した場合には、消却手続が完了したときに、消却の対象となった自己株式の帳簿価額をその他資本剰余金から減額します（会計規24③、自己基準11）。

　　　その際、自己株式の処分と同様、その他資本剰余金の残高が負の値となった場合には、会計期間末において、その他資本剰余金をゼロとし、その負の値をその他利益剰余金（繰越利益剰余金）から減額しま

3 自己株式　　*279*

す（会計規 27 ③、29 ③、自己基準 12）。

　なお、自己株式の処分及び消却時の帳簿価額は、会社の定めた計算
方法に従って、株式の種類ごとに算定します（自己基準 13）。また、自
己株式の取得、処分及び消却に関する付随費用は、損益計算書の営業
外費用に計上します（自己基準 14）。

（ロ）　税務

　　自己株式は取得時に資本の払戻しとして整理されており、利益積立
金額及び資本金等の額を減少させていることから、その合計額に変動
はありません。

【事例6－14】 自己株式消却時の取扱い

問　事例6－12の自己株式 4,000 株を翌期において繰越利益剰余金
を原資として消却しました。この場合、会計上と税務上の取扱いはど
のようになりますか。また、別表の処理を教えてください。

••

答　〔会計上の仕訳〕

　（繰越利益剰余金）3,200,000　　（　自己株式　）3,200,000

　〔税務上の仕訳〕

　税務上は利益積立金額と資本金等の額の合計額は変動しませんが、負
の自己株式を消却する処理が必要となります。

　（　自己株式　）3,200,000　　（利益積立金額）3,200,000

280 第6章 同族会社・役員間の資本取引

別表五㈠ 利益積立金額及び資本金等の額の計算に関する明細書

区　　分	Ⅰ利益積立金額の計算に関する明細書			
	期首現在利益積立金額	当期の増減		差引翌期首現在利益積立金額
		減	増	
	①	②	③	④
利益準備金				
自己株式	△1,200,000	△1,200,000		
資本金等の額			△1,200,000	△1,200,000

区　　分	Ⅱ　資本金等の額の計算に関する明細書			
	期首現在資本金等の額	当期の増減		差引翌期首現在資本金等の額
		減	増	
	①	②	③	④
資本金又は出資金	11,000,000			11,000,000
資本準備金				
自己株式	△2,000,000	△2,000,000		
利益積立金額		3,200,000	1,200,000	△2,000,000
差引合計額	9,000,000	△1,200,000	1,200,000	9,000,000

② 役員（株主）の税務

イ みなし配当と譲渡所得の収入金額

　非上場会社の株式を発行会社に対し適正な時価により譲渡した場合において、交付金銭等の額の合計額が資本金等の額を超えるときは、その超える部分の金額についてはみなし配当課税の対象とされ（所法25①五、所令61②六）、それ以外の金額については、株式等に係る譲渡所得の収入金額とみなされます（措法37の10③五）。

　したがって、みなし配当とされた配当所得の金額は、他の所得と合算され総合課税されるとともに、配当控除の対象となることから、一定の方法により計算した金額を所得税額から控除することができます（所法92）。

なお、1回に支払を受けるべき金額が10万円以下の少額配当である場合には、申告不要制度が適用されます（措法8の5①一）。

株式等に係る譲渡所得の収入金額とみなされた部分については、取得費等を控除した金額が、株式等に係る譲渡所得等として申告分離課税されます。その際、譲渡損失が生じた場合には、平成28年1月1日以後においては、非上場株式間において譲渡益との通算は可能ですが、上場株式の譲渡益とは通算できなくなりました（措法37の10①）。

ロ　みなし配当課税の適用除外の特例

相続又は遺贈（死因贈与を含む。）により取得した株式について、その相続人又は受遺者（以下「相続人等」）に相続税額があるものが、相続開始の日の翌日から、相続税申告書の提出期限の翌日以降3年を経過する日までの間に、相続税の課税価格の計算の基礎に算入された非上場株式をその非上場株式の発行会社に譲渡した場合については、その非上場株式の譲渡の対価として、その発行会社から交付を受けた金銭等の額につきみなし配当課税を行わず、その対価のすべてを株式等に係る譲渡所得の収入金額とみなすこととしています（措法9の7）。

なお、平成26年12月31日までの相続の場合、この特例は相続財産を取得した者のみに適用されていましたが、平成27年以降の相続においては、相続時精算課税により株式を取得した者及び非上場株式に係る贈与税の納税猶予を適用している者もこの特例が適用できることとされました。

ハ　税務上の時価より低い価額で譲渡

同族会社の場合、事業承継スキームの一環として社長の保有する株式を同族会社に対して無償又は著しく低い価額の対価により譲渡するケースが考えられますが、このような場合においては、時価により譲渡があったものとみなされます（所法59①一、二）。なお、著しく低い価額とは、当該株式を譲渡する時における価額の2分の1未満の価額をいい（所令169）、時価については、売買実例価額等がある場合を除き、財産評価基本通達に定める方法により計算することとされています（所基通59−6）。具体的

282　第 6 章　同族会社・役員間の資本取引

には、同族株主（評基通 188(1)）に該当するかどうかは、譲渡又は贈与直前の議決権の数により判定し、中心的な同族株主（評基通 188(2)）に該当するときは、常に小会社（評基通 178）に該当するものとし、評価差額に対する法人税額等に相当する金額は控除しないこと等が規定されています。

　みなし譲渡課税される場合におけるみなし配当金額と譲渡所得に係る収入金額の計算については、まず、実際に交付を受けた金銭等の額に基づいてみなし配当金額を計算し、次に、時価に相当する金額からみなし配当金額を控除して譲渡所得の収入金額とみなされる金額を計算します（措通 37 の 10・37 の 11 共 − 22）。

ニ　税務上の時価より高額で譲渡

　ハと同様、社長の保有する株式を同族会社に対して時価より高額の対価により譲渡するケースが考えられます。この場合、交付を受けた金銭等の額のうち、株式の対価として認識すべき部分の金額は、譲渡時における株式の時価相当額であり、その適正な時価相当額を超える部分の金額は、給与所得、一時所得、雑所得とされます。みなし配当金額については、株式の時価相当額が対価の額であることから当該時価相当額に基づいてみなし配当金額を計算し、その時価相当額からみなし配当金額を控除した金額が譲渡所得に係る収入金額とみなされます。

【事例 6 − 15】　譲渡所得と配当控除の計算

問　事例 6 − 12 の株主である社長の譲渡所得の金額と配当控除の金額を教えてください。1 株あたりの取得価額は 600 円、所得控除の合計額は 100 万円、社長の給与収入は 1,000 万円です。

　また、この株式が相続により取得（本年）したものである場合についても教えてください。

> **答** 社長の各種所得と配当控除額は以下となります。
>
> みなし配当に係る配当所得は事例6－12の通り 1,200,000
>
> 譲渡所得の収入金額　3,200,000 － 1,200,000 ＝ 2,000,000
>
> 取得費　600 × 4,000 株 ＝ 2,400,000
>
> 譲渡所得　2,000,000 － 2,400,000 ＝ △400,000
>
> 給与所得　10,000,000 － 2,200,000 ＝ 7,800,000
>
> 総所得金額　1,200,000（配当）＋ 7,800,000（給与）＝ 9,000,000
>
> 課税総所得金額　9,000,000 － 1,000,000 ＝ 8,000,000 ≦ 10,000,000
>
> 配当控除　1,200,000 × 10％ ＝ 120,000
>
> 相続により取得した場合
>
> 相続税申告書の提出期限の翌日以降3年を経過する日までに譲渡した株式より、みなし配当課税は行われず、対価の 3,200,000 円すべてが譲渡所得の収入金額となります。
>
> 譲渡所得　3,200,000 － 2,400,000 ＝ 800,000

（4） みなし贈与

　相続税法9条においては、対価を支払わないで、又は著しく低い価額の対価で利益を受けた場合においては、当該利益を受けた時において、当該利益を受けた者が、当該利益を受けた時における当該利益の価額に相当する金額を、当該利益を受けさせた者から贈与により取得したものとみなすこととされています。

　したがって、同族会社が株主から自己株式を適正な時価より低い価額により取得をした場合には、自己株式を除いた残余株数1株当たりの純資産価額が増加することから、既存株主は株式を譲渡した者から価値増加分に相当する金額を贈与により取得したものとみなされる可能性があります（相基通9－2）。

284 第6章 同族会社・役員間の資本取引

　また、同族会社が有する自己株式を処分する場合における新株又は同族会社が有する自己株式に係る引受権（以下「募集株式引受権」という。）を、同族会社の株主の親族等に付与した場合において、自己株式の処分価額が1株当たりの純資産価額より低く、その権利に経済的利益が生じる場合には、その募集株式引受権の利益に相当する金額を自己株式を引き受けた者が既存株主から贈与により取得したものとみなされます（相基通9－4）。

第7章

同族会社の自社株式承継

第7章のポイント
（同族会社の自社株式承継）

○　同族会社の株式を後継者へ承継する意味合いには、「財産の承継」と「経営権の承継」という二面性があり、財産の移転に伴う税負担を軽減するとともに、経営権を確実に後継者へ承継することは現経営者の重要な役割と考えます。

○　譲渡による自社株式承継では、経営者（譲渡人）に課される譲渡所得税の負担を軽減するために著しく低い価額で譲渡した場合には、後継者（譲受人）に贈与税が課税されます。

○　贈与による自社株式承継では、後継者に課される贈与税の負担を軽減するために、相続時精算課税による価額固定リスクと暦年課税による相続財産の圧縮メリットを考慮に入れながら、長期計画に基づいて制度選択を検討する必要があります。

○　相続時精算課税を選択し、特定贈与者より先に受贈者が死亡した場合、相続時精算課税に係る納税義務は、受贈者の財産に係る遺産分割と関係なく、特定贈与者以外の相続人が相続分により承継することになります。

○　相続による自社株式承継では、後継者に課される相続税の納税資金対策が必要な場合には、自社株式の物納、相続税申告期限後3年以内の発行会社への譲渡、納税猶予制度等について検討が必要です。

○　平成30年度税制改正により相続税・贈与税の納税猶予制度に10年間の特例措置が設けられ、納税猶予の対象となる株式の割合が2/3→全株式、相続税の猶予割合が80%→100%となり、更に事業継続要件が実質的に撤廃されるなど、抜本的に拡充されました。

○　経営者から後継者への自社株式の移転において、財産評価基本通達に基づく自社株式の評価額は、イ．譲渡における贈与課税を受けないための売買価格、ロ．贈与における贈与税の課税価格、ハ．相続における相続税の課税価格として使用されます。

はじめに

　同族会社の経営者が自社株式を後継者へ承継する意味合いには、「財産の承継」と「経営権の承継」という二面性があります。

　自社株式の承継における「財産の承継」の側面では、自社株式の承継（移転）に伴う税負担の問題があります。自社株式を後継者へ承継する具体的方法としては、譲渡、生前贈与及び相続がありますが、いずれも課税（所得税、贈与税又は相続税）の対象になります。

　特に、生前に承継対策を何ら講じることなく相続により自社株式を承継した場合には過重な相続税の負担が生じ、後継者が自社株式を保持できないこともありえます。

　平成27年1月1日以後に開始する相続については、基礎控除がこれまでの60％に引き下げられ、申告義務者の裾野が広がる一方で、最高税率が50％から55％へ引き上げられ、富裕層への課税も強化されました。

　自社株式の承継における「経営権の承継」の側面では、議決権の確保が問題となります。一般的に、中小企業においては所有と経営が分離しておらず、安定した経営を維持するためには、株主総会において特別決議の可決に必要な3分の2以上の議決権を確保する必要があります。後継者が議決権の3分の2以上を確保し、自らの意思を的確に経営に反映できる体制を構築することが重要です。

　経営者が生前に何の対策もせずに亡くなり、遺産について相続人間で分割協議を行う場合において、もし後継者が自社株式を取得できずに経営権を確保できないことになれば、事業の継続・承継は立ち行きません。

　過大な相続税等の負担による財産の目減りを極力抑えた上で、後継者へ経営権を確実に承継することは、現経営者の重要な役割であり、事業承継対策における重要なポイントといえます。

　第7章では、自社株式の承継における譲渡・贈与・相続について税務上の取扱いを説明します。

288　第7章　同族会社の自社株式承継

1 譲渡による承継

（1） 申告分離課税制度
① 所得区分
　個人が株式を譲渡した場合には、その株式の譲渡に係る事業所得、雑所得又は譲渡所得は他の所得と区分して、原則として20.315%（地方税、復興特別所得税を含む。）の税率により所得税等が課税されます（申告分離課税制度）。

　株式の譲渡による所得が事業所得もしくは雑所得に該当するか又は譲渡所得に該当するかは、次のとおりです。

イ　事業所得：その株式の譲渡が営利を目的として継続的に行われている。

ロ　雑 所 得：その株式の譲渡が営利を目的として継続的に行われているが、事業的規模ではない。

ハ　譲渡所得：その株式の譲渡が営利を目的として継続的に行われていない。

　ただし、所得区分の判定に当たっては、次の形式基準に従って取り扱って差し支えないこととされています（措通37の10・37の11共－2）。

　　・所有期間1年超の上場株式の譲渡及び非上場株式の譲渡→譲渡所得
　　・信用取引等の方法による上場株式の譲渡など所有期間1年以下の上場株式の譲渡→事業所得又は雑所得

　同族会社の経営者が、自社株式を後継者へ譲渡した場合は、上記の形式基準により、通常、譲渡所得に分類されます。

② 所得金額の計算
　申告分離課税の対象となる株式の譲渡に係る事業所得、雑所得及び譲渡所得の金額は、基本的には、次の算式により計算することとされています。

【事業所得又は雑所得】
　収入金額－（取得価額＋借入金利子＋売買委託手数料＋管理費※
　＋その他の業務付随費用）

【譲渡所得】

収入金額−（取得費＋相続税の取得費加算額※＋借入金利子
＋売買委託手数料＋その他の譲渡費用）

※　譲渡所得の場合、事業所得又は雑所得の場合に控除できる管理費は必要経費
　　に算入できませんが、一方で、相続により取得した株式について、一定の要件
　　の下で相続税を取得費に加算する特例が適用できます。

（2）　収入金額の範囲

　株式譲渡に係る譲渡所得等の収入金額の範囲には、株式の譲渡対価として
収入すべき金額のほか、法人の合併・分割等により交付を受ける金銭等（剰
余金の配当など一定のものを除く。）もキャピタルゲインと認められること
から、株式譲渡に係る収入金額とみなすこととされています。

　なお、株式譲渡に係る収入金額の収入すべき時期については、株式の引渡
しがあった日によることとされていますが、納税者の選択により、当該株式
の譲渡に関する契約の効力発生の日により総収入金額に算入して申告があっ
たときは、これを認めることとされています（措通 37 の 10・37 の 11 共−1
(1)）。

（3）　取得価額の範囲と取得費等の計算方法

　株式の取得価額については、発行会社に対して金銭の払込みにより取得し
た株式の場合は払い込んだ金銭の額により、他の株主から購入した株式の場
合は購入の対価によることとされています。

　なお、相続又は贈与により取得した株式を譲渡した場合には、被相続人又
は贈与者が株式を所有していた期間を含めて、相続人又は受贈者が引き続き
所有していたものとみなされますので、被相続人又は贈与者が取得に要した
金額及び取得した時期のいずれも相続人又は受贈者に引き継がれることとな
ります。

　同一銘柄の株式を 2 回以上にわたって購入し、その株式の一部を譲渡した

290 第7章 同族会社の自社株式承継

場合の譲渡所得等の取得費等の計算方法は、原則として次の区分により行うことになります。

【事業所得：総平均法】

1株当たりの取得価額は次の算式で計算します（所令105、108）。

〔（1月1日所有株式の取得価額）＋（年中に取得した株式取得価額）〕

÷〔（1月1日所有の株式数）＋（年中に取得した株式数)〕

【譲渡所得・雑所得：総平均法に準ずる方法】

直前の譲渡の時から譲渡の時までの期間を基礎として、総平均法の計算に準じて1株当たりの取得価額を計算します（所令118）。

（4） 適正な譲渡価額

相続税法7条では、著しく低い価額の対価で財産の譲渡を受けた場合には、当該財産の譲受者が、譲受対価と財産の時価との差額に相当する金額を譲渡者から贈与により取得したものとみなす旨を規定しています。

つまり、個人から著しく低い価額の対価で財産を譲り受けた場合には、その財産の時価と支払った対価との差額に相当する金額を贈与により取得したものとみなされ、贈与税の課税対象となります。

著しく低い価額の対価であるかどうかは、個々の具体的事案に基づき判定することになり、所得税法59条《贈与等の場合の譲渡所得等の特例》における「著しく低い価額の対価」の基準となる「資産の時価の2分の1に満たない金額」により判定するものではありません。

また、相続税法7条では、「財産の時価」について、相続税法3章に特別の定めがある場合には、その規定により評価した価額によることとされています。

そして、相続税法3章《財産の評価》の22条《評価の原則》では、3章で特別の定めのあるものを除いて、相続、遺贈又は贈与により取得した財産の価額は、当該財産の取得の時における時価による旨を規定しています。

また、時価とは、その財産が土地や借地権などである場合及び家屋や構築

物などである場合には通常の取引価額に相当する金額をいい（「負担付贈与
又は対価を伴う取引により取得した土地等及び家屋等に係る評価並びに相続
税法第7条及び第9条の規定の適用について」直評5直資2－204平成元年
3月29日）、それら以外の財産である場合には相続税評価額をいいます（評
基通1(2)）。

　したがって、取引相場のない同族会社株式については、財産評価基本通達
に基づいて算定された評価額が相続税法7条における時価になりますので、
取引相場のない同族会社株式について、経営者から後継者に対して、財産評
価基本通達に基づいて算定された評価額に比して「著しく低い価額」で譲渡
が行われた場合には、後継者において当該評価額と譲渡価額との差額に贈与
税が課税されることとなります（財産評価基本通達における取引相場のない
株式に係る評価方法の概要は、後述6を参照）。

【事例7－1】　著しく低い価額による自社株式の譲渡

問　当社の経営者が所有する当社株式のすべてを次の条件で後継者
（長男、30歳）へ譲渡することになりました。この場合、経営者（譲渡
人）の譲渡所得及び後継者（譲受人）の贈与税は、どのように取り扱わ
れるのでしょうか。

　・株式評価額（時価）：10,000円/株
　・取得価額：1,000円/株
　・譲渡価額：3,000円/株
　・譲渡株数：1,000株

答　ご質問の場合、譲渡価額が時価の30％相当ですので、「著しく低
い対価」に当たり、時価と譲渡価額との差額については、後継者（譲受
人）に対して贈与税が課税されるものと思われます。また、経営者（譲
渡者）は、譲渡価額から取得価額を差し引いた金額に譲渡所得が課税さ

れます。

後継者の贈与税及び経営者の譲渡所得の計算は次のとおりです。

〔後継者：贈与税〕

10,000円×1,000株－3,000円×1,000株＝7,000,000円

(7,000,000円－1,100,000円) ×20％－300,000円＝880,000円

　※直系尊属からの贈与として特例税率を適用しています。

〔経営者：譲渡所得〕

(3,000円×1,000株－1,000円×1,000株) ×20.315％＝406,300円

※収入金額は時価ではなく譲渡金額になります（個人間ではみなし譲渡課税はありません）。

2 贈与による承継

　贈与税の課税制度には、「暦年課税」と「相続時精算課税」の2つがあり、一定の要件に該当する場合には、相続時精算課税を選択することができます。

（1）　暦年課税制度

　贈与税の計算は、まず、その年の1月1日から12月31日までの1年間に贈与を受けた財産の価額を合計し、その合計額から基礎控除額110万円を差し引いた残りの金額に税率を乗じて税額を計算します。平成27年以降の贈与税の税率は、「一般贈与財産用」と「特例贈与財産用」に区分されました。

　「特例贈与財産用（特例税率）」は、直系尊属から直系卑属（贈与を受けた年の1月1日現在で20歳以上）への贈与における贈与税の計算に使用します。例えば、祖父から孫への贈与、父から子への贈与などに使用します。

　「一般贈与財産用（一般税率）」は、「特例贈与財産用」に該当しない場合の贈与税の計算に使用します。具体的には、直系尊属からの贈与ではあるが、受贈者が贈与を受けた年の1月1日現在において20歳未満の者の場合、兄弟間の贈与、夫婦間の贈与、夫の父からの贈与の場合などに使用します。

　暦年課税制度では、年間110万円の基礎控除があり、その範囲内では贈与税を負担することなく贈与することができますが、贈与者の相続開始前3年以内の贈与については、相続財産に加算されます（受贈者が相続財産を取得した場合に限る。）。相続時精算課税の選択を行わない場合は、この暦年課税制度が適用されます。

　平成27年改正前の税率表並びに改正後の一般税率及び特例税率の対比表は、図表7－1のとおりです。

294　第 7 章　同族会社の自社株式承継

【図表 7 － 1　贈与税率表】

基礎控除後 の課税価格	改正前		改正後			
			一般		特例	
	税率	控除額	税率	控除額	税率	控除額
200 万円以下	10%	0 万円	10%	0 万円	10%	0 万円
300 万円〃	15%	10 万円	15%	10 万円	15%	10 万円
400 万円〃	20%	25 万円	20%	25 万円		
600 万円〃	30%	65 万円	30%	65 万円	20%	30 万円
1,000 万円〃	40%	125 万円	40%	125 万円	30%	90 万円
1,500 万円〃	(1,000 万円超) 50%	225 万円	45%	175 万円	40%	190 万円
3,000 万円〃			50%	250 万円	45%	265 万円
4,500 万円〃			(3,000 万円超) 55%	400 万円	50%	415 万円
4,500 万円超					55%	640 万円

（2）　相続時精算課税制度

　相続時精算課税制度は、贈与時に贈与財産に対する贈与税を納め、その贈与者が亡くなった時にその贈与財産の贈与時の価額と相続財産の価額とを合計した金額を基に計算した相続税額から、既に納めた贈与税相当額を控除することにより、贈与税・相続税を通じた納税を行うものです（相法 21 の 9 ～21 の 18、措法 70 の 2 の 6）。

　相続時精算課税制度を適用するための要件は次のとおりです。

①　受贈者

　その贈与をした者（特定贈与者）の推定相続人（特定贈与者の直系卑属に限る）及び孫であって、その年の 1 月 1 日において 20 歳以上であること。

　平成 27 年以降、孫が対象に加えられたため、養子縁組することなく、孫への贈与について相続時精算課税を適用することが可能となりました。

②　贈与者（特定贈与者）

　その年の 1 月 1 日において 60 歳以上であること（平成 26 年 12 月 31 日までの贈与については 65 歳以上でした）。

③ 適用対象財産等

贈与財産の種類、金額、贈与回数に制限はありません。

④ 税額の計算

イ 贈与税額の計算

相続時精算課税の適用を受ける贈与財産については、その選択をした年以後、相続時精算課税に係る贈与者以外の者からの贈与財産と区分して、1年間に贈与を受けた財産の価額の合計額を基に贈与税額を計算します。その贈与税の額は、贈与財産の価額の合計額から、複数年にわたり利用できる特別控除額（限度額2,500万円。ただし、前年以前において、既に特別控除額を控除している場合は、残額が限度額となります。）を控除した後の金額に、一律20％の税率を乗じて算出します。

なお、相続時精算課税を選択した受贈者が、相続時精算課税に係る贈与者以外の者から贈与を受けた財産については、暦年課税が適用されます。

ロ 相続税額の計算

相続時精算課税を選択した者に係る相続税額は、相続時精算課税に係る贈与者（特定贈与者）が亡くなった時に、それまでに相続時精算課税の適用を受けた贈与財産の価額と相続や遺贈により取得した財産の価額とを合計した金額を基に相続税額を算出して、既に納めた相続時精算課税に係る贈与税相当額を控除します。その際、相続税額から控除しきれない贈与税相当額については、相続税の申告をすることにより還付を受けることができます（相法33の2）。なお、相続財産と合算する贈与財産の価額は、贈与時の価額とされています。

⑤ 相続時精算課税の特例

父母又は祖父母から住宅取得等資金の贈与を受けた20歳以上の子又は孫が、次のイ又はロいずれかの条件を満たすときは、贈与者の年齢が60歳未満であっても相続時精算課税を選択することができます（措法70の3）。

なお、この特例は、令和3年12月31日までの贈与に適用されます。

イ 贈与を受けた年の翌年の3月15日までに、住宅取得等資金の全額を一

定の居住用家屋の新築又は取得のための対価に充てて新築又は取得をし、同日までに自己の居住用に供したとき又は同日後自己の居住用に供することが確実であると見込まれるとき

ロ　贈与を受けた年の翌年の3月15日までに、住宅取得等資金の全額を自己の居住用に供している家屋について行う一定の増改築等の対価に充てて増改築等をし、同日までに自己の居住用に供したとき又は同日後自己の居住用に供することが確実であると見込まれるとき

⑥　相続時精算課税適用者が特定贈与者よりも先に死亡した場合

特定贈与者の死亡以前にその特定贈与者に係る相続時精算課税適用者が死亡した場合には、その相続時精算課税適用者の相続人（包括受遺者を含み、その特定贈与者を除く。以下同様）は、その相続時精算課税適用者が有していた相続時精算課税の適用を受けていたことに伴う納税に係る権利又は義務（以下「相続時精算課税の適用に伴う権利義務」という。）を承継します（相法21の17①）。

この場合、相続時精算課税適用者の相続人が2人以上いる場合の各相続人が承継する相続時精算課税の適用に伴う権利義務の割合は、相続時精算課税適用者の相続に係る実際の遺産分割とは関係なく、民法900条から902条まで（法定相続分・代襲相続分・指定相続分）に規定する相続分（その特定贈与者がいないものとして計算した相続分）によります（相法21の17③、国通法5）。

なお、相続時精算課税適用者の相続人が特定贈与者のみである場合には、相続時精算課税の適用に伴う権利義務はその特定贈与者及び相続時精算課税適用者の民法889条の規定による後順位の相続人となる者には承継されず消滅することになります（相法21の17①但し書、相基通21の17－3）。

2 贈与による承継　*297*

【事例7－2】　相続時精算課税に係る権利義務の承継

問　当社の現経営者は、昨年、後継者（長男）に対して当社株式を贈与し、後継者は相続時精算課税を適用して贈与税の申告を行いました。もし、今後、経営者よりも先に後継者が亡くなった場合には、後継者の相続時精算課税に係る権利義務はどのように承継されるのでしょうか。なお、後継者の推定相続人は、妻、父、母の3名です。

答　相続時精算課税適用者の権利義務は、その相続人が承継しますが、相続人が2人以上いる場合は、特定贈与者（この場合は父）を相続人から除いたところで法定相続分を計算することになるため、ご質問の場合、後継者の相続時精算課税に係る権利義務は、妻が2/3、母が1/3をそれぞれ承継することになります。

　したがって、相続時精算課税適用者の死亡に係る相続において、妻が相続財産を全く取得していない場合であっても、その後の特定贈与者（父）の死亡に係る相続において、妻は相続時精算課税を適用した贈与財産に対応する相続税の2/3に係る納税義務を負うこととなります。

（3）　暦年課税と相続時精算課税の比較

①　暦年課税のメリット・デメリット

　暦年課税の一番のメリットは、贈与財産を相続財産から切り離せることです。ただし、相続開始前3年以内の贈与財産は、相続財産に加算されます（相続財産を取得した場合）。

　また、贈与者・受贈者ともに年齢制限がないことも暦年課税のメリットです。

　一方、暦年課税のデメリットは、贈与税がかからない範囲で贈与を行うためには、年間110万円の基礎控除の範囲内となり、相応の評価額の自社株式を後継者へ贈与するためには、長期間を要することです。

② 相続時精算課税のメリット・デメリット

相続時精算課税のメリットは、特別控除額2,500万円の範囲内で現経営者の所有する一定の株式を後継者へ贈与することにより、現経営者の生存中に、贈与税の負担なく後継者へ経営権を承継することが可能となる点です。

また、相続税の計算において相続財産に加算される贈与財産の価額は贈与時の価額になることから、成長の見込める会社の場合は、自社株式の価額が低いうちにこの制度を利用すれば、相続により取得する場合に比べ、相続税を低く抑えることができます。しかし、結果的に、相続時点で株価が下落していた場合には、相続で取得した場合に比べ相続税の負担が大きくなります。

【図表7-2 暦年課税と精算課税のメリット・デメリット】

	メリット	デメリット
暦年課税	①3年後に相続税から切り離せる ②相続人等以外へも贈与できる ③未成年者にも贈与できる ④20歳以上の者が直系尊属から受ける贈与の税率が優遇されている	①基礎控除が110万円しかない ②累進税率が適用される
精算課税	①2,500万円まで税負担がない ②価額が固定される（将来価額が上昇する財産） ③贈与財産からの収益が受贈者に帰属する	①相続時に相続財産に加算される ②価額が固定される（将来価額が下落する財産） ③受贈者が先に死亡すると二重課税になる ④受贈者が20歳以上に限られる

③ 自社株式の贈与における課税制度の選択

相続時精算課税を適用して自社株式を後継者へ贈与した場合、後継者は早い段階から経営者としての自覚が培われる効果はありますが、相続時点において相続財産に加算される価額が贈与時の価額であるため、相続時点で株価が下落している場合や最悪のケースで会社が倒産している場合を想定すると、大きなリスクがあると考えられます。

自社株式を贈与により後継者へ承継する場合には、長期計画に基づいて、暦年贈与により現経営者の相続財産を減少させながら確実に引き継ぐ方法を

基本とするのがベターと考えます。

3 贈与と譲渡の比較

経営者が生前に自社株式を後継者へ移転する方法として、生前贈与と譲渡がありますが、そのメリット・デメリットを図表7-3にまとめてあります。

まず、後継者が贈与により自社株式を経営者から取得する場合のメリットとしては、生前に経営権を後継者へ確実に移転することで経営者としての自覚が生まれます。

また、後継者が株式買取資金を必要としない点は、譲渡との比較においてメリットであり、しかも、暦年課税による場合、相続財産を単純に減少させることができる点で譲渡と異なります。

一方で、贈与のデメリットとしては、後継者に贈与税が課税されることと遺留分の制約を受けることが挙げられます。しかし、贈与税の課税問題については、相続時精算課税制度や納税猶予などの特例措置が設けられており、遺留分の問題についても、経営承継円滑化法で民法の特例が設けられています。

次に、自社株式を経営者から譲渡により取得する場合のメリットとして、生前に経営権を後継者に移転させることができる点は、贈与の場合と同じですが、株式取得代金を後継者自らが負担して経営権を取得するため、贈与の場合に比べ、より経営者としての自覚・責任が培われます。

また、譲渡の場合は、経営者に売買代金が支払われるため、遺留分の制約を受けず、他の相続人も不公平感を抱かないというメリットがあります。

一方、譲渡のデメリットとしては、後継者が買取資金を用意しなければならないことと、経営者に株式譲渡の課税が生じる可能性があることです。業績の良い会社ほど株価は高く、後継者の買取資金も多額になり、経営者の譲渡所得税の負担も大きくなります。

生前に自社株式を後継者へ承継する場合、以上の贈与と譲渡のメリット・デメリットを比較検討した上で、最善の方法とタイミングで実行することが重要です。

3 贈与と譲渡の比較　*301*

【図表 7 - 3　自社株式の贈与と譲渡のメリット・デメリット】

	メリット	デメリット
贈与	①生前に経営権の移転が実現する ②後継者に経営者の自覚が培われる ③後継者の買取資金を必要としない ④相続財産を圧縮できる	①後継者に贈与税が課税される ②遺留分の制約を受ける
譲渡	①生前に経営権の移転が実現する ②後継者に経営者の自覚が培われる ③遺留分の制約を受けない	①後継者の買取資金が必要となる ②経営者に譲渡所得課税が行われる ③相続財産の圧縮につながらない

【事例 7 - 3】　譲渡と贈与による株式の移転に伴う税金比較

問　当社の経営者が所有する当社株式のすべてを後継者（長男、30 歳）へ移転することになりました。譲渡により移転した場合と贈与により移転した場合とでは、税金の負担はどのようになるのでしょうか。

・株式評価額（時価）：50,000 円/株
・取得価額：10,000 円/株
・譲渡価額：50,000 円/株
・移転株数：1,000 株

答　株式を贈与した場合と時価で譲渡した場合のケースごとに、後継者（受贈者・譲受人）及び経営者（贈与者・譲渡人）が負担する贈与税及び譲渡所得に係る税金の計算は次のとおりです。

≪贈与の場合≫

【後継者：贈与税】

　50,000 円× 1,000 株＝ 50,000,000 円

　（50,000,000 円－ 1,100,000 円）× 55％－ 640 万円

　　　　　　　　　　　　　　　　　＝ 20,495,000 円

302　第7章　同族会社の自社株式承継

【経営者：課税なし】

≪時価譲渡の場合≫

【後継者：課税なし】

【経営者：譲渡所得】

(50,000円×1,000株－10,000円×1,000株)×20.315%

$$= 8,126,000 円$$

　時価譲渡の場合の所得税・住民税8,126,000円に対して、贈与の場合の贈与税は20,495,000円になります。

　なお、相続時精算課税を選択した場合は、後継者（受贈者）の贈与税額は5,000,000円（＝（50,000,000円－25,000,000円）×20%）となります。

4 相続による承継

　自社株式を後継者へ承継する方法のうち、贈与と譲渡は、経営者が生前に行うものですが、経営者が亡くなった後に、後継者へ自社株式を確実に承継させる方法として遺言があります。

　また、経営者が亡くなった後に、後継者が遺贈又は相続により自社株式を取得した場合に、相続税の納税資金問題への対応策としては、自社株式の物納、発行会社への譲渡、納税猶予制度の活用などがあります。

（1）　遺言

　経営者が生前の遺言によって自己の財産の取得者を決めておくことにより、相続後の紛争（争族）を回避することができます。

　遺言には、自筆証書遺言、公正証書遺言及び秘密証書遺言があります。

　自筆証書遺言は、遺言者が自分で全文、日付、署名を手書きし、押印します。自筆証書遺言の場合、遺言書の保管者又はこれを発見した相続人は，遺言者の死亡を知った後，遅滞なく遺言書を家庭裁判所に提出して、その「検認」を請求しなければなりません。

　検認は遺言の有効・無効を判断する手続ではありませんが、銀行口座や不動産の相続登記を行うためには必要な手続です。

　なお、平成30年の民法（相続法）の改正により、パソコン等で作成した財産目録や預金通帳のコピー等を別紙として、その全てのページに署名・押印したものを自筆遺言書（本文）に添付することが可能となりました（平成31年1月13日施行、民法968）。

　また、自筆遺言書を法務局に保管する制度が創設され、この制度による場合、検認は不要となります（令和2年7月10日施行、遺言書保管法）。

　公正証書遺言は、公証役場で公証人を前に2人以上の証人の立会いのもとで作成します（民法969）。

　秘密証書遺言は、遺言者が自分で作成した遺言書を公証役場へ持参し、遺

304　第7章　同族会社の自社株式承継

言書の内容を秘密にしたまま、遺言書の存在のみを公証人に証明してもらいます（民法970）。

【図表7－4　各種遺言のメリット・デメリット】

	メリット	デメリット
自筆証書遺言	①いつでも、どこでも1人で簡単に作成できる ②遺言の存在や内容を秘密にできる	①要件不備で無効になる危険性がある ②第三者による変造、偽造の危険性がある ③紛失の恐れがある ④検認の手続が必要
公正証書遺言	①要件不備の不安がなく確実な遺言が可能である ②第三者による変造、偽造や紛失の危険性が極めて低い ③検認の手続が不要	①公証役場の手数料等の費用と手間がかかる ②遺言の存在や内容が第三者に知られてしまう
秘密証書遺言	①遺言の存在を明らかにできる ②遺言の内容を秘密にできる ③第三者による変造、偽造や紛失の危険性が極めて低い	①公証役場の手数料等の費用と手間がかかる ②遺言としての要件が欠けてしまう場合がある ③検認の手続が必要

いずれの遺言方法によるかは、それぞれのメリット・デメリットを比較検討の上、決めることになりますが、相続開始後の相続人の手間等を考慮すると、公正証書遺言がベターと考えられます。

（2）　遺留分に関する民法特例

民法では、兄弟姉妹以外の法定相続人に最低限の相続分である遺留分を認めており、この遺留分が侵害されている相続人は、遺留分侵害額請求権を行使することによって、侵害額に相当する金銭の支払いを請求することができます。

生前に、自社株式を後継者へ贈与した場合に、遺留分算定基礎財産に占める自社株式の割合が高く、遺留分を侵害することがあります。遺留分算定基

礎財産の金額は、遺産に特別受益の金額を加えて算出しますが、その際の特別受益の金額は相続開始時の金額によります（注）。したがって、後継者が、自社株式の生前贈与を受けた後、自らの経営努力により株価が上昇した場合には、遺留分算定基礎財産の金額が増えることになり、非後継者である他の相続人の遺留分が増加する結果となります。

（注）平成 30 年の民法（相続法）の改正により、相続人に対する特別受益については、相続開始前 10 年間にされたものに限って、遺留分算定基礎財産に算入することとされました（令和元年 7 月 1 日施行、民法 1044 ③）。

　このような弊害に対処するため、平成 20 年 10 月に制定された「経営承継円滑化法」では、遺留分に関する民法の特例が定められました。

　この特例には、①贈与株式を遺留分算定基礎財産から除外する「除外合意」と②贈与株式の評価額をあらかじめ固定する「固定合意」があります。

（3）　遺産分割協議

　遺言がない場合には、相続人全員で遺産分割協議が行われますが、相続人間での協議が整わないときは裁判所に対して調停の申立てを行い、調停委員の仲介で分割協議が行われます。調停では、基本的に、法定相続分で遺産を分割することになるため、自社株式や事業用資産の割合が高い場合は、後継者がそれらを取得する代わりに金銭を支払う形で調整することになるのが一般的です。

　また、相続財産が未分割の場合は、自社株式は相続人全員の準共有状態となりますので、自社株式の議決権を行使するためには、権利行使者や行使内容の合意などの問題が生じ、その間に、株主総会を迎えた場合には、重要な事項が何も決められないという事態も生じかねません。

（4）　物納

　国税は、金銭で納付することが原則ですが、相続税額が 10 万円を超え、金銭で一括納付することを困難とする事由がある場合には、納税者の申請によ

306 第7章 同族会社の自社株式承継

り、その納付を困難とする金額を限度として、担保を提供することにより、年賦で納付（延納）することができます（相法38）。そして、延納によっても金銭で納付することを困難とする事由がある場合には、納税者の申請により、その納付を困難とする金額を限度として一定の相続財産による物納が認められています（相法41）。

相続人が自社株式を相続した場合に、取得した自社株式を物納し、発行会社が国から買い取ることも可能です。

① **適用要件**

物納の要件は以下の4つです。

イ　延納によっても金銭で納付することを困難とする事由があり、かつ、その納付を困難とする金額を限度としていること（相令17、相基通41－1）

ロ　物納申請財産は、納付すべき相続税の課税価格計算の基礎となった相続財産のうち、次に掲げる財産及び順位で、その所在が日本国内にあること（相法41②⑤）

第1順位　国債、地方債、不動産、船舶

第2順位　社債、株式、証券投資信託又は貸付信託の受益証券

第3順位　動産

　　　※　後順位の財産は、税務署長が特別の事情があると認める場合及び先順位の財産に適当な価額のものがない場合に限って物納に充てることができる。

ハ　物納に充てることができる財産は、管理処分不適格財産に該当しないものであること及び物納劣後財産に該当する場合には、他に物納に充てるべき適当な財産がないこと

ニ　物納しようとする相続税の納期限又は納付すべき日（物納申請期限）までに、物納申請書に物納手続関係書類を添付して税務署長に提出すること

したがって、自社株式を物納するためには、相続財産に第一順位である国債、地方債、不動産、船舶がないか、又はあるとしても適当な価額のものがないことが必要です。

② 非上場株式の物納の手順

　取得した相続財産に第1順位の国債、地方債、不動産、船舶がなく、自社株式を物納する場合の手順は、次のとおりです。

イ　株式の譲渡制限の解除

　　中小企業の多くは定款に株式の譲渡制限の定めがありますが、譲渡制限株式については物納不適格とされるため、定款を変更し、譲渡制限の解除の手続を行うことが必要です（相令18①二ロ）。

ロ　提出書類等

　　通常の物納申請書類の他、非上場株式の物納に必要な書類は以下のとおりです（相規22②六）。

a　非上場株式に係る法人の登記事項証明書

b　非上場株式に係る法人の決算書（物納の許可の申請の日前2年間に終了した事業年度に係るものに限る。）

c　非上場株式に係る法人の株主名簿の写し

d　税務署長が次に掲げる行為を求めた場合には、これを履行することを納税義務者が約する書類

　　i　金融商品取引法その他の法令の規定により一般競争入札に際し必要なものとして定められている書類を発行会社が税務署長に求められた日から6月以内に提出すること

　　ii　株式の価額を算定する上で必要な書類を速やかに提出すること

ハ　収納後の手続

　　収納後の非上場株式の処分方針は、当該非上場株式の処分に係る随意契約適格者から買受意向が示されているもの以外は、速やかに一般競争入札により処分されます（物納等有価証券に関する事務取扱要領　平成22年6月）。

　　「随意契約適格者」とは、発行会社の主要株主、役員、当該発行会社、継続的取引関係者等です。

　　財務局等は、随意契約適格者に対して、当該非上場株式の収納日から起

算して１か月以内を回答期限として「国所有株式の購入希望に関する照会について」を通知し、「回答書」により非上場株式の買受意向の有無及び買受相手方を確認します。

　買受けの実行可能性が十分に認められる場合には、「物納財産売却手続書類提出等確約書」に基づく履行請求により、税務署等を通じて物納者等から速やかに評価資料を提出させ、予定価格を作成の上、買受希望者と見積り合わせを実施します。

（5）　相続税申告期限後３年以内の発行会社への譲渡

　相続開始の日の翌日から、相続税申告書の提出期限の翌日以降３年を経過する日までの間（以下、「特例期間」という。）に、その相続税の課税価格計算の基礎となった株式を発行会社へ譲渡した場合には、イ　みなし配当課税の適用除外の特例（措法９の７）と、ロ　相続税額の取得費加算の特例（措法39）の税負担軽減の措置が設けられています。

①　みなし配当課税の適用除外の特例

　相続又は遺贈（死因贈与を含む。）により取得した株式について、その相続人又は受遺者（以下、「相続人等」という。）に相続税額があるものが、特例期間に、相続税の課税価格計算の基礎に算入された非上場株式をその非上場株式の発行会社に譲渡した場合については、その非上場株式の譲渡の対価として、その発行会社から交付を受けた金銭の額につきみなし配当課税を行わず、その対価のすべてを株式等に係る収入金額とみなして、株式等に係る譲渡所得等として課税を行うものとしています（措法９の７）。

　この場合の手続として、非上場会社に譲渡する時までに、その適用を受ける旨、適用を受ける者の氏名、住所等、被相続人の氏名、住所等及び相続税額又は見積額、課税価格算入株式の数及びそのうち非上場会社に譲渡しようとする株式の数等を記載した書面を当該非上場会社の所在地の所轄税務署長に提出しなければなりません（措令５の２）。

　なお、平成26年12月31日までの相続の場合、この特例は相続で取得し

た株式のみに適用されていましたが、平成 27 年以降の相続においては、相続時精算課税を適用した株式及び非上場株式に係る贈与税の納税猶予を適用している株式もこの特例が適用できることとされました。

【図表 7 - 5　みなし配当課税適用除外となる株式】

取得等の形態	改正前	改正後
相続による取得	○	○
相続時精算課税適用	×	○
贈与税の納税猶予適用	×	○

②　相続税額の取得費加算の特例

相続等によって取得した株式の譲渡に係る譲渡所得金額の計算上の取得費は、その相続等に係る相続税額のうち、所定の金額（措令 25 の 16 ①）を加算した金額となります（措法 39 ①）。

相続等で株式等を取得した個人が、特例期間に、その相続税の課税価格計算の基礎となった株式を譲渡した場合、その確定相続税額について株式を取得した者の課税価格に占める譲渡した株式の価額の割合を乗じて計算した金額を取得費に加算することができます。

取得費に加算する相続税額の算式は次のとおりです。

〈算式〉

$$\text{その者の相続税額} \times \frac{\text{その者の相続税の課税価格の計算の基礎とされたその譲渡した株式の価額}}{\text{その者の相続税の課税価格} + \text{その者の債務控除額}} = \text{取得費に加算する相続税額}$$

（6）　自社株式の物納と相続税申告期限後 3 年以内譲渡の比較

いずれの制度にも共通する点は、次のとおりです。

①　後継者の納税資金調達が不要になる。（メリット）

②　最終的に発行会社が自己株式として保有し、株式の分散化を回避できる。（メリット）

③　後継者の持株割合が減少し支配権が弱くなる。（デメリット）

310　第7章　同族会社の自社株式承継

④　自己株式取得に係る財源規制がある。（デメリット）

　自社株式の物納は、相続人に譲渡所得が発生しないメリットがありますが、第一順位の国債や不動産を相続している場合には、原則として自社株式の物納はできません。また、申請書類が多く、申請期限も相続税の申告期限と同じ10か月と短くなっています。

　一方、自社株式の相続税申告期限後3年以内譲渡は、分離課税による譲渡所得課税はありますが、自社株式に対応する相続税が取得費に加算されます。また、物納と違い、他の相続財産の種類に影響されず、申請手続きも簡易です。

【図表7－6　物納と発行会社への譲渡の比較】

区分	メリット	デメリット
物納	・相続人所得税課税なし	・第一順位財産に劣後 ・申請手続き煩雑 ・申請期限が短い（10か月）
発行会社 への譲渡	・相続財産に国債、不動産があっても可能 ・申請手続き比較的簡易 ・特例適用期間が長い（3年10か月）	・相続人所得税課税あり

5 事業承継税制

（1） 制度の概要

平成20年、「中小企業における経営の承継の円滑化に関する法律」（経営承継円滑化法）が成立・施行され、これを受け翌年相続税関連法の改正が行われ、非上場株式等に係る相続税・贈与税の納税猶予制度が創設されました。後継者が、相続又は贈与により、非上場会社の株式等を先代経営者から取得し、その会社を経営していく場合には、その非上場株式等に対応する相続税又は贈与税の納税が猶予されます。

この制度は、平成21年度の創設後、数次の改正により、適用要件の緩和等が行われてきましたが、その適用件数は、相続税及び贈与税合わせて年間数百件程度に留まっていました。

一方で、中小企業の経営者の高齢化が進展しており、平均引退年齢の70歳を超える中小企業・小規模事業者の約半数が後継者未定と考えられています。この現状を放置すれば、中小企業等の廃業の急増により、多くの雇用と巨額のGDPが失われる可能性があるとされています。

このように事業承継の問題は、単なる企業の後継ぎの問題ではなく、日本経済全体の問題であるとの認識のもと、中小企業の円滑な世代交代を集中的に促進し、生産性向上に資する観点から、平成30年度税制改正により、10年間の贈与・相続に適用される時限措置（以下、「特例措置」といいます。）として、この制度は抜本的に拡充することとされました。

現行制度（以下、「一般措置」といいます。）からの主な改正点は次のとおりです。

○　猶予対象株式の制限撤廃により、贈与・相続時の納税負担が生じない制度とされた

○　複数名からの承継や、最大3名の後継者に対する承継にも対象が拡大された

○　足元の人手不足の中で、雇用確保要件については、承継後5年間で平

312　第7章　同族会社の自社株式承継

均8割の雇用を維持できなかった場合でも、その理由を都道府県に報告した上で、一定の場合には、猶予が継続できることとされた

なお、この特例措置は、平成30年1月1日から令和9年12月31日までの間の相続・贈与に適用されます。一般措置と特例措置の主な相違点は、図表7－7のとおりです。

【図表7－7　一般措置と特例措置の主な相違点】

項目	一般措置	特例措置
対象株式	発行済議決権株式総数の2/3	全体
相続時の猶予対象評価額	80%	100%
雇用確保要件	5年平均80％維持	実質撤廃
贈与等を行なう者	先代経営者のみ (改正後：複数株主)	複数株主
後継者	後継経営者1人のみ	後継経営者3人まで (10%以上の持株要件)
相続時精算課税	推定相続人及び孫	推定相続人・孫以外も適用可
特例経営承継期間後の免除要件の追加	民事再生・会社更生時にその時点の評価額で相続税を再計算し、超える部分の猶予税額を免除	譲渡・合併による消滅・清算時を加える
承継計画の提出	不要	必要 (H 30.4.1～R 5.3.31)
贈与等の期限	なし	H 30.1.1～R 9.12.31

（2）　贈与税の納税猶予制度

①　納税猶予を受けるための要件

納税猶予を受けるためには、経営承継円滑化法に基づき、会社が「都道府県知事の認定」を受ける必要があります。なお、「都道府県知事の認定」を受けるためには、原則として、贈与の日の属する年の翌年の1月15日までにその申請を行う必要があります。

特例措置を受けるためには、認定経営革新等支援機関の指導及び助言を受

けて特例承継計画を作成し、令和5年3月31日までに都道府県知事の確認を受ける必要があります（円滑化省令6①十一・十三、7⑥十、⑧、16、17）。

イ　会社の主な要件

　　a　都道府県知事の認定を受けた中小企業者であること

　　b　常時使用する従業員数が1人以上（一定の外国会社株式等を保有している場合には5人以上）であること

　　c　資産保有型会社又は資産運用型会社で一定のものに該当しないこと

ロ　先代経営者等である贈与者の主な要件

　　a　贈与前のいずれかの日において会社の代表権を有していたことがあること

　　b　贈与の時において代表権を有していないこと

　　c　贈与直前において、先代経営者及び先代経営者と特別の関係がある者（先代経営者の親族など一定の者）で総議決権数の50%超の議決権数を保有し、かつ、経営承継受贈者を除いたこれらの者の中で最も多くの議決権数を保有していたこと

　　≪特例措置≫

　　　　同一の会社について、複数の者からの贈与についても適用を受けることができるようになり、贈与の直前において、既に特例措置の適用を受けている者がいる場合には、上記a及びcの要件は不要になります。

ハ　後継者である受贈者の主な要件

　　a　20歳以上であること

　　b　代表権を有していること

　　c　受贈者及び受贈者と特別の関係がある者（受贈者の親族など一定の者）で総議決権数の50%超の議決権数を保有し、かつ、これらの者の中で最も多くの議決権数を保有することとなること

　　d　贈与税の申告期限まで特例の適用を受ける非上場株式等のすべてを保有していること

　　e　役員に就任して3年以上経過していること

≪特例措置≫

特例措置では受贈者は１社につき３人までとされました。これに伴い、贈与時における議決権数の要件が以下のとおりとされました（措法 70 の７の５②六ニ）。

○　後継者が１人の場合

後継者と特別の関係がある者の中で最も多くの議決権を保有することとなること

○　後継者が２人又は３人の場合

総議決権数の 10％以上の議決権を保有し、かつ、後継者と特別の関係がある者（他の後継者を除きます）の中で最も多くの議決権を保有することとなること

ニ　担保提供

納税が猶予される贈与税額及び利子税の額に見合う担保を税務署に提供する必要があります。納税猶予の対象となった非上場株式の全てを担保として提供した場合には、納税が猶予される贈与税額及び利子税の額に見合う担保の提供があったものとみなされます。

②　特例の対象となる非上場株式等の数（取得株数要件）

対象となる非上場株式等の数は、次のａ、ｂ、ｃの数を基にⅰ又はⅱの区分の場合に応じた数が限度となります。

ⅰ　$a \geqq b \times 2/3 - c$　の場合　：　$b \times 2/3 - c$

ⅱ　$a < b \times 2/3 - c$　の場合　：　ａの全て

「ａ」・・・先代経営者等が贈与直前に有していた非上場株式等の数

「ｂ」・・・贈与時の発行済株式等の総数

「ｃ」・・・後継者が贈与前から有していた非上場株式等の数

納税猶予を受けるためには、この限度数以上の数の非上場株式等の贈与を受ける必要があります。ⅱの場合は先代経営者が有していた株式の全部を贈与する必要があり、また、後継者が贈与前から発行済株式数の 2/3 以上を既に有していた場合には特例の適用はないこととなります。

≪特例措置≫

　一般措置においては、発行済株式総数の３分の２までという適用上限がありますが（措法 70 の７①）、特例措置にはこの制限はありません（措法 70 の７の５②八、措令 40 の８の５⑮）。ただし、特例措置においても、納税猶予を受けるためには、上記限度数以上の株数の贈与を受ける必要があります。

　なお、特例措置では最大３名の後継者に対する承継にも対象が拡大されましたが、後継者が２人又は３人の場合における取得株数要件は、次の ⅰ 及び ⅱ の要件を満たす株数になります。

　　ⅰ　　$d \geqq b \times 1/10$

　　ⅱ　　$d >$ 贈与後における先代経営者等の有する株数

　　「b」・・・贈与時の発行済株式等の総数

　　「d」・・・贈与後における後継者の有する非上場株式等の数

③　納税が猶予される贈与税の額

　贈与税の納税猶予額は、次の計算により算出します。

- ・　a：１年間に贈与を受けたすべての財産の合計額
- ・　b：aに対応する贈与税額
- ・　c：特例の対象となる非上場株式等の額
- ・　d：cに対応する贈与税額
- ・　納税猶予額：d
- ・　納付税額：b－d

　したがって、暦年課税による場合の納税猶予額は、納税猶予の対象となる非上場株式等の価額から基礎控除額（110 万円）を控除した残額に贈与税の税率を適用して計算した額となり、相続時精算課税を選択した場合は、納税猶予の対象となる非上場株式等の価額から特別控除額 2,500 万円を控除した残額に 20％を乗じた金額となります。

④　猶予税額の納付が免除される場合

　次に掲げる場合などに該当したときには、「免除届出書」・「免除申請書」を提出することにより、納税猶予税額の全部又は一部の納付が免除されます。

316　第7章　同族会社の自社株式承継

イ　先代経営者（贈与者）が死亡した場合

　　この場合、先代経営者に係る相続税については、贈与税の納税猶予の特例を受けた一定の非上場株式等を経営承継受贈者が相続又は遺贈により取得したものとみなして、贈与時の価額を基礎として他の相続財産と合算して計算することになります。

　　なお、その際、一定の要件を満たす場合には、その相続又は遺贈により取得したとみなされた非上場株式等（一定の部分に限る。）について相続税の納税猶予の特例を受けることができます。

ロ　先代経営者（贈与者）の死亡前に後継者（受贈者）が死亡した場合

ハ　「経営贈与承継期間（注1）」内において、「やむを得ない理由（注2）」により会社の代表権を有しなくなった日以後に「免除対象贈与（注3）」を行った場合

（注1）「経営贈与承継期間」とは、特例の適用に係る贈与税の申告期限の翌日から、次のa、bのいずれか早い日と後継者（受贈者）又は先代経営者（贈与者）の死亡の日の前日のいずれか早い日までの期間をいいます。

　　a　後継者（受贈者）の最初のこの制度の適用に係る贈与税の申告期限の翌日以後5年を経過する日

　　b　後継者（受贈者）の最初の「非上場株式等についての相続税の納税猶予及び免除」の適用に係る相続税の申告期限の翌日以後5年を経過する日

（注2）「やむを得ない理由」とは、次に掲げる事由のいずれかに該当することになったことをいいます。

　　a　精神保健及び精神障害者福祉に関する法律の規定により精神障害者保健福祉手帳（障害等級が1級）の交付を受けたこと

　　b　身体障害者福祉法の規定により身体障害者手帳（身体上の障害の程度が1級又2級である者として記載されているものに限ります。）の交付を受けたこと

　　c　介護保険法の規定による要介護認定（要介護状態区分が要介護5）

を受けたこと

　　d　上記aからcまでに掲げる事由に類すると認められること

（注3）免除対象贈与とは、この制度の適用を受けている非上場株式等が後継者に贈与され、その後継者が「非上場株式等についての贈与税の納税猶予及び免除」の適用を受ける場合における贈与をいいます。

ニ　経営贈与承継期間の経過後に免除対象贈与を行った場合

ホ　経営贈与承継期間の経過後において会社について破産手続開始決定などがあった場合

≪特例措置≫

　一般措置における場合の他、特例経営贈与承継期間の経過後に「事業の継続が困難な一定の事由（注）」が生じた場合において、会社について、譲渡・解散した場合に、納税猶予税額の全部又は一部の納付が免除されます。

（注）事業の継続が困難な一定の事由とは、次の場合をいいます。

　　a　過去3年間のうち2年以上赤字などの場合

　　b　過去3年間のうち2年以上売上減などの場合

　　c　有利子負債≧売上の6か月分の場合

　　d　類似業種の上場企業の株価が前年の株価を下回る場合

　　e　心身の故障等により後継者による事業の継続が困難な場合（譲渡・合併のみ）

⑤　猶予税額の納付をすることとなる場合

　次のいずれかに該当することとなった場合などには、猶予税額の全部又は一部と利子税を併せて納付しなければなりません。

　イ　経営贈与承継期間に、経営承継受贈者が代表権を有しないこととなった場合

　ロ　経営贈与承継期間の常時使用する従業員の平均数が、贈与時の数の8割未満となった場合

　ハ　経営承継受贈者が特例の適用を受けた非上場株式等の全部又は一部を譲渡等した場合（経営贈与承継期間経過後は譲渡等した部分に対応する

318 第7章 同族会社の自社株式承継

贈与税及び利子税）

ニ 資産保有型会社又は資産運用型会社で一定のものに該当することと
なった場合

≪特例措置≫

経営贈与承継期間の常時使用する従業員の平均数が贈与時の数の8割を下
回った場合は、下回った理由等を記載した報告書（認定経営革新等支援機関
の意見が記載されているもの）を都道府県知事に提出し確認を受けることに
より、引き続き納税が猶予されます。

なお、その報告書及び確認書の写しは、継続届出書に添付することとされ
ています。

【事例7－4】 贈与税の納税猶予（一般・特例対比）

問　当社の現経営者が所有している当社株式をすべて後継者（長男）
へ贈与し、事業承継税制による納税猶予制度を適用する予定です。この
場合、一般措置及び特例措置の場合における納税猶予税額の計算はどの
ようになるのでしょうか。現在の株式所有状況等は次のとおりです。

・発行済株数：1,200株
・経営者贈与前所有株数：1,000株
・後継者贈与前所有株数：200株
・株式評価額：10,000円/株

答

≪一般措置≫

贈与後の後継者所有株数が発行済株数の2/3を超えるため、納税猶予
の対象となる株数は600株となります。

・納税猶予対象株数

（200株＋1,000株）＞1,200株×2/3

∴ 1,000 株 − {(200 株＋ 1,000 株) − 1,200 株× 2/3} = 600 株
・課税価格
　(全体) 1,000 株× 10,000 円＝ 10,000,000 円
　(納税猶予) 600 株× 10,000 円＝ 6,000,000 円
・贈与税額
　(全体) 10,000,000 円－ 1,100,000 円) × 30%－ 900,000 円
　　　　　　　　　　　　　　　　　　　　= 1,770,000 円
　(納税猶予) (6,000,000 円－ 1,100,000 円) × 20%－ 300,000 円
　　　　　　　　　　　　　　　　　　　　= 680,000 円
・納税猶予額　680,000 円
・納付税額　1,770,000 円－ 680,000 円＝ 1,090,000 円
≪特例措置≫
　納税猶予の対象となる株数に制限はないため、贈与株数 1,000 株の全てが対象となります。
・納税猶予対象株数　1,000 株
・課税価格
　1,000 株× 10,000 円＝ 10,000,000 円
・贈与税額
　10,000,000 円－ 1,100,000 円) × 30%－ 900,000 円
　　　　　　　　　　　　　　　　　　　　= 1,770,000 円
・納税猶予額　1,770,000 円
・納付税額　1,770,000 円－ 1,770,000 円＝ 0 円

(3)　相続税の納税猶予制度

　相続税の納税猶予制度については、贈与税の納税猶予制度における贈与者を被相続人に、受贈者を相続人に、それぞれ置き換えることになりますが、贈与税の納税猶予制度と異なる主な点について以下に記載します。

320　第7章　同族会社の自社株式承継

① 相続税の特例を受ける要件【贈与税の特例との主な相違点】

イ　先代経営者である被相続人の主な要件

　a　相続開始前のいずかの日において会社の代表権を有していたことがあること【贈与税の特例では、贈与時に代表権を有していないことが要件】

≪特例措置≫

　　贈与税の特例と同様に、同一の会社について、複数の者からの相続又は遺贈についても適用を受けることができることとされましたが、相続又は遺贈の時期によって、特例被相続人の要件は異なります。相続開始の直前において、既に事業承継税制の適用を受けている者がある場合には、代表権を有していたことや一定以上の議決権数を保有していることなどの要件は不要となります（措法70の7の6①、措令40の8の6①）。

ロ　後継者である相続人等の主な要件

　a　相続開始の日の翌日から5か月を経過する日において会社の代表権を有していること【贈与税の特例の場合、贈与時点で代表権を有していること】

　b　相続開始の直前に役員であること（被相続人が60歳未満で死亡した場合等を除きます。）【贈与税の特例の場合、役員に就任して3年以上経過していること】

② 納税が猶予される相続税の額

　次のイからロを差し引いた相続税額の納税が猶予されます。イ及びロの税額を計算する場合の経営承継相続人等以外の者の取得した財産は、実際に経営承継相続人等以外の者が相続等により取得した財産によります。

　　イ　経営承継相続人等が取得した財産が特例の適用を受ける非上場株式等のみであると仮定した場合に算出される経営承継相続人等の相続税額

　　ロ　経営承継相続人等が取得した財産が特例の適用を受ける非上場株式等の20%のみであると仮定した場合に算出される経営承継相続人等の相続税額

≪特例措置≫

一般措置では、非上場株式等の課税価格の80％に対応する相続税額が納税猶予税額とされていますが、特例措置では、非上場株式等の課税価格の全てに対応する相続税額が納税猶予額になります。具体的には、次のステップで計算します。

・ステップ1

　　課税価格の合計額に基づいて計算した相続税の総額のうち、後継者の課税価格に対応する相続税①を計算します。

・ステップ2

　　後継者が取得した財産が特例措置の適用を受ける非上場株式等のみであると仮定した相続税の総額のうち、非上場株式等に対応する後継者の相続税②を計算します（債務や葬式費用がある場合は、非上場株式等以外の財産から先に控除します。）。

・ステップ3

　　「②の金額」が「納税が猶予される相続税」となります。

　　なお、「①の金額」から「納税が猶予される相続税（②の金額）」を控除した「③の金額（納付税額）」は、相続税の申告期限までに納付する必要があります。

【事例7－5】　相続税の納税猶予（一般・特例対比）

問　当社の現経営者が亡くなり、相続財産の当社株式をすべて後継者（長男）が取得した場合、一般措置及び特例措置における相続税の納税猶予額の計算はどのようになるのでしょうか。相続人及び相続財産は次のとおりです。

　①相続人：長男（後継者）、二男

　②遺産総額：30,000万円

　③納税猶予の対象となる当社株式：10,000万円

　④後継者の取得財産：当社株式10,000万円、預貯金5,000万円

⑤二男の取得財産：預貯金 15,000 万円

答

≪一般措置≫

　相続税の納税猶予税額は、後継者が納税猶予の対象となる株式のみを取得した場合における相続税額から、後継者が納税猶予の対象となる株式価額の 20%相当額のみを取得した場合における相続税額を控除した金額となります。

　1　通常の相続税の計算

　　・課税遺産額：25,800 万円

　　・相続税の総額：6,920 万円

　　・長男の相続税額：3,460 万円①

　2　長男が株式のみを相続する場合の相続税の計算

　　・課税遺産額：20,800 万円

　　・相続税の総額：4,920 万円

　　・長男の相続税額：1,968 万円②

　3　長男が株式の 20%のみを相続する場合の相続税の計算

　　・課税遺産額：12,800 万円

　　・相続税の総額：2,440 万円

　　・長男の相続税額：287 万円③

　4　長男の納税猶予税額（＝②－③）：1,681 万円④

　5　長男の納付税額（＝①－④）：1,779 万円

≪特例措置≫

　相続税の納税猶予税額は、後継者が納税猶予の対象となる株式のみを取得した場合における相続税額の全額となります。

　1　通常の相続税の計算

　　・課税遺産額：25,800 万円

　　・相続税の総額：6,920 万円

・長男の相続税額：3,460万円①
　2　長男が株式のみを相続する場合の相続税の計算
　　・課税遺産額：20,800万円
　　・相続税の総額：4,920万円
　　・長男の相続税額：1,968万円②
　3　長男の納税猶予税額（＝②）：1,968万円③
　4　長男の納付税額（＝①－③）：1,492万円

（4）　納税猶予制度のメリット・デメリット

　適切な後継者が存在する場合には、事業承継において、自社株式を後継者へ生前贈与することで、経営権の引継や相続時の紛争防止を効果的に行うことができます。

　また、当制度を適切に活用することにより後継者は贈与税の免除を受けることができ、更に、事業から得られる報酬・配当等により後継者の資産形成に役立てることができます。

　一方で、特例の適用に係る要件・手続が極めて複雑・煩瑣であり、慎重な対応が求められ、当制度を利用したとしても、最終的に贈与税・相続税の減免に必ず結びつくという保証はありません。

　平成30年度改正により創設された特例措置においては、①納税猶予の対象となる非上場株式等の制限（総株式数の最大2/3まで）の撤廃、②納税猶予割合の引上げ（相続税：80％から100％）、③雇用確保要件の実質的撤廃（報告書・確認書の提出）などの要件緩和が行われていますが、納税猶予の特例を適用した後において、筆頭株主の交代、組織変更・解散等その他事業継続要件に抵触する場合には、猶予税額及び利子税を合わせて納付する必要がでてきます。

　また、納税猶予の特例を適用した場合には、「納税猶予の継続届出書」を贈与税又は相続税の申告期限後5年間は毎年、5年経過後は3年ごとに提出す

る必要があり、この届出書の提出は免除要件に該当するまで続くことになります。

　納税猶予制度の適用に当たっては、納税資金を工面することなく自社株式を後継者へ引き継ぐことができるメリットと、事業継続要件を維持できなくなった場合などに利子税と本税を合わせた納税を行うリスクとを比較考慮の上、長期的な展望に立って、慎重な検討を行う必要があります。

6 取引相場のない株式の評価

自社株式の評価額は、経営者から後継者へ自社株式を譲渡、贈与又は相続により移転する場合の基準となる価額として使用されます。

○　譲渡する場合：贈与税の課税を受けないための売買価格

○　贈与する場合：贈与税の課税価格

○　相続する場合：相続税の課税価格

取引相場のない株式（上場株式、登録銘柄、店頭管理銘柄及び公開途上にある株式以外の株式をいう。）は、株式を取得した株主が、その株式を発行した会社の経営支配力を持っている同族株主か、それ以外の株主等かの区分により、それぞれ原則的評価方式又は特例的な評価方式の配当還元方式により評価します。

経営者から自社株式を取得する後継者においては、通常、経営支配力を持っている同族株主に該当し、原則的評価方式により評価するケースが多いものと思われます。

（1）　原則的評価方式

原則的評価方式は、評価する株式を発行した会社を従業員数、総資産価額及び売上高により大会社、中会社又は小会社のいずれかに区分して、その区分ごとに定められています（評基通 179）。

【図表7－8　原則的評価方式】

規模区分	評価方法
大会社	①と②のいずれか低い方の金額
中会社	（①と②の低い方の金額× L）＋（②×（1－L））
小会社	②の金額と（①× 0.5 ＋②× 0.5）のいずれか低い方の金額

・①→類似業種比準価額

・②→純資産価額

・L →中会社を更に大・中・小に区分し、それぞれ 0.9、0.75、0.6 を採用する

大会社は、原則として、類似業種比準方式により評価します。類似業種比

準方式は、類似業種の株価を基に、評価する会社の1株当たりの配当金額、利益金額及び簿価純資産価額の3つの比準要素で比準して評価する方法です。

小会社は、原則として、純資産価額方式により評価します。純資産価額方式は、会社の総資産や負債を原則として相続税の評価に洗い替えて、その評価した総資産の価額から負債や評価差額に対する法人税額等相当額を差し引いた残りの金額により評価する方法です。

中会社は、大会社と小会社の評価方法を併用して評価します。

いずれの規模区分においても、純資産価額の金額が類似業種比準価額より低い場合には、純資産価額を採用することとされているため、純資産価額がゼロ又はマイナスの場合には、株価はゼロとなります。

（2） 特例的な評価方式

取引相場のない株式は、原則として、以上のような方式により評価しますが、同族株主以外の株主等が取得した株式については、その株式の発行会社の規模にかかわらず原則的評価方式に代えて特例的な評価方式の配当還元方式で評価します。配当還元方式は、その株式を所有することによって受け取る一年間の配当金額を、一定の利率（10%）で還元して元本である株式の価額を評価する方法です（評基通188－2）。

（3） 特定の評価会社の株式の評価

次のような特定の評価会社の株式は、原則として、①～⑤については純資産価額方式により、⑥については清算分配見込額により評価することになっています（評基通189－2～189－6）。

なお、①～④の会社の株式を取得した同族株主以外の株主等については、特例的な評価方式である配当還元方式により評価することもできます。

① 比準要素数1の会社

類似業種比準方式で評価する場合の3つの比準要素である配当金額、利益

6 取引相場のない株式の評価　　*327*

金額及び簿価純資産価額のうち直前期末を基準にして要素のいずれか2つが
ゼロであり、かつ、直前々期末を基準にして要素のいずれか2つ以上がゼロ
である会社

【事例7－6】　比準要素1の会社の判定

問　純資産価額は継続的にプラスですが配当は行っていない会社にお
いて、過去3期分の所得金額（利益金額）が次のようなケースの場合、
それぞれ比準要素1の会社の判定はどうなるでしょうか。

	ケース1	ケース2	ケース3
平成31年3月期の所得①	1,000	▲2,000	▲1,000
平成30年3月期の所得②	▲2,000	1,000	▲1,000
平成29年3月期の所得③	▲2,000	▲2,000	2,000

答　比準要素1の会社とは、直前期末を基準とした比準要素（配当金
額・利益金額・純資産価額）のうち、いずれか2つが0で、かつ、直前々
期末を基準とした比準要素のうち、いずれか2つ以上が0である会社で
す。

　純資産価額がプラスで無配が続いている会社においては、直前期末を
基準とした比準要素のうち1つ（配当金額）が0になっており、直前々
期末を基準とした比準要素についても1つ（配当金額）が0になってい
ますので、直前期末を基準とした利益金額及び直前々期末を基準とした
利益金額のいずれも0の場合に「比準要素1の会社」に該当することに
なります。

　直前期末を基準とした利益金額については、納税者の選択により、直
前期の利益金額と直前々期の利益金額との平均額によることができま
す。さらに、直前々期末を基準とした利益金額についても、納税者の選
択により、直前々期の利益金額と直前々々期の利益金額との平均額によ

328　第7章　同族会社の自社株式承継

ることができます。

　したがって、直近3期の利益金額について、次のイ～ハのいずれかに該当すれば、判定上、利益金額は0にならないため比準要素1の会社には当たりません。

　　イ　直前期がプラス
　　ロ　直前々期がプラス
　　ハ　直前々期と直前々々期の平均がプラス（直前々々期の絶対値＞直前々期の絶対値）

　上記ケース1では直前期がプラス、ケース2では直前々期がプラス、ケース3では直前々期と直前々々期の平均がプラスですので、いずれのケースも「比準要素1の会社」には該当しません。

　特にケース3のように、直前々々期の利益金額の絶対値が直前々期の赤字金額の絶対値を超えている時は、比準要素1の会社に該当しませんので、注意が必要です。

	ケース1	ケース2	ケース3
直前期　　　　　　　　①	1,000	▲2,000	▲1,000
直前期と直前々期の平均（①＋②）÷2	▲500	▲500	▲1,000
直前々期　　　　　　　②	▲2,000	1,000	▲1,000
直前々期と直前々々期の平均（②＋③）÷2	▲2,000	▲500	500

②　株式保有特定会社

　総資産価額中に占める株式や出資の価額の合計額の割合が一定の割合以上の会社

③　土地保有特定会社

　総資産価額中に占める土地などの価額の合計額の割合が一定の割合以上の会社

④　開業後3年未満の会社等

　課税時期（相続の場合は被相続人の死亡の日、贈与の場合は贈与により財産を取得した日）において開業後の経過年数が3年未満の会社や、類似業種比準方式で評価する場合の3つの比準要素である配当金額、利益金額及び簿価純資産価額の直前期末の要素がいずれもゼロである会社

⑤　開業前又は休業中の会社

⑥　清算中の会社

【図表7−9　特定の評価会社の株式の評価】

評価会社	同族株主の原則的評価方式	同族株主以外の株主
①比準要素数1の会社	純資産価額方式（Lの割合を0.25とする類似業種比準方式との併用、選択可）	純資産価額方式又は配当還元方式
②株式保有特定会社	純資産価額方式（S_1＋S_2方式の選択可）	純資産価額方式又は配当還元方式
③土地保有特定会社	純資産価額方式	純資産価額方式又は配当還元方式
④開業後3年未満の会社	純資産価額方式	純資産価額方式又は配当還元方式
⑤開業前又は休業中の会社	純資産価額方式	純資産価額方式
⑥清算中の会社	清算分配見込額	清算分配見込額

（4）個人・法人間取引における株式評価

　個人が法人へ譲渡する場合及び法人が個人又は法人へ譲渡する場合における取引相場のない株式の評価額（時価）は、原則として、次によることを条件に、財産評価基本通達」の例により算定することとされています（所基通59-6、法基通9-1-14）。

①　「同族株主」に該当するかどうかは、株式を譲渡した個人の当該譲渡直前の議決権の数により判定すること。

②　株式を譲渡した個人が当該株式の発行会社にとって「中心的な同族株主」に該当するときは、当該発行会社は常に「小会社」に該当するもの

330　第 7 章　同族会社の自社株式承継

としてその例によること。

③　当該株式の発行会社が土地又は金融商品取引所に上場されている有価証券を有しているときは、「1株当たりの純資産価額（相続税評価額）」の計算に当たり、これらの資産については、当該譲渡の時における価額によること。

④　「1株当たりの純資産価額（相続税評価額）」の計算に当たり、評価差額に対する法人税額等に相当する金額は控除しないこと。

【図表 7 − 10　個人・法人間取引における株式評価の相違点】

項　　　目	相続・贈与 （財産評価基本通達）	法人への譲渡 （所基通 59 − 6 ）
同族株主の判定	相続贈与後の議決権数で判定	譲渡前の議決権数で判定
中心的な同族株主に該当する場合の会社規模	従業員数、総資産価額、年間取引金額で判定	小会社
土地・上場株の評価	土地は路線価等に基づき、上場株は相続贈与時の価格・当月平均額・前月平均額・前々月平均額の最低価額	譲渡時の価額
法人税等の控除	控除する	控除しない

第8章

会社の清算

第8章のポイント
(会社の清算)

○　会社の解散とは、法人格の消滅原因となる法的手続で、会社が解散しても直ちに法人格は消滅せず、清算手続へと移行します。会社の清算とは、解散までの法律的・経済的関係を後始末する手続を意味し、財産・債務の整理を行い、残余財産を確定し、それを株主に分配して清算は結了し会社は消滅します。

○　会社が解散した場合、事業年度開始の日から解散の日までを解散事業年度とし、解散の日の翌日から1年ごとの期間を清算事業年度として確定申告を行います。なお、清算事業年度の途中で残余財産が確定した場合は、残余財産確定の日までを1事業年度とみなし確定申告を行います。

○　解散事業年度や清算事業年度における確定申告については、継続企業を前提とした税額控除や特別償却等の適用の可否につき注意を要します。解散すると、本来の事業活動はできないため、営業活動の継続を政策的に優遇する観点から設けられた諸制度は適用できません。

○　解散事業年度における青色欠損金の繰戻し還付制度については、資本金の額に関係なく適用可能であり、解散事業年度が赤字でその直前期が黒字の場合だけでなく、解散事業年度の直前期が赤字でその直前々期が黒字の場合にも適用が認められます。

○　平成22年度改正において、清算事業年度における所得計算構造が、財産法に基づくものから損益法に基づくものへと変わるとともに、清算事業年度末において残余財産がないと見込まれることを要件として期限切れ欠損金の損金算入制度が設けられました。

○　残余財産確定の日に終了する清算事業年度に係る確定申告書の提出期限は、残余財産確定の日の翌日から1か月以内です。残余財産確定の日については、実務上、様々なケースが見受けられますが、財産の換価がすべて終了し、租税債務を含むすべての債務が計上可能となった時点をもって、残余財産確定の日とするのが妥当であると考えます。

はじめに

　平成 22 年度税制改正において、会社を解散し清算する場合の所得計算構造が、いわゆる財産法に基づくものから損益法に基づくものへと大きく変わりました。従来の財産法の考え方によると、会社が債務超過に陥っており残余財産がないケースでは、課税の問題は生じませんでした。しかし、平成 22 年 10 月 1 日以後の解散に適用される改正後の制度では、通常の事業年度と同様の所得計算構造に基づき、清算事業年度ごとに税金を計算するため、清算に向けた財産・債務の整理の過程で、会社債務の免除を受けて生じた債務免除益や、会社が所有する固定資産の売却により生じた売却益等は法人税法上の益金として認識され、それらに基づく所得が青色欠損金の繰越控除でカバーできない場合は、課税の問題が生じることとなりました。その点に関して、同改正では、各清算事業年度末において、実態を表す貸借対照表に基づき残余財産がないと見込まれることを条件に、いわゆる期限切れ欠損金の損金算入を認める制度が導入されました。改正後の清算事業年度に係る法人税の確定申告では、とりわけこの制度の適用の可否が重要な意味を持つものと考えられます。

　本章においては、税制改正後の会社の解散・清算につき、まず会社法に係る諸手続を概観した後、その税務申告に関して特に留意すべき点を中心に解説していきます。なお、任意による解散の場合の会社解散から清算結了までの税務、法務に係るスケジュールの一例を示すと、次表のとおりとなります。

【図表8－1　会社解散～清算結了に係るスケジュールの一例】
（株主総会に基づく解散で、清算事業年度2期目の途中に残余財産が確定した場合）

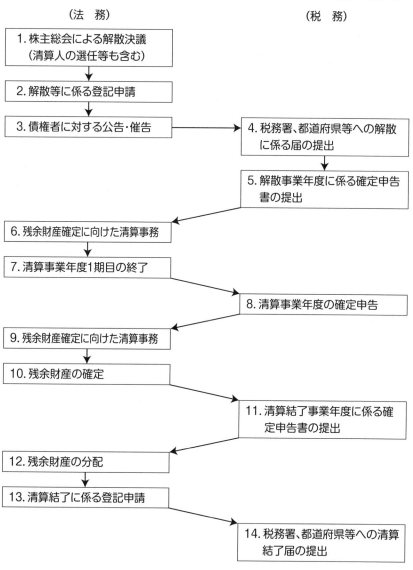

はじめに　*335*

【図表 8 − 2　図表 8 − 1 に係る手続の期限等】

図表 8 - 1 番号

2	解散等に係る登記申請	解散の日から 2 週間以内 (会社法 926)
3	債権者に対する公告・催告	【公告】解散後遅滞なく（会社法 499）【催告】知れている債権者には各別に催告の要有り（会社法 499）
4	税務署等への解散届の提出	異動後遅滞なく（法法 20）
5	解散事業年度の確定申告	解散の日の翌日から 1 か月以内（法法 74 ①）
6、7	清算事業年度	解散の日の翌日から 1 年毎（会社法 494 ①、法法 13 ①、法法 14 ①）
8	清算事業年度の確定申告	清算事業年度終了の日の翌日から 2 か月以内（法法 74 ①）
10	残余財産の確定	清算人の判断で適宜（法律上明確な規定なし）
11	清算結了事業年度の確定申告	残余財産確定の日の翌日から 1 か月以内（法法 74 ②）（上記期間内に残余財産の最後分配が行われる場合には分配の日の前日まで）
13	清算結了登記	清算事務に係る決算報告承認の日から 2 週間以内（会社法 929）
14	税務署等への清算結了届の提出	異動後、遅滞なく（法法 20）

336　第8章　会社の清算

1 会社の解散・清算

　会社の解散とは、会社の法人格消滅（権利能力喪失）の原因となる法的手続です。会社が解散しても直ちに法人格は消滅せず、清算手続へと移行し、清算手続中の会社を清算株式会社といいます。

　会社の清算とは、会社の解散後にそれまでの法律的・経済的関係の後始末をする手続を意味します。清算株式会社は、清算の目的の範囲内で存続するとみなされ、本来の事業活動はできなくなります（会社法476）。解散すると、財産・債務の整理を進め、残余財産を確定し、それを株主に分配して会社の清算は結了します。その後、清算結了に係る登記を終えると、最終的にすべての権利能力を失い会社は消滅します。

　会社法の下で、会社が解散する事由は以下のとおりです。

会社法第 471 条　解散の事由

　株式会社は、次に掲げる事由によって解散する。

一　定款で定めた存続期間の満了

二　定款で定めた解散の事由の発生

三　株主総会の決議

四　合併（合併により当該株式会社が消滅する場合に限る。）

五　破産手続開始の決定

六　第 824 条第 1 項又は第 833 条第 1 項の規定による解散を命ずる裁判

　会社の任意による解散で最も多いケースは、株主総会の決議によるものです。会社は、いつでも株主総会の特別決議により解散することができます。特別決議とは、原則として、当該株主総会において議決権を行使することができる株主の議決権の過半数を有する株主が出席し、出席した株主の議決権の3分の2以上に当たる賛成により可決される決議です（会社法309②）。

会社が破産宣告を受けた場合にも、会社は解散し、破産手続が開始されます。当該破産手続開始の登記は、裁判所により職権でなされます。破産の場合は裁判所の監督下に置かれ、破産管財人によって整理されますから、任意による解散の場合の清算手続とは異なります。

　なお、株式会社に関する最後の登記から 12 年を経過した休眠会社（特例有限会社は含まない）に対しては、みなし解散制度があります。これは、長期間登記に変動がない会社の中には、実際は営業を廃止したにもかかわらず、解散登記をしないまま放置されている場合があり、これを整理する趣旨で設けられた制度です。休眠会社に対し、法務大臣が 2 か月以内にまだ事業を廃止していない旨の届出をするよう官報に公告した場合に、その届出がないときは、2 か月の期間満了時に解散したものとみなされ（会社法 472 ①）、最終的に登記官の職権で解散登記がなされます（商登法 72）。なお、みなし解散制度により解散したものとされた場合であっても、その後 3 年内に限り、株主総会の特別決議をもって会社を継続することが可能です（会社法 473）。

【図表8－3　休眠会社・休眠一般法人の整理作業の流れ】

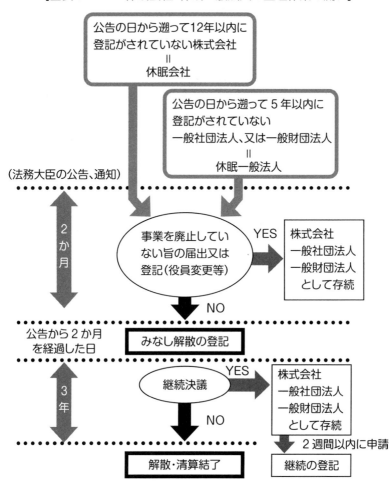

(出典：法務省ホームページ)

2 解散・清算に係る会社法上の諸手続

（1） 清算人の選任と会社の機関設計

> **会社法第478条第1項　清算人の就任**
>
> 次に掲げる者は、清算株式会社の清算人となる。
> 一　取締役（次号又は第3号に掲げる者がある場合を除く。）
> 二　定款で定める者
> 三　株主総会の決議によって選任された者

　清算株式会社は、1名又は2名以上の清算人を置かなければなりません（会社法477①）。解散前の取締役全員が清算人となる法定清算人の場合は、清算人の選任決議は不要ですが、解散前の取締役以外の者や、解散前の取締役の一部を清算人とする場合は、解散を決議する株主総会において清算人の選任が必要です。なお、上記により清算人となる者がいないときは、利害関係人の申立てにより、裁判所が清算人を選任します（会社法478②）。

　清算人は、最低1名で構いませんが（会社法477①）、清算人会を設置する場合には3名以上必要となります（会社法478⑧、331⑤）。清算人会を設置するかどうかは、定款に監査役会を置く旨の定めがある会社以外は任意です（会社法477②③）。

　清算人は清算株式会社を代表し（会社法483①）、2名以上ある場合には各自が代表となります（会社法483②）。また、定款、定款の定めに基づく清算人の互選又は株主総会の決議により代表清算人を定めることも可能です（会社法483③）。なお、清算人会を設置する場合には、清算人会において代表清算人を選定します（会社法489③）。

　監査役の設置については、解散時に株式譲渡制限がない公開会社や資本金が5億円以上又は負債総額が200億円以上の大会社を除けば任意です（会社法477④）。監査役を設置しない場合、解散前の定款で監査役を設置する旨

340　第8章　会社の清算

の定めがあるときは、株主総会においてそれを廃止する定款変更の手続が必要となります（会社法480）。

　なお、清算人を登記する際には、その変更後の内容を明らかにするために定款の添付が義務付けられています（商登法73①）。

　清算株式会社の機関設計をパターン別にみると、図表8－4のとおりとなります。

【図表8－4　解散した会社の機関設計のパターン】

	清算人	監査役	清算人会	監査役会	設置の場合のポイント
①	○				＊清算人は1名又は複数名を選任することが可能。 ＊監査役を設置しない場合、定款上の監査役の定めを廃止する。
②	○	○			＊解散時に公開会社又は大会社に該当する場合、監査役の設置が強制となる。 ＊定款で監査役の設置を定める。 ＊監査等委員会設置会社であった清算株式会社では、監査等委員である取締役が監査役となる。
③	○		○		＊清算人を3名以上設置する必要がある。 ＊定款で清算人会の設置を定める。 ＊清算人会において代表清算人を選定する。 ＊監査役を設置しない場合、定款上に監査役の定めがある場合はそれを廃止する。
④	○	○	○		＊清算人、監査役、清算人会については①～③を参照
⑤	○	○	○	○	＊監査役会設置の場合、監査役を3名以上置く必要があり、その半数以上が過去に当該会社の取締役等になったことがない者でなければならない。 ＊監査役会設置会社は、清算人会の設置が強制される。 ＊定款で監査役会の設置を定める。 ＊その他については①～③を参照。

　図表8－4によるパターンについて、公開・非公開及び会社規模の大小を勘案してあてはめると図表8－5のようになります。

2　解散・清算に係る会社法上の諸手続　*341*

【図表8−5　会社規模等による機関設計パターンのあてはめ】

	大会社	小会社
公開会社	図表8−4②、④、⑤	図表8−4②、④、⑤
非公開会社	図表8−4②、④、⑤	図表8−4①、②、③、④、⑤

(注)　公開会社とは、その発行する全部又は一部の株式の内容として譲渡による当該株式の取得について株式会社の承認を要する旨の定款の定めを設けていない株式会社をいう（会社法2五）。

（2）　清算人の職務

> **会社法第481条　清算人の職務**
>
> 　清算人は、次に掲げる職務を行う。
> 　一　現務の結了
> 　二　債権の取立て及び債務の弁済
> 　三　残余財産の分配

　清算人に就任した者は、上記の職務に従事します。

　現務の結了とは、解散の時点で完了していない事務を完了することをいいます。例えば、解散時に残っている在庫の販売や、解散前から雇用している従業員との労働契約の解消、解散前に締結した契約の履行や引き続く訴訟を処理することもその一つであると考えられます。

　清算人は、売掛金や貸付金等の会社債権につき履行を受け、また、会社が所有する固定資産等を売却し換価を進めつつ、反対に、会社が有する買掛金や借入金等の債務については弁済していきます。会社の債権者に対しては、解散後に遅滞なく、2か月を下らない期間を定め、その期間中に清算株式会社に対する債権を申し出るべき旨を官報に公告し、この期間内に申出がない場合、清算から除かれる旨を付記しなければなりません（会社法499①②）。とりわけ、知れたる債権者には、各別に債権の申出を催告することが必要となります（会社法499①）。

342　第8章　会社の清算

　清算人は、解散の日から2週間以内に当該解散や清算人等の登記を行います（会社法926）。登記にあたっては、解散を決議した株主総会議事録や変更後の定款等を添付します。

　清算人に就任すると、遅滞なく清算株式会社の財産の現況を調査し、清算開始時点の会社財産の状態を明らかにするため、財産目録及び貸借対照表を作成の上、株主総会においてこれらの承認を受ける必要があります（会社法492）。なお、原則として、財産目録に計上すべき財産については処分価格を付し（会社規144②）、資産、負債及び正味財産に区分して表示しなければなりません（会社規144③）。処分価格とは、資産を売却する場合の見積額から、売却に係るコストの見積額を差し引いた額になります[3]。

　また、貸借対照表は、財産目録に基づいて作成し（会社規145②）、資産、負債及び純資産に区分して表示しなければならず（会社規145③）、処分価格を付すことが困難な資産については、評価に係る方針を注記しなければならないものとされています（会社規145④）。

（3）　会計書類と事業年度

> **会社法第494条　貸借対照表等の作成及び保存**
>
> 　清算株式会社は、法務省令で定めるところにより、各清算事務年度（第475条各号に掲げる場合に該当することとなった日の翌日又はその後毎年その日に応当する日（応当する日がない場合にあっては、その前日）から始まる各1年の期間をいう。）に係る貸借対照表及び事務報告並びにこれらの附属明細書を作成しなければならない。

　旧商法では、会社清算中の計算期間について特段の規定は設けられていませんでした。会社法の下では、会社が解散した場合、その解散した日の翌日

────────────

[3] 太田達也「『解散・清算の実務』完全解説（第3版）」P 62

又はその後毎年その日に応答する日から始まる各1年間を清算事務年度とし、各清算事務年度において、貸借対照表等の作成が義務付けられました。

会社法494条1項の定めにより作成する貸借対照表についても、解散時に作成するものと同様に、資産、負債及び純資産に区分して表示する必要があり（会社規146②）、処分価格が付されたものであると考えられます[4]。後述する期限切れ欠損金の損金算入制度を適用する場合には、「残余財産がないと見込まれることを説明する書類」が必要となるため（P 362(3)②参照）、各清算事務年度における処分価格が付された貸借対照表が、法人税法上でも重要な意味を持つものとなりました。

法人税法上の清算事業年度についてみると、法人の財産及び損益の計算の単位となる期間で、法令で定めるもの又は法人の定款等に定めるものをいうとされており（法法13①）、会社法の下での各清算事務年度はこれに該当することになります。したがって、解散・清算に係る法人税法上の事業年度については、解散の日の属する事業年度開始の日から解散の日までの期間を1事業年度（解散事業年度）、解散の日の翌日からその事務年度終了の日までの期間を1事業年度（清算事業年度）とします（法法14①、法基通1-2-9）。会社の残余財産が事業年度の途中で確定した場合には、その事業年度開始の日から残余財産確定の日までの期間を1事業年度とみなすことになります（法法14①二十一）。

なお、破産手続では、清算事務年度に係る定めがないため、会社が定款に定める事業年度を法人税法上の事業年度とします。破産手続開始決定の日に事業年度が終了し、その翌日から定款に定める事業年度末（従前の年度末）までが1事業年度となり、その後は定款に定めた事業年度を繰り返します。

---

[4] 太田達也『前掲書』P 68

344 第 8 章 会社の清算

【事例 8 - 1】 解散による事業年度

問 当社は 3 月決算の法人です。株主総会決議に基づき平成 30 年 12 月 15 日に解散することになりました。その場合の法人税法上の事業年度について教えてください。なお、1 年半程度で残余財産を確定し、清算を結了する予定です。

答 残余財産の確定が、解散から 1 年半後の令和 2 年 6 月 15 日である場合の事業年度は下記のとおりです。

（解散事業年度）平成 30 年 4 月 1 日〜同年 12 月 15 日

（清算事業年度）平成 30 年 12 月 16 日〜令和 1 年 12 月 15 日

（残余財産の確定する事業年度）令和 1 年 12 月 16 日〜令和 2 年 6 月 15 日

（4） 残余財産の分配と清算結了

　株主に対する残余財産の分配は、全ての債務を弁済した後でなければできません（会社法502）。これは、債権者に対する弁済の前に株主への残余財産の分配を禁じたものであり、債権者保護を趣旨とします[5]。残余財産については、その分配に係る種類株式が発行されている場合以外は、原則として株主が有する株数に応じて分配されます（会社法 504 ③）。

　清算人は、残余財産の確定・分配が終わり、清算が結了した際は、本店所在地において決算報告承認の日から 2 週間以内に清算結了登記をしなければなりません（会社法929）。ただし、それで会社が消滅するわけではなく、清算結了登記のみがなされても実際に清算が結了していないと会社は存続しているものと考えられます[6]。また、清算人には、清算結了の登記時から 10 年

---

[5] 前田庸『会社法入門（第12版）』P 779

[6] 前田庸『前掲書』P 781、宮島司『新会社法エッセンス（第4版）』P 401

間、会社の帳簿資料を保存する義務があります（会社法508）。

　なお、法人税法においても、会社の清算結了については、実質的に判定すべきものであるとされ、各事業年度の所得に対する法人税を納める義務を履行するまで、会社はなお存続するものとされています（法基通1－1－7）。

346 第8章 会社の清算

3 解散事業年度の税務

（1） 解散届の提出

　会社が解散したときは、遅滞なく諸官庁に届け出る必要があります。所定の様式はないため、異動届出書を用いて、所轄税務署、都道府県、市町村に届け出ます。当該届出書には、解散の事実が記載された会社の登記事項証明書を添付します。なお、平成29年4月1日以降については簡素化が図られ、税務署へ提出する届出書には登記事項証明書の添付は不要となりました。

　届出書の記載の仕方は347、348ページのとおりです。

3　解散事業年度の税務　　*347*

異 動 届 出 書

		※ 整理番号	
		※連結ｸﾞﾙｰﾌﾟ整理番号	

税務署受付印

	提出法人	（フリガナ）	
	☑□□□□	本店又は主たる事務所の所在地	〒　－ ××県××市××町987番地 電話（0123　）45　－　6789
年　月　日	単体法人・連結親法人・連結子法人・連結親法人となる法人・連結子法人となる法人	（フリガナ） 納　税　地	〒　－ ××県××市××町987番地
		（フリガナ） 法人等の名称	カブシキガイシャ　〇〇ショウジ 株式会社　〇〇商事
××税務署長殿		法 人 番 号	｜　｜　｜　｜　｜　｜　｜　｜　｜　｜　｜　｜　｜
次の事項について異動したので届け出ます。		（フリガナ） 代表者氏名	〇〇　△△　　　　　　　㊞
		（フリガナ） 代表者住所	〒　－ ××県××市××町123番地

異動のあった □連結親法人 □連結子法人 □連結子法人となる法人		（フリガナ） 法 人 名 等				整理番号	
	（提出法人の場合は記載不要） □連結親法人□連結親法人となる法人 □異動のあった法人に係る	納　税　地 (本店又は主たる事務所の所在地)	〒　－　（　　局） 電話（　　）　－		※税務署処理欄	部　門	
					決算期	
		（フリガナ） 代表者氏名			業種番号	
					整理簿	
		代表者住所	〒　－		回付先	□ 親署 ⇒ 子署 □ 子署 ⇒ 調査課

異 動 事 項 等	異　動　前	異　動　後	異動年月日（登記年月日）
その他		解散　代表清算人　〇〇　△△	平成30年10月31日
事業年度の変更	自　4月1日　至　3月31日	自　11月1日　至　10月31日	平成30年10月31日
所轄税務署	税　務　署	税　務　署	

納税地を変更した場合	給与支払事務所等の移転の有無　□ 有　□ 無(名称等変更有)　□ 無(名称等変更無) ※　「有」及び「無(名称等変更有)」の場合には「給与支払事務所等の開設・移転・廃止届出書」を提出してください。
事業年度を変更した場合	変更後最初の事業年度：(自)平成 30 年 11 月 1 日 (至)令和 1 年 10 月 31 日
合併、分割の場合	合併　□ 適格合併　□ 非適格合併　　分割　□ 分割型分割 ：　□ 適 格　□ その他 　　　　　　　　　　　　　　　　　　　　　　　　　□ 分社型分割 ：　□ 適 格　□ その他
(備　考)	

税 理 士 署 名 押 印							㊞

※ 税務署処理欄	部門	決算期	業種番号	番号	入力	名簿	

(法　1204)

348 第8章 会社の清算

異 動 届

受付印		管 理 番 号			
		（フリガナ）		カブシキガイシャ ○○ショウジ	
		法 人 名		株式会社 ○○商事	
		法 人 番 号			
年 月 日		本 店 所 在 地		〒 － ××県××市××町987番地 電話（0123 － 45 － 6789）	
		主たる事務所	名 称	株式会社 ○○商事	
			所 在 地	××県××市××町987番地 電話（0123 － 45 － 6789）	
××県税事務所長殿		代 表 者	（フリガナ）		
			氏 名	○○ △△ ㊞	
			住 所	〒 － ××県××市××町123番地 電話（ － － ）	

異 動 事 項	1. 登記事項等の変更 ④ 解散 7. 主たる事務所の廃止
	2. 支店等の新設・廃止 5. 合併
	3. 会社分割 6. 清算結了

登記事項等の変更内容	1. 法人名 5. 主たる事務所の所在地（納税地） 9. 資本金の額及び資本準備金の額の合算額
	2. 法人番号 6. 書類送付先・連絡先 10. 資本金等の額
	3. 本店所在地 ⑦ 事業年度（決算期） 11. 事業の目的（種類）
	4. 代表者 8. 資本金又は出資金の額 12. その他（ ）

変 更 項 目	変 更 前	変 更 後	変 更 年 月 日
法 人 名（フリガナ）			年 月 日
法 人 名			年 月 日
法 人 番 号			年 月 日
本 店 所 在 地			年 月 日
旧 本 店 の 状 況	廃止 ・ 存続		
代表者氏名（フリガナ）			
代 表 者 氏 名			年 月 日
代 表 者 住 所			
主たる事務所の所在地			
主たる事務所の名称等			年 月 日
旧 事 務 所 の 状 況	廃止 ・ 存続		
書類送付先・連絡先住所		電話（ － － ）	年 月 日
書類送付先・連絡先名称			
事業年度（決算期）1	3 月 31 日	10 月 31 日	平成 30 年 10 月 31 日
事業年度（決算期）2	月 日	月 日	
資本金又は出資金の額			年 月 日
資本金の額及び資本準備金の額の合算額			年 月 日
資 本 金 等 の 額			年 月 日
事業の目的（種類）			年 月 日
その他変更項目			年 月 日

会 社 分 割		分割型 ・ 分社型 ・ その他	適格区分	適格 ・ その他	分割年月日	年 月 日
支店等の新設・廃止	名 称				新設・廃止年月日	年 月 日
	所 在 地					
	新 設 ・ 廃 止	新設 ・ 廃止				
解 散	清算人氏名（フリガナ）	○○ △△			解散年月日	平成 30 年 10 月 31 日
	清 算 人 住 所	〒 － ××県××市××町123番地 電話（ － － ）				
合 併	被合併法人名（フリガナ）				合併年月日	年 月 日
	被合併法人名					
	被合併法人本店所在地	〒 － 電話（ － － ）				
	残余財産確定の日	年 月 日			清算結了年月日	年 月 日
主たる事務所の廃止	主たる事務所名称				廃止年月日	年 月 日
	主たる事務所所在地					
関与税理士氏名						
関与税理士事務所所在地	〒 －			電話（ － － ）		
備 考						
団体処理欄						

（2）　解散事業年度に係る確定申告書の提出

　会社が解散した場合、事業年度開始の日から解散の日までを1事業年度として、その期間の確定申告を要します。提出期限は、解散の日の翌日から2か月以内であり（法法74①）、申告期限延長の特例の適用を受けることも可能です（法法75①、75の2①）。

　解散事業年度の確定申告書は、継続企業と同一の様式の確定申告書を用います。添付書類についても、貸借対照表、損益計算書、株主資本等変動計算書、勘定科目内訳明細書及び事業概況書を添付しなければなりません（法法74③、法規35）。なお、会社法上、定時株主総会に提出が必要な貸借対照表は処分価格に基づき作成したものであるため、確定申告書に添付する計算書類は税務申告のために別途作成することも、実務的には必要になると思われます[7]。

（3）　事業年度が1年に満たない場合の申告上の留意点

　解散事業年度は1年に満たない場合が多く、そのために按分調整が必要なものがあります（下表参照）。

①	固定資産の減価償却限度額	償却率を調整し償却限度額を算出します。
	（旧定額法） 旧定額法の償却率×その事業年度の月数/12 ＝改定償却率 （小数点以下3位未満切上げ） （旧定率法） その資産の耐用年数×12/その事業年度の月数＝改定耐用年数 （1年未満切捨て） 　　※算出した改定耐用年数に対応する償却率を用いて計算 （定額法、定率法） 定額法又は定率法の償却率×その事業年度の月数/12 ＝改定償却率 （小数点以下3位未満切上げ）	

---

［7］太田達也『前掲書』P 66

350　第8章　会社の清算

②	繰延資産の償却限度額	月数による按分が必要になります。
	支出額×事業年度の月数/支出の効果の及ぶ月数＝償却限度額	
③	交際費の損金算入限度額	定額控除限度額につき月数による調整が必要です。
	1年間の場合の定額控除限度額×その事業年度の月数/12＝定額控除限度額	
④	寄附金の損金算入限度額	損金算入限度額につき月数による按分が必要です。
	(資本金等の額×その事業年度の月数/12×0.25％＋所得金額×2.5％)×1/4 ＝損金算入限度額	
⑤	中小法人の軽減税率の適用	月数による調整が必要です。
	800万円×事業年度の月数(1か月未満切上げ)/12＝軽減税率適用の上限所得額	
⑥	留保金課税の定額基準	留保所得から控除される定額基準の月数調整が必要です。
⑦	法人住民税の均等割	事業年度の月数による調整が必要です。

（4）　解散事業年度の確定申告に係る留意点

　解散事業年度の確定申告では、継続企業を前提とした確定申告と異なる部分があります。下記の点については、その適用の可否につき特に注意が必要です。

①　貸倒引当金の繰入れ

　貸倒引当金については、解散事業年度においても計上が可能であり、繰入限度額に達するまでの額は損金に算入されます（法法52①）。

②　圧縮記帳

　圧縮記帳については、適用が可能であるものの、解散事業年度では、圧縮記帳で用いられる特別勘定の計上はできないため解散事業年度中に代替資産を購入できない場合は益金の増加につながります。また、前期から圧縮記帳に係る特別勘定を設けている場合は、それを清算事業年度に繰り越すことはできないため、解散事業年度中に代替資産を取得しないときは、繰り越されてきた特別勘定を取り崩す必要があります。これは、資産の換価が予定される清算中の会社が、清算事業年度において新たな代替資産を取得するのは考

えにくいことに起因すると思われます[8]。

③ 特別償却

　租税特別措置法上の特別償却は、営業を継続する会社に対し政策的優遇を与えることが趣旨と考えられ、原則として認められません[9]。例えば、中小企業者等が機械等を取得した場合の特別償却（措法42の6①）については、解散の日を含む事業年度では適用できません。

④ 諸準備金

　租税特別措置法上認められている準備金についても、新たな設定ができません。また、過去から繰り越されてきた準備金の残高は、その全額を取り崩して益金算入することになります。これらも、営業を継続する会社に対しての優遇を趣旨とするところから、解散事業年度においては計上できないものと考えられます[10]。

⑤ 税額控除

　所得税額等の控除、外国税額控除は通常どおり適用できますが、租税特別措置法上の税額控除については、特別償却と同様の趣旨から認められません[11]。例えば、中小企業者等が機械等を取得した場合の法人税額の特別控除（措法42の6①②）については、解散事業年度では適用できません。

（5） 青色欠損金の繰越控除及び繰戻し還付

　解散事業年度においても、青色欠損金の繰越控除については適用が可能です。また、青色欠損金の繰戻し還付についても、資本金の額に関係なく適用が可能となります（法法80、措法66の13）。とりわけ、解散事業年度においては、退任する取締役等に対し多額の役員退職金を支給することで、大幅に赤字が生じるケースも想定されます。このような場合、解散事業年度の直前

---

[8] 植木康彦「改正された清算中の法人税申告の実務」税務通信No.3165 P 52
[9] 太田達也『前掲書』P 96
[10] 太田達也『前掲書』P 96
[11] 太田達也『前掲書』P 99

352　第8章　会社の清算

期が黒字で納税していれば、欠損金の繰戻し還付制度を適用し税金の還付を受けることが可能です。

　ここで、解散事業年度に係る青色欠損金の繰戻し還付制度については、その適用範囲につき留意が必要です。解散、事業の全部譲渡、会社更生法の規定による更生手続の開始等の事実が生じた場合には、その事実が生じた日前1年以内に終了した事業年度又は解散等の事実が生じた日の属する事業年度において生じた欠損金額にその適用が認められます（法法80④）。還付事業年度から欠損事業年度までの各事業年度について連続して青色申告による確定申告書を提出していることを条件とするものの、解散事業年度が赤字で直前期が黒字の場合だけでなく、解散事業年度の直前期が赤字で直前々期が黒字の場合についてもその適用が認められており、その意味で適用範囲が広くなります（図表8－6参照）。

【図表8－6　解散した場合の欠損金の繰戻し還付制度の適用範囲】

①　解散事業年度が赤字で直前期が黒字の場合

前々期	前　期	解散事業年度
	黒字	赤字

　この場合、通常の適用と相違なく、解散事業年度の赤字を前期に繰り戻します。なお、繰り戻しても欠損金に残額が生じる場合は、清算事業年度に繰り越します。

②　直前期が赤字で前々期が黒字の場合（適用範囲の拡大）

前々期	前　期	解散事業年度
黒字	赤字	赤字or黒字

　この場合、前期の赤字を前々期に繰り戻します。その結果、前期の繰越欠損金額に変動が生じるため、還付請求と併せて前期の修正申告が必要になります。なお、このケースでは、解散事業年度が赤字か黒字かは

問いません。

　なお、通常の欠損金の繰戻し還付請求は、確定申告書と同時に還付請求書を提出する必要がありますが、解散等の事実が生じた場合には、その事実が生じた日から1年以内に提出することで適用が認められます（法法80①④）[12]。

---

[12] 会社が解散した場合、解散により退任した役員等がそのまま清算人として清算事務に従事するケースもありますが、引き続き清算事務に従事する役員又は使用人に対して、その解散前の勤続期間に係る退職手当等として支払われる給与については、所得税法上も退職所得として取り扱われます（所基通30－2（6））。この場合、清算事業年度に係る期間については、退職所得控除の年数に含みません。

354 第 8 章 会社の清算

【事例 8 − 2】 解散時の欠損金の繰戻し還付

問 3月決算である当社（青色申告法人）は、当期中の平成 31 年 1 月 31 日をもって解散しました。会社が解散した場合は、欠損金の繰戻し還付制度の適用範囲が通常の場合と異なると聞きましたが、当社のケースでも繰戻し還付制度の適用を受けることは可能でしょうか。なお、解散事業年度の前期（平成 30 年 3 月期）の確定申告では、欠損金の繰戻し還付の申請を行っておらず、解散事業年度の前々期（平成 29 年 3 月期）には 3,000,000 円の法人税を納付しております。

当社の課税所得金額の推移（平成 25 年 3 月期以前の欠損金はなし）

事業年度	課税所得金額
H28 年 4 月 1 日〜H29 年 3 月 31 日（解散事業年度の前々期）	12,000,000
H29 年 4 月 1 日〜H30 年 3 月 31 日（解散事業年度の前期）	△ 5,000,000
H30 年 4 月 1 日〜H31 年 1 月 31 日（当期、解散事業年度）	1,000,000

答 会社が解散したため、解散事業年度の前期（欠損事業年度、H 30 年 3 月期）の欠損金を前々期（還付事業年度、H 29 年 3 月期）に繰り戻して還付請求を行うことが可能です。この場合の還付金請求額の計算は、以下のとおりです。

　3,000,000 × 5,000,000 ／ 12,000,000 ＝ 1,250,000 （還付金請求額）

　なお、前期に生じた欠損金を前々期に繰り戻した場合、当初申告において前期から当期へ繰り越された欠損金の額に変動を及ぼすため、前期の修正申告が必要になります。このケースの場合、前期から繰り越される欠損金はゼロとなり、当期においては納税が発生することに留意が必要です。

4 清算事業年度の税務

(1) 清算事業年度に係る確定申告書の提出

　清算事業年度においても損益法で所得計算をするため、原則として継続企業と同様の方法で確定申告書を作成します。従来の清算所得課税は、事業継続の不能による清算を前提として、いわゆる財産法の考え方に基づいて行われていました。しかし、最近の解散は、会社の設立・改廃が活発になってきているなかで、法形式のみ解散手続をとりつつ、他の会社において同一事業を継続して行うという事例も多くなってきたとの指摘もあったため、解散の前後で課税方式が異なることなく、実態に即した課税を実現するという観点から損益法に基づく確定申告へと改正されました[13]。その結果、清算事業年度ごとの所得に基づいて税金が算出されることとなり、最終的に残余財産が残らない場合であっても、納税の問題が生じる可能性が高まりました。

　確定申告書の様式についても、継続企業と同じ様式を用います。提出期限については、清算事業年度終了の日の翌日から2か月以内であり（法法74①）、申告期限延長の特例も認められています（法法75①、75の2①）。

　当該確定申告書には、貸借対照表、損益計算書、株主資本等変動計算書、勘定科目内訳書、事業概況書の添付が必要とされます（法法74③、法規35）。なお、添付が必要とされる貸借対照表等は、継続企業を前提とした通常事業年度ベースで作成されたものが必要になると考えられます[14]。

(2) 清算事業年度の確定申告に係る留意点

　清算中の会社は、清算の目的の範囲内で存続するものとみなされており（会社法476）、継続企業とはその活動において相違が生じます。新たなビジネスを開始することや、解散前に営んでいた事業活動を拡大することもでき

---

[13] 財務省「平成22年度税制改正の解説」
[14] 太田達也『前掲書』P 74

ず、清算人は清算の結了に向けてその職務を遂行していきます。

　確定申告に関しては、前述のとおり損益法に基づいて所得を算出しますが、継続企業を前提とした特例等は不適用となるため注意が必要です。

① **継続企業と同様に適用があるもの**

　イ　減価償却費の計上

　ロ　貸倒引当金の計上

　ハ　交際費の損金不算入制度

　ニ　寄附金の損金不算入制度

　ホ　所得税額控除及び外国税額控除

　ヘ　仮装経理に基づく過大申告の場合の更正に伴う法人税額の控除

　　　損益法の申告に基づき、清算中の事業年度においても継続して行います。残余財産が確定したときは、その時点の控除未済額が一括して還付されます。

　ト　青色欠損金の繰越控除

　チ　欠損金の繰戻し還付制度

　　　なお、解散事業年度の場合と異なり、前期の赤字を前々期に繰り戻す特例は認められていません。

② **継続企業と異なる適用になるもの**

　イ　特別償却の適用

　　　解散事業年度と同様の趣旨で、原則として不適用になります。

　ロ　準備金の設定

　　　解散事業年度と同様に不適用になります。

　ハ　圧縮記帳

　　　解散事業年度までしか適用が認められません。

　ニ　収用換地等の場合の特別控除

　　　解散事業年度までしか適用が認められません。

　ホ　特定同族会社の留保金課税に係る特別税率

　　　清算中は配当ができないことから、適用がありません。

ヘ　措置法上の各種税額控除

解散事業年度と同様の趣旨で、不適用になります。

（3）　期限切れ欠損金の損金算入

改正前の制度では、残余財産確定の日に終了する事業年度に係る清算確定申告書において残余財産が残らなければ清算所得はゼロとなり、それまでに清算事業年度予納申告書により納付した税金が控除しきれないときは還付されたため、結果として納税の問題は生じませんでした。清算事業年度予納申告書に基づく予納は、清算所得に対する法人税の前払的な意味を有し、清算確定申告書において、残余財産に基づく清算所得に対する最終的な税額が計算される仕組みになっていました。

改正後は、継続企業と同様の損益法に基づき、1事業年度単位で清算所得に対する税額が確定する仕組みに変わったため、各清算事業年度において納めた税金は、残余財産確定の日に終了する事業年度に係る確定申告書で税額控除されず、還付されることはありません。そのため、当該改正により設けられた期限切れ欠損金の損金算入制度の活用は、清算事業年度の確定申告において重要なポイントとなります。期限切れの欠損金の損金算入制度について、法人税法59条3項及び4項に、以下のように規定されています。

法人税法第59条（会社更生等による債務免除等があつた場合の欠損金の損金算入）

3　内国法人が解散した場合において、残余財産がないと見込まれるときは、その清算中に終了する事業年度（前2項の規定の適用を受ける事業年度を除く。以下この項において「適用年度」という。）前の各事業年度において生じた欠損金額（連結事業年度に～（中略）～を含む。）を基礎として政令で定めるところにより計算した金額に相当する金額（当該相当する金額がこの項及び第62条の5第5項の規定を適用しないものとして計算した場合における当該適用年度の所得の金額を超え

る場合には、その超える部分の金額を控除した金額）は、当該適用年度の所得の金額の計算上、損金の額に算入する。

4　前3項の規定は、確定申告書、修正申告書又は更正請求書にこれらの規定により損金の額に算入される金額の計算に関する明細を記載した書類及び更生手続開始の決定があつたこと若しくは再生手続開始の決定があつたこと若しくは第2項に規定する政令で定める事実が生じたことを証する書類又は残余財産がないと見込まれることを説明する書類その他の財務省令で定める書類の添付がある場合に限り、適用する。

① 「残余財産がないと見込まれるとき」の判定

　期限切れ欠損金の損金算入制度の適用にあたっては、会社が解散した場合に残余財産がないと見込まれることを要件とし、残余財産がないと見込まれるかどうかの判定は、各清算事業年度末の現況によることとされています（法基通12-3-7）。

　この場合の「残余財産がないと見込まれるとき」については、解散した法人が当該事業年度終了の時において債務超過の状態にあるときはこれに該当し、さらに、「残余財産がないと見込まれるとき」の確認書類として、処分価格に基づく時価ベースの実態貸借対照表が該当するものとされています（法基通12-3-8、9）。

　なお、裁判所もしくは公的機関が関与する手続、又は、一定の準則に基づき独立した第三者が関与する手続において、会社が債務超過の状態にあること等を確認している以下のような場合には、残余財産がないと見込まれるときに該当するものとされています。

イ　清算型の法的整理手続である破産又は特別清算の手続開始の決定又は開始の命令がなされた場合（特別清算の開始の命令が「清算の遂行に著しい支障を来たすべき事情があること」のみを原因としてなされた場合を除く。）

ロ 再生型の法的整理手続である民事再生又は会社更生の手続開始の決定後、清算手続が行われる場合
ハ 公的機関の関与又は一定の準則に基づき独立した第三者が関与して策定された事業再生計画に基づいて清算手続が行われる場合

【事例8-3】 残余財産がないと見込まれるとき（1）

問

① A社は、平成28年9月30日に解散し、その時点における貸借対照表の純資産額は△100,000です。

② A社は、平成28年10月31日に土地の譲渡を行い、その売却益150,000を計上したことにより、純資産の部が50,000となり、債務超過の状態を解消することとなりました。

③ A社は、平成28年11月30日に残余財産が確定したことから、平成28年10月1日から平成28年11月30日までの事業年度（以下「平28/11期」という。）における法人の所得計算をしたところ、法人税等の額（相手科目：未払法人税等）が60,000発生するため、純資産の部が△10,000となります。

上記のような事実関係がある場合、会社が解散した場合の期限切れ欠損金の損金算入制度の適用に際し、平28/11期（適用年度）が残余財産

360　第8章　会社の清算

がないと見込まれるとき（債務超過の状態にあるとき）に該当するかどうかは、上記③の状態の未払法人税等を負債に含めたところで判定して差し支えありませんか。

答　貴見のとおり、取り扱われることとなります。

　会社が、期限切れ欠損金の損金算入制度の適用に当たり、残余財産がないと見込まれるときに該当するか否かは、各清算事業年度末における実態貸借対照表より判断することになります。ご質問では、「残余財産がないと見込まれるとき（債務超過の状態にあるとき）」の判定に際し、法人税の所得金額の計算上、損金の額に算入されない法人税等の額に係る債務（未払法人税等）は含めずに判定するのではないかとの疑問によるものと思われます。

　この点、一般的に、実態貸借対照表を作成するに当たっては、事業年度終了の時において有する資産に係る含み損益、退職が見込まれる従業員に将来支給する退職金など、その時において税務上損益の実現を認められないものであっても、会社の清算に当たって実現が見込まれる損益まで考慮して、その作成がされているところです。

　このようなことからすれば、未払法人税等についても清算事業年度（適用年度）において税務上損益の実現は認められないものではありますが、実態貸借対照表の作成時（平28/11末）の状況で将来発生が見込まれるものであることから、その実態貸借対照表に計上しているものと考えられます。

　したがって、本件の場合、平28/11期（適用年度）の未払法人税等60,000を負債に含めた実態貸借対照表に基づき「残余財産がないと見込まれるとき」の判定を行うこととなります。

（出典：国税庁HPより一部抜粋）

上記の事例によると、実態貸借対照表に未払法人税等を負債として計上す

4 清算事業年度の税務 *361*

ることにより債務超過となり、そうなると期限切れ欠損金の損金算入が可能
になると考えられます。その結果、法人税の納税は発生せず、残余財産が生
じ、それが株主に対して分配されることになります[15]。

【事例8－4】 残余財産がないと見込まれるとき（2）

問 当社は、平成29年4月30日に解散し、清算事業年度である平成
30年4月期において、残余財産がないと見込まれたことから、いわゆる
期限切れ欠損金を損金の額に算入して法人税の確定申告を行いました。
その後、平成31年4月期末において再判定したところ、残余財産が生じ
る見込みとなりました。この場合、平成30年4月期における期限切れ
欠損金の損金算入額をさかのぼって修正する必要があるのでしょうか。

答 お尋ねの場合には、平成30年4月期における期限切れ欠損金の
損金算入額をさかのぼって修正する必要はありません。
　期限切れ欠損金の損金算入制度は、各清算事業年度末の現況によって
「残余財産がないと見込まれる」と判定される場合にその損金算入を認
めるという制度となっていることから、仮に、その後に状況が変わって
当初の見込みとは異なる結果となったとしても、過去において行った期
限切れ欠損金の損金算入額に影響を与えるものではありません。した
がって、お尋ねの場合には、平成30年4月期における期限切れ欠損金の
損金算入額について、さかのぼって修正する必要はありません。

（出典：国税庁HPより一部抜粋）

---

[15] 太田達也『前掲書』P 116

362 第8章 会社の清算

② 「残余財産がないと見込まれること」を説明する書類

清算中に終了する各事業年度において期限切れ欠損金の損金算入制度を適用する場合には、確定申告書に損金の額に算入される金額の計算に関する明細を記載した書類（法人税申告書別表七（三））及び残余財産がないと見込まれることを説明する書類を添付することが必要です。会社法上作成が必要とされる各清算事業年度末の財務状況を時価ベースで表した実態貸借対照表は、これを説明する書類に該当します（法基通12－3－9）。なお、この場合の資産の価額は、清算を前提にすれば当該事業年度末の処分価格によることになりますが、会社の解散が事業譲渡等を前提としたもので、その会社の資産が継続して他の会社の事業の用に供される見込みであるときには、処分価格によることは適当ではなく、使用収益されるものとして当該事業年度末に譲渡される場合に通常付される価額によることになります（法基通12－3－9（注））。

また、裁判所もしくは公的機関が関与する手続、又は、一定の準則に基づき独立した第三者が関与する手続において、会社が債務超過の状態にあることなどをこれらの機関が確認している場合の残余財産がないと見込まれることを説明する書類は、必ずしも実態貸借対照表による必要はなく、例えば、破産手続開始決定書の写しなど、これらの手続の中で作成された書類によることができると考えられます。

なお、上記の書類の添付がない確定申告書の提出があった場合においても、その書類の添付がなかったことについてやむを得ない事情があると認めるときは、これを適用することができるとする宥恕規定が設けられています（法法59⑤）。

【事例8－5】 「残余財産がないと見込まれること」を説明する書類

問 当社は、清算事業年度の確定申告に当たり、清算事業年度末において「残余財産がないと見込まれるとき」に該当すると判断し、いわゆ

る期限切れ欠損金を損金に算入して法人税の確定申告を行う予定です。当該確定申告書には、残余財産がないと見込まれることを説明するため、会社法上のいわゆる実態貸借対照表を添付しますが、その内容の一部を示すと下記の通りです。残余財産がないと見込まれることを説明する書類としての記載内容として、適正かどうかをご教示ください。

① 現金　事業年度末の帳簿残高にて計上
② 預金　事業年度末の通帳残高にて計上
③ 土地　数件の近隣取引事例を基に売却可能額を算定し、売却に係る経費見積額を控除して計上
④ 借入金　事業年度末における残高にて計上
⑤ 従業員に対する未払退職金　計上していない

答

　①及び③については適正であると考えられますが、②、④及び⑤については必ずしも適正であるとは言えません。

　会社法上、清算人により作成が必要とされる各清算事業年度末の貸借対照表は、原則として清算事業年度末の財産目録に基づく処分価格が付されたものであるため、残余財産がないと見込まれることを説明する書類に該当しますが、②、④及び⑤については、下記のような記載がない場合、各清算事業年度末の実態を必ずしも表しているとは言えない可能性が有ります。

②預金について
　事業年度末における既経過利子を残高に反映させる必要があります。

④借入金について
　事業年度末における既経過利息を未払金として計上する必要があります。

⑤従業員に対する未払退職金

364 第8章 会社の清算

清算事業年度末現在における要支給額を未払金として計上する必要があります。

なお、これらを反映した後に、残余財産があると見込まれることとなった場合には、期限切れ欠損金の損金算入が認められなくなるケースもあるため注意が必要です。また、会社の解散が、事業譲渡を前提としたものである場合には、必ずしも処分価格によることは適当ではありません。

（4） 損金算入される期限切れ欠損金額とは

損金算入される期限切れ欠損金額とは、次のイに掲げる金額からロに掲げる金額を控除した金額とされています（法令118）。

イ　適用年度終了の時における前事業年度以前の事業年度から繰り越された欠損金額の合計額

ロ　法人税法第57条第1項又は第58条第1項の規定により適用年度の所得の金額の計算上損金の額に算入される欠損金額（いわゆる青色欠損金額又は災害損失欠損金額）

まず、当該清算事業年度の所得金額から繰り越されてきた青色欠損金額及び災害損失欠損金額を控除します。次に、当該清算事業年度における法人税申告書別表五（一）の期首現在利益積立金額①の差引合計額31欄に記載されるべき金額がマイナス（△）である場合の金額（マイナス符号がないものとした金額）から、当該事業年度において損金の額に算入される青色欠損金額又は災害損失欠損金額を控除した金額が損金算入可能額となります。なお、期限切れ欠損金の損金算入限度額は、所得から青色欠損金額及び災害損失欠損金額を控除した額です。

4 清算事業年度の税務　　*365*

【事例 8 － 6 】　期限切れ欠損金の損金算入

問　当社は、清算事業年度である平成 31 年 3 月期の法人税の確定申告に当たり、年度末の実態貸借対照表により債務超過となったため、期限切れ欠損金の損金算入制度の適用について検討しています。計算方法及び申告書の記載の仕方を教えてください。

当期所得金額	5,000,000
期限内繰越欠損金（青色欠損金）	500,000
期限切れ欠損金（上記期限内欠損金を含む）	30,000,000

答　期限切れ欠損金の損金算入制度を適用すると、当期課税所得は 0 になります。

（計算方法）

①青色欠損金の損金算入

　5,000,000 － 500,000 ＝ 4,500,000

②期限切れ欠損金の損金算入

　30,000,000 － 500,000 ＝ 29,500,000 ＞ 4,500,000

　4,500,000 － 4,500,000 ＝ 0（当期課税所得）

申告書の記載の仕方は次ページ以降をご覧ください。

御注意

1　期末の資本金の額又は出資金の額が一億円以下の法人のうち、次の①から③までのいずれかの法人（以下「大法人」といいます。）との間にこれらの大法人による完全支配関係がある法人に該当する場合又は当該法人との間に完全支配関係がある全ての大法人が有する株式及び出資の全部をいずれか一の大法人が有するものとみなしたときにその一の大法人による完全支配関係があることとなる法人に該当する場合には、この表の上段の「非中小法人等」を○で囲みます。
①資本金の額又は出資金の額が五億円以上である法人　②法人税法第4条の7に規定する受託法人（2において「受託法人」といいます。）　③相互会社

2　「30」から「32」までの各欄は、期末の資本金の額若しくは出資金の額が一億円以下の法人、資本若しくは出資を有しない法人、一般社団法人等又は人格のない社団等（1に該当する非中小法人等、受託法人及び相互会社を除きます。）に該当する場合に記載します。

別表一(一)　普通法人（特定の医療法人を除く。）、一般社団法人等及び人格のない社団等の分……平二十六・四・一以後終了事業年度分

税務署受付印	平成　年　月　日　××税務署長殿
納税地	××県××市××町987番地　電話（0123）45 － 6789
(フリガナ)	カブシキガイシャ　〇〇ショウジ
法人名	株式会社　〇〇商事
(フリガナ)	
代表者自署押印	〇〇　△△　㊞
代表者住所	××県××市××町123番地

所管 / 業種目 / 概況書 / 要否 / 別表等	
事業種目	
期末現在の資本金の額又は出資金の額	円　非中小法人等
同上が1億円以下の普通法人のうち中小法人等に該当しないもの	
同非区分	特定同族会社　同族会社　非同族会社
一般社団・財団法人の区分	非営利型法人　普通法人
経理責任者自署押印	㊞
旧納税地及び旧法人名等	
添付書類	貸借対照表、損益計算書、株主（社員）資本等変動計算書又は損益金処分表、勘定科目内訳明細書、事業概況書、組織再編成に係る契約書等の写し、組織再編成に係る移転資産等の明細書

※税務署処理欄

青色申告	一連番号
整理番号	
事業年度（至）	年　月　日
売上金額	兆　十億　百万
申告年月日	年　月　日
申告区分 / 庁指定 / 局指定 / 指導等 / 区分	
通信日付印 / 確認印 / 省略	年　月　日
年度前事業	年　月　日

平成 30 年 4 月 1 日
事業年度分の **確定** 申告書
平成 31 年 3 月 31 日
（中間申告の場合の計算期間　平成　年　月　日　平成　年　月　日）

翌年以降送付要否	要 〇　否 〇
適用額明細書提出の有無	有 〇　無 〇
税理士法第30条の書面提出有	〇
税理士法第33条の2の書面提出有	〇

項目	番号	金額（十億　百万　千　円）
所得金額又は欠損金額（別表四「48の①」）	1	
法人税額（36）又は（37）	2	
法人税額の特別控除額	3	
差引法人税額（2）－（3）	4	
連結納税の承認を取り消された場合等における既に控除された法人税額の特別控除額の加算額	5	
土地譲渡利益金　課税土地譲渡利益金額（別表三(二)「24」＋別表三(二の二)「25」＋別表三(三)「20」）	6	000
同上に対する税額（38）＋（39）＋（40）	7	
留保金　課税留保金額（別表三(一)「39」）	8	000
同上に対する税額（別表三(一)「47」）	9	
		00
法人税額計（4）＋（5）＋（7）＋（9）	10	
仮装経理に基づく過大申告の更正に伴う控除法人税額	11	
控除税額（((10)－(11))と(43)のうち少ない金額）	12	
差引所得に対する法人税額（10）－（11）－（12）	13	00
中間申告分の法人税額	14	00
差引確定法人税額（13）－（14）（中間申告の場合はその税額とし、マイナスの場合は、（17）へ記入）	15	00
法人税額の計算　中小法人等の場合　(1)の金額又は800万円×12分の相当額のうち少ない金額	30	000
(1)のうち年800万円相当額を超える金額（1）－（30）	31	000
所得金額（1）（30）＋（31）	32	000
その他の法人の場合　所得金額（1）	33	000
土地譲渡税額の内訳　土地譲渡税額（別表三(二)「27」）	38	0
同上（別表三(二の二)「28」）	39	0
控除税額の計算　所得税の額（別表六(一)「6の③」）	41	
外国税額（別表六(二)「16」）	42	
計（41）＋（42）	43	
控除した金額（12）	44	
控除しきれなかった金額（43）－（44）	45	

項目	番号	金額（十億　百万　千　円）
この申告による還付金額　所得税額等の還付金額（45）	16	
中間納付額（14）－（13）	17	
欠損金の繰戻しによる還付請求税額	18	外
計（16）＋（17）＋（18）	19	外
この申告が修正申告である場合　この申告前の　所得金額又は欠損金額	20	
課税土地譲渡利益金額	21	
課税留保金額	22	
法人税額	23	
還付金額	24	外
この申告により納付すべき法人税額又は減少する還付請求税額（(15)－(23)）若しくは（(15)＋(24)）又は（(24)－(19)）	25	外　00
欠損金又は災害損失金等の当期控除額（別表七(一)「4の計」＋別表七(二)「9」若しくは「21」又は別表七(三)「10」）	26	50000000
翌期へ繰り越す欠損金又は災害損失金（別表七(一)「5の合計」）	27	
この申告が修正申告である場合のこの申告前の　欠損金又は災害損失金等の当期控除額	28	
翌期へ繰り越す欠損金又は災害損失金	29	
（30）の15％相当額	34	
（31）の25.5％相当額	35	
法人税額（34）＋（35）	36	
法人税額（(33)の25.5％相当額）	37	
土地譲渡税額の内訳　土地譲渡税額（別表三(三)「23」）	40	00
剰余金・利益の配当（剰余金の分配）の金額	46	

還付を受けようとする金融機関等	銀行・金庫・組合・農協・漁協　本店・支店　出張所　本所・支所　預金　郵便局名等
口座番号	ゆうちょ銀行の貯金記号番号　－
※税務署処理欄	

残余財産の最後の分配又は引渡しの日	平成　年　月　日	決算確定の日	平成　年　月　日

法 0301-0101

税理士署名押印	㊞

所得の金額の計算に関する明細書

| 事業年度 | 平成30・4・1
平成31・3・31 | 法人名 | 株式会社 ○○商事 |

別表四　平二十六・十一以後終了事業年度分

区分		総額 ①	処分 留保 ②	処分 社外流出 ③
当期利益又は当期欠損の額	1	5,000,000円	5,000,000円	配当 その他　　円
損金経理をした法人税及び地方法人税（附帯税を除く。）	2			
損金経理をした道府県民税（利子割額を除く。）及び市町村民税	3			
損金経理をした道府県民税利子割額	4			
損金経理をした納税充当金	5			
損金経理をした附帯税（利子税を除く。）、加算金、延滞金（延納分を除く。）及び過怠税	6			その他
減価償却の償却超過額	7			
役員給与の損金不算入額	8			その他
交際費等の損金不算入額	9			その他
	10			
小　計	11			
減価償却超過額の当期認容額	12			
納税充当金から支出した事業税等の金額	13			
受取配当等の益金不算入額（別表八（一）「15」又は「31」）	14			※
外国子会社から受ける剰余金の配当等の益金不算入額（別表八（二）「13」）	15			※
受贈益の益金不算入額	16			※
適格現物分配に係る益金不算入額	17			※
法人税等の中間納付額及び過誤納に係る還付金額	18			
所得税額等及び欠損金の繰戻しによる還付金額等	19			※
	20			
小　計	21			外 ※
仮　計 (1)+(11)-(21)	22	5,000,000	5,000,000	外 ※
関連者等に係る支払利子等の損金不算入額（別表十七（二の二）「25」）	23			その他
超過利子額の損金算入額（別表十七（二の三）「10」）	24	△		※ △
仮　計 (22から24までの計)	25	5,000,000	5,000,000	外 ※
寄附金の損金不算入額（別表十四（二）「24」又は「40」）	26			その他
沖縄の認定法人の所得の特別控除額（別表十（一）「9」、「12」又は「16」）	27	△		※ △
（別表十（二）「7」、「12」又は別表十（三）「5」若しくは「10」）	28			※
認定研究開発事業法人の所得の特別控除額（別表十（三）「7」又は「9」）	29			※
法人税額から控除される所得税額（別表六（一）「6の③」）及び復興特別法人税額から控除される復興特別所得税額（別表六（二）「6の③」）	30			その他
税額控除の対象となる外国法人税の額（別表六（二の二）「7」）	31			その他
分配時調整外国税相当額及び外国関係会社等に係る控除対象所得税額等相当額（別表六（五の二）「5の②」+別表十七（三の六）「1」）	32			※
（別表十（五）「20」、「21」又は「23」）	33			※
合　計 (25)+(26)+(27)±(28)+(29)+(30)+(31)+(32)±(33)	34	5,000,000	5,000,000	外 ※
契約者配当の益金算入額（別表九（一）「13」）	35			
特定目的会社等の支払配当又は特定目的信託に係る受託法人の利益の分配等の損金算入額（別表十（八）「13」、別表十（九）「11」又は別表十（十）「16」若しくは「33」）	36	△	△	
非適格合併又は残余財産の全部分配等による移転資産等の譲渡利益額又は譲渡損失額	37			※
差引計 (34から37までの計)	38	5,000,000	5,000,000	外 ※
欠損金又は災害損失金等の当期控除額（別表七（一）「4の計」+別表七（二）「9」若しくは「21」又は別表七（三）「10」）	39	△5,000,000		※ △5,000,000
総計 (38)+(39)	40	0	5,000,000	外 ※ △5,000,000
新鉱床探鉱費又は海外新鉱床探鉱費の特別控除額（別表十（四）「40」）	41	△		※
農業経営基盤強化準備金積立額の損金算入額（別表十二（十五）「10」）	42	△	△	
農用地等を取得した場合の圧縮額の損金算入額（別表十二（十五）「43の計」）	43	△	△	
関西国際空港用地整備準備金積立額の損金算入額（別表十二（十一）「15」）	44	△	△	
中部国際空港整備準備金積立額の損金算入額（別表十二（十三）「10」）	45	△	△	
再投資等準備金積立額の損金算入額（別表十二（十六）「12」）	46	△	△	
残余財産の確定の日の属する事業年度に係る事業税の損金算入額	47	△	△	
所得金額又は欠損金額	48	0	5,000,000	外 ※ △5,000,000

法　0301－0401

368　第8章　会社の清算

| 利益積立金額及び資本金等の額の計算に関する明細書 | | 事業年度 | 平成30・4・1
平成31・3・31 | 法人名 | 株式会社　○○商事 | 別表五(一) |

I　利益積立金額の計算に関する明細書

区　　分			期首現在利益積立金額 ①	当　期　の　増　減		差引翌期首現在利益積立金額 ①-②+③ ④
				減 ②	増 ③	
利　益　準　備　金		1	円	円	円	円
	積　立　金	2				
		3				
		4				
		5				
		6				
		7				
		8				
		9				
		10				
		11				
		12				
		13				
		14				
		15				
		16				
		17				
		18				
		19				
		20				
		21				
		22				
		23				
		24				
		25				
繰越損益金（損は赤）		26	△30,000,000	△30,000,000	△25,000,000	△25,000,000
納　税　充　当　金		27				
未納法人税等	未納法人税、未納地方法人税及び未納復興特別法人税（附帯税を除く。）	28	△	△	中間 △ 確定 △　　　0	△　　　0
	未納道府県民税（均等割額及び利子割額を含む。）	29	△	△	中間 △ 確定 △	△
	未納市町村民税（均等割額を含む。）	30	△	△	中間 △ 確定 △	△
差　引　合　計　額		31	△30,000,000	△30,000,000	△25,000,000	△25,000,000

II　資本金等の額の計算に関する明細書

区　　分		期首現在資本金等の額 ①	当　期　の　増　減		差引翌期首現在資本金等の額 ①-②+③ ④
			減 ②	増 ③	
資本金又は出資金	32	円	円	円	円
資　本　準　備　金	33				
	34				
	35				
差　引　合　計　額	36				

御注意

1　この表は、通常の場合には次の算式により検算ができます。

[期首現在利益積立金額合計「31」①] + [別表四留保所得金額又は欠損金額「48」] - [中間分、確定分法人税県市民税の合計額]
= [差引翌期首現在利益積立金額合計「31」④]

2　発行済株式又は出資のうちに二以上の種類の株式がある場合には、法人税法施行規則別表五(一)付表（別表五(一)付表）の記載が必要となりますので御注意ください。

法　0301-0501

別表五(一)　平二十六・十・一以後終了事業年度分

4　清算事業年度の税務　*369*

⑤ 欠損金又は災害損失金の損金算入に関する明細書

事業年度	平成30 · 4 · 1 平成31 · 3 · 31	法人名	株式会社　○○商事

別表七(一)　平二六・四・十四以後提出期限到来分

御注意

この別表は、平成26年4月14日以後に確定申告書等（法人税法第71条第1項の規定による申告書で同法第72条第1項各号に掲げる事項を記載したもの及び同法第74条第1項の規定による申告書をいいます。）の提出期限が到来する場合に記載します。

控除前所得金額 （別表四「38の①」－（別表七(二)「9」又は「21」））	1	5,000,000 円	所得金額控除限度額 (1)×$\frac{80又は100}{100}$	2	5,000,000 円

事業年度	区　分	控除未済欠損金額 3	当期控除額 （当該事業年度の(3)と((2)－当該事業年度前の(4)の合計額)のうち少ない金額） 4	翌期繰越額 ((3)－(4))又は別表七(二)「15」) 5
・ ・	青色欠損・連結みなし欠損・災害損失	円	円	
・ ・	青色欠損・連結みなし欠損・災害損失			円
・ ・	青色欠損・連結みなし欠損・災害損失			
・ ・	青色欠損・連結みなし欠損・災害損失			
・ ・	青色欠損・連結みなし欠損・災害損失			
・ ・	青色欠損・連結みなし欠損・災害損失			
・ ・	青色欠損・連結みなし欠損・災害損失			
・ ・	青色欠損・連結みなし欠損・災害損失			
平25・ 4 · 1 平26・ 3 · 31	青色欠損・連結みなし欠損・災害損失	500,000	500,000	0
	計	500,000	500,000	0

当期分	欠損金額 （別表四「48の①」）		欠損金の繰戻し額	
	同上のうち	災害損失金 (13)		
		青色欠損金		
	合　計			0

災害により生じた損失の額の計算				
災害の種類			災害のやんだ日又はやむを得ない事情のやんだ日	平 · ·
災害を受けた資産の別		棚卸資産 ①	固定資産 （固定資産に準ずる繰延資産を含む。） ②	計 ① ＋ ② ③
当期の欠損金額 （別表四「48の①」）	6			円
資産の滅失等により生じた損失の額	7		円	円
被害資産の原状回復のための費用等に係る損失の額	8			
被害の拡大又は発生の防止のための費用に係る損失の額	9			
計 (7) ＋ (8) ＋ (9)	10			
保険金又は損害賠償金等の額	11			
差引災害により生じた損失の額 (10) － (11)	12			
繰越控除の対象となる損失の額 ((6の③)と(12の③)のうち少ない金額)	13			

法 0301－0701

370　第 8 章　会社の清算

⑤ 民事再生等評価換えが行われる場合以外の再生等欠損金の損金算入及び解散の場合の欠損金の損金算入に関する明細書

| 事業年度 | 平成30・4・1 平成31・3・31 | 法人名 | 株式会社 ○○商事 |

別表七（三）　平二六・四・一以後終了事業年度分

債務免除等による利益の内訳	債務の免除を受けた金額	1	円	所得金額差引計 ((別表四「38の①」)－(7))又は((別表四「38の①」)－(7)－((別表四「38の①」)－(4))×0.2)	9	円 4,500,000
	私財提供を受けた金銭の額	2				
	私財提供を受けた金銭以外の資産の価額	3		当　期　控　除　額 ((4)、(8)と(9)のうち少ない金額)	10	4,500,000
	計 (1)＋(2)＋(3)	4				
欠損金額等の計算	適用年度終了の時における前期以前の事業年度又は連結事業年度から繰り越された欠損金額及び個別欠損金額	5	30,000,000	調整前の欠損金の翌期繰越額 ((13)の計)	11	0
	適用年度終了の時における資本金等の額 (別表五(一)「36の④」) (プラスの場合は0)	6	△			
	欠損金又は災害損失金の当期控除額 (別表七(一)「4の計」)	7	500,000	欠損金額からないものとする金額 ((10)と(11)のうち少ない金額)	12	0
	差　引　欠　損　金　額 (5)－(6)－(7)	8	29,500,000			

欠　損　金　の　翌　期　繰　越　額　の　調　整

発生事業年度	調整前の欠損金の翌期繰越額 (別表七(一)「3」－「4」)	欠損金額からないものとする金額 当該発生事業年度の(13)と((12)－当該発生事業年度前の(14)の合計額)のうち少ない金額	差引欠損金の翌期繰越額 (13)－(14)
	13	14	15
・・	円	円	円
・・			
・・			
・・			
・・			
・・			
・・			
・・			
・・			
計			

法　0301－0703

第六号様式（控用）

24006B81

受付印

平成　年　月　日　殿

所在地　××県××市××町987番地　（電話 0123-45-6789）

（ふりがな）かぶしきがいしゃ　○○しょうじ
法人名　株式会社　○○商事

（ふりがな）
代表者氏名印　○○　△△

平成30年4月1日から平成31年3月31日までの　事業年度分又は連結事業年度分　の　確定　申告書

事業種目　□□業

	摘　要	課税標準	税　額
（事業税）所得割	所得金額総額（㊸-㊹）又は別表5⑤	0	
	年400万円以下の金額	0 0 0	3.4000
	年400万円を超え年800万円以下の金額	0 0 0	5.1000
	年800万円を超える金額	0 0 0	6.7000
	計	0 0 0	0 0
	軽減税率不適用法人の金額	0 0 0	0 0
付加価値割	付加価値額総額		
	付加価値額	0 0 0	0 0
資本割	資本金等の額総額		
	資本金等の額	0 0 0	0 0
収入割	収入金額総額		
	収入金額	0 0 0	0 0
	合計事業税額		0 0

平成28年改正法附則第5条の控除額

（地方法人特別税）	摘　要	課税標準		税　額
	所得割に係る地方法人特別税額	0 0	43.2	0 0
	収入割に係る地方法人特別税額	0 0		0 0
	合計地方法人特別税額			0 0

	所得金額（法人税の明細書（別表4）の(34)）又は個別所得金額（法人税の別表4の2付表の(42)）	5 0 0 0 0 0 0
所得金額の計算の内訳	損金の額又は個別帰属損金額に算入した所得税額	
	損金の額又は個別帰属損金額に算入した海外投資等損失準備金勘定への繰入額	
	益金の額又は個別帰属益金額に算入した海外投資等損失準備金勘定からの戻入額	
	外国の事業に帰属する所得以外の所得に対して課された外国法人税額	
	仮計	5 0 0 0 0 0 0
	繰越欠損金額若しくは災害損失金額又は債務免除等があった場合の欠損金額等の当期控除額	5 0 0 0 0 0 0
	法人税の所得金額（法人税の明細書（別表4）の(49)）又は個別所得金額（法人税の別表4の2付表の(56)）	0

法第15条の4の徴収猶予を受けようとする税額

	（使途秘匿金税額等）法人税法の規定によって計算した法人税額	
（道府県民税）	試験研究費の額等に係る法人税額の特別控除額	
	還付法人税額等の控除額	
	退職年金等積立金に係る法人税額	
	法人税割額	0 0 0
	道府県民税の特定寄附金税額控除額	0 0 0
	法人税割額	0
	道府県民税の外国関係会社等に係る控除対象所得税額等相当額控除額	
	外国の法人税等の額の控除額	
	仮装経理に基づく法人税割額の控除額	
	差引法人税割額	0 0
	この申告により納付すべき法人税割額	0 0
	租税条約の実施に係る法人税割額の控除額	
	この申告により納付すべき法人税割額	
均等割額	算定期間中において事務所等を有していた月数	12月
	20,000円×(月数)/12	2 0 0 0 0
	既に納付の確定した当期分の均等割額	
	この申告により納付すべき均等割額	2 0 0 0 0
	この申告により納付すべき道府県民税額	2 0 0 0 0
	⑩のうち見込納付額	
	差引	2 0 0 0 0
	特別区分の課税標準額	0 0 0
	上記に対する税額	
	市町村分の課税標準額	0 0 0
	上記に対する税額	

中間納付額

還付を受けようとする金融機関及び支払方法

	法人税の期末現在の資本金等の額又は連結個別資本金等の額	1 0 0 0 0 0 0
	法人税の当期の確定税額又は連結法人税個別帰属支払額	0
	決算確定の日	平成　年　月　日
	解散の日	平成　年　月　日
	残余財産の最後の分配又は引渡しの日	
	申告期限の延長の処分（承認）の有無	事業税　有・無　法人税　有・無
	法人税の申告書の種類	青色　その他
	この申告が中間申告の場合の計算期間	平成　年　月　日から平成　年　月　日まで
	翌期の中間申告の要否	要・否
	国外関連者の有無	有・無
	国外関連者の有無	有・無

372　第8章　会社の清算

欠損金額等及び災害損失金の控除明細書

事業年度	平成30年 4月 1日から 平成31年 3月31日まで	法人名	株式会社　○○商事

第六号様式別表九　（控）

控除前所得金額 ① 第6号様式㉕-（別表10⑨又は㉔）	5,000,000 円	所得金額控除限度額 ①×~~50、55又は~~100/100	②	5,000,000 円

事業年度	区分	控除未済欠損金額等又は控除未済災害損失金③	当期控除額 ④ (当該事業年度の③と(②-当該事業年度前の④の合計額)のうち少ない金額)	翌期繰越額 ⑤ ((③-④)又は別表11⑰)
	欠損金額等・災害損失金		円	円
	欠損金額等・災害損失金			円
	欠損金額等・災害損失金			
	欠損金額等・災害損失金			
	欠損金額等・災害損失金			
	欠損金額等・災害損失金			
	欠損金額等・災害損失金			
	欠損金額等・災害損失金			
	欠損金額等・災害損失金			
平 29・4・1 平 30・3・31	欠損金額等・災害損失金	500,000	500,000	0
計		500,000	500,000	0
当期分	欠損金額等・災害損失金			
同上のうち	災害損失金			円
同上のうち	青色欠損金			
合計				0

災害により生じた損失の額の計算

災害の種類			災害のやんだ日又はやむを得ない事情のやんだ日		
当期の欠損金額	⑥	円	差引災害により生じた損失の額(⑦-⑧)	⑨	円
災害により生じた損失の額	⑦		繰越控除の対象となる損失の額(⑥と⑨のうち少ない金額)	⑩	
保険金又は損害賠償金等の額	⑧				

4　清算事業年度の税務　　*373*

民事再生等評価換えが行われる場合以外の再生等欠損金額等及び解散の場合の欠損金額等の控除明細書	事業年度	平成30年 4月 1日から 平成31年 3月31日まで	法人名	株式会社　○○商事	第六号様式別表十一（控）

債務免除等による利益の内訳	債務の免除を受けた金額	①	円	所得金額	⑦の金額等を控除した後の所得（第6号様式㊹又は別表5㊸）－⑦	⑨	4,500,000 円
	私財提供を受けた金銭の額	②			⑦の金額を控除する前の所得（第6号様式㊹又は別表5㊸）	⑩	
	私財提供を受けた金銭以外の資産の価額	③		当期控除額	④、⑧又は⑨のうち最も少ない金額	⑪	4,500,000
	計（①＋②＋③）	④			④、⑤－⑥又は⑩のうち最も少ない金額	⑫	
欠損金額等の計算	適用年度終了の時における前期以前の事業年度から繰り越された欠損金額等	⑤	30,000,000		調整前の欠損金額等の翌期繰越額（⑮の計）	⑬	0
	適用年度終了の時における資本金等の額（プラスの場合は0）	⑥	0		欠損金額等からないものとする金額（⑪と⑬のうち少ない金額）	⑭	0
	当期控除を受ける欠損金額等又は災害損失金額（別表9④の計）	⑦	500,000				
	差引欠損金額等（⑤－⑥－⑦）	⑧	29,500,000				

欠 損 金 額 等 の 翌 期 繰 越 額 の 調 整

発 生 事 業 年 度	調整前の欠損金額等の翌期繰越額（第6号様式別表9⑶－④）⑮	欠損金額等からないものとする金額（当該発生事業年度の⑭と⑮－当該発生事業年度前の⑯の合計額）のうち少ない金額 ⑯	差引欠損金額等の翌期繰越額（⑮－⑯）⑰
	円	円	円
平 29・ 4・ 1 平 30・ 3・31	0	0	0
計	0	0	0

374   第 8 章　会社の清算

5 残余財産確定の日に終了する事業年度の税務

（1）　残余財産の確定と申告書の提出

　残余財産確定の日に終了する事業年度に係る確定申告書の提出期限は、残余財産確定の日の翌日から 1 か月以内です。ただし、最終の確定申告による法人税の納付を確実にするとの趣旨から、残余財産確定の日から 1 か月以内に残余財産の最後の分配が行われる場合には、その行われる日の前日までに提出しなければなりません（法法 74 ②）。また、当該事業年度においては申告期限延長の特例が認められないため、これにも注意が必要です（法法 75 の 2 ①）。添付書類については、他の清算事業年度と同様になります。

　確定申告書の提出期限については、残余財産確定の日を基準としますが、平成 22 年度改正においても、残余財産確定の日についての新たな取扱いは示されていないため、従来と変わらず、個々の事案ごとに清算人による適切な判断が必要とされます。実務上は、様々なケースがみられるようですが、財産の換価がすべて終了し、清算結了に向けた諸事務に係る債務、例えば株主総会に係る諸費用、清算結了登記の諸費用、最後の確定申告のための税理士報酬、当該申告による法人税等の租税債務等がすべて計上可能となった時点をもって残余財産確定の日と位置付け、確定申告書の提出期限に係る基準日とするのが妥当であると考えます。この時点においては、解散前から有していた借入金や未払金等の債務については完済されているか、又は債務免除益として処理されていると思われますが、仮に残額がある場合にも当然にその金額が確定しており、その後の残余財産分配額に影響しない形で計上されている必要があります。

5 残余財産確定の日に終了する事業年度の税務　*375*

【事例 8 - 7】　残余財産の確定と申告書の提出期限

問　かねてより清算中であった当社は、平成 31 年 4 月 20 日に清算に係る事務を終了し残余財産が下記のように確定しました。諸負債には、清算登記費用、税理士報酬、株主総会費用等が含まれます。なお残余財産については、法人税の確定申告書を提出した後に株主に対し速やかに分配する予定です。この場合の法人税の確定申告書の提出期限を教えてください。

貸借対照表

現金	500,000	諸負債	300,000
		未払法人税等	100,000
		純資産	100,000
資産合計	500,000	負債及び純資産合計	500,000

答　残余財産確定の日に終了する事業年度に係る最後の法人税の確定申告書の提出期限は、残余財産確定の日の翌日から 1 か月以内となりますので、申告期限は令和 1 年 5 月 20 日となります。なお、このケースでは、残余財産が生じるため、期限切れ欠損金の損金算入制度は適用できません。

（2）　残余財産確定事業年度の確定申告に係る留意点

残余財産の確定の日に終了する事業年度も清算事業年度であるため、損益法による所得計算が適用されますが、下記の点について注意が必要です。

①　引当金の繰入れ

貸倒引当金や返品調整引当金については、戻し入れる機会がないことから計上できません。

② 事業税及び地方法人特別税の損金算入

　残余財産確定の日に終了する事業年度に係る事業税及び地方法人特別税については、当該事業年度において損金算入されます（法法62の5⑤）。これは翌事業年度がないため、翌期認容という取扱いができないことに起因します。

③ 仮装経理に基づく過大申告の場合の更正に伴う法人税額の控除

　残余財産が確定した場合には、その未済額につき残余財産が確定したことを事由として一括還付を受けることが可能です（法法135③）。

④ 法人住民税の控除対象還付法人税額について

　法人住民税では、会社に欠損金が生じた場合、それを繰り戻すことによる還付制度は設けられていませんが、法人税で青色欠損金の繰戻し還付制度の適用を受けた場合は、当該還付金に対応する法人税額を10年間（平成30年4月1日前に開始した事業年度に生じた欠損金の場合は9年間）に限って法人税割の課税標準となる法人税額から控除することとされています。

　ただし、当該欠損金が生じた事業年度以後連続して法人住民税の確定申告書を提出している場合に限られますので、清算結了して確定申告義務がなくなった場合はその要件を満たさなくなり、一括して還付を受けることもできません（地法53⑭）。

⑤ 期限切れ欠損金の損金算入

　残余財産がないと見込まれる場合に適用が可能です。なお、清算の最終段階では、例えば同族会社のオーナーである役員等から多額の債務免除を受け入れる機会も想定され、その際の債務免除益は当然に益金として認識されるため、期限切れ欠損金の損金算入制度との関係で、受け入れるタイミング、方法等を検討する余地があります。

5　残余財産確定の日に終了する事業年度の税務　*377*

【事例8−8】　清算事業年度中の債務免除

問　当社は、近年の業績不振により解散し、清算事務を進めてまいりました。清算も最終段階に入り、代表者からの借入金について処理すると残余財産が確定します。現段階での貸借対照表は下記のとおりですが、残りの現金残高は借入金の残高に満たないため、その全額を返済するのは不可能です。全額を債務免除益として計上し、残った現金を資本金の一部として分配する場合と、先に代表者借入金の一部を現金で返済し、残りの借入金を債務免除益として計上する場合とでは、残余財産の分配額や法人税の納税額においてどのような違いがあるかを教えてください。なお、株主は代表者1名です。

前提条件：資本金500（株主は代表者のみ）、青色欠損金30、期限切れ欠損金600、期首に有していた現金200、期首に有していた代表者借入金300、計上を予定する債務免除益以外の収入はないものとし、地方税の均等割は考慮しないものとします。

前提条件に基づく期首実態貸借対照表

現金	200	代表者借入金	300
		資本金	500
		利益剰余金	△600

答　債務免除益を計上する額により、納税額が変わるため注意が必要です。

（1） 全額を債務免除益として計上する場合（債務免除益 300）

残余財産確定時の貸借対照表

現金	200	未払法人税	100
		純資産（残余財産）	100

清算事業年度の課税所得計算

債務免除益	300
青色欠損金	△ 30
課税所得	270

※この場合、課税所得 270（免除益 300 －青色欠損金 30）に対する法人税 100 を未払計上しても残余財産が生じるため、期限切れ欠損金の損金算入はできず、納税の問題が生じます。また、最終的に株主である代表者には、残余財産分配額として現金 100 を支払うことになります。

（2） 先に借入金の一部を現金 200 で返済し、借入金の残額について債務免除を受ける場合（債務免除益 100）

残余財産確定時の貸借対照表

現金	0	資本金	500
		利益剰余金	△ 500
		（残余財産は 0 となる）	

清算事業年度の課税所得計算

債務免除益	100
青色欠損金	△ 30
期限切れ欠損金	△ 70
課税所得	0

※この場合、一旦課税所得が 70（免除益 100 －青色欠損金 30）となりますが、純資産がゼロとなり、最終的に残余財産が生じないため、期限切れ欠損金 600 のうち 70 の損金算入が可能となります。その結果、納税額が発生せず、また代表者に対しては、借入金の返済として現金 200 を支払うことができます。

（3）　清算結了届の提出と第 2 次納税義務

　残余財産が確定し、その分配が終了すると会社の清算は結了し、所轄税務署、都道府県及び市町村に対して、遅滞なく清算結了を届け出る必要がありますが、所定の様式はなく、異動届出書の様式に記載し、清算結了の事実が記載された会社の登記事項証明書を添付のうえ提出します（税務署に対しては登記事項証明書の添付は不要）。

　なお、会社が納付すべき国税等を納付しないで株主に対し残余財産の分配又は引渡しをした場合、清算人及び残余財産の分配を受けた株主に第 2 次納税義務が生じます（国徴法 34、地法 11 の 3）。清算人は株主に分配した財産の価額を限度として、また、株主は分配を受けた財産の価額を限度として納税義務を負うことになります。

【図表 8 － 7　解散・清算に係る各制度の適用可否】

	解散事業年度	清算事業年度	残余財産確定事業年度
措置法上の特別償却	原則適用×	原則適用×	原則適用×
貸倒引当金	繰入○	繰入○	繰入×
措置法上の準備金	適用×	適用×	適用×
圧縮記帳	適用○	適用×	適用×
収用等の特別控除	適用○	適用×	適用×
所得税額控除	適用○	適用○	適用○
外国税額控除	適用○	適用○	適用○
措置法上の税額控除	適用×	適用×	適用×
欠損金の繰越控除	適用○	適用○	適用○
欠損金の繰戻し還付	適用○	適用○	適用○
事業税の損金算入	適用×	適用×	適用○

380 第8章 会社の清算

6 解散後の事業継続（個人成り）

　近年、会社（法人）として活動していた事業者が、会社を解散し個人事業として事業継続するケースも見られるようになってきました。社会保険料負担の増加や登記費用、赤字でも法人住民税均等割の負担が生じる等、会社を維持するコストが重荷となり、会社としての事業継続が困難になる場合もあるようです。会社を清算した後に、代表者等の個人事業として事業を継続する場合には、以下のような点につき考慮が必要であると思われます。

① 事業用固定資産、棚卸資産の会社から個人への売却

　会社清算事務の中で個人への売却価額を決定し、清算事務の一つとして代金決済を進めていく。当然、売却する会社側で損益を認識するとともに、会社が課税事業者である場合には消費税負担が発生する。

② 従業員を引き継ぐ場合の対応

　退職金支給や社会保険等の諸制度につき、継続するか否かの検討を要する。

③ 個人事業の税務申告に係る届出の作成・提出

　開業届や青色申告承認申請等、個人事業を開業する場合の届出書を提出する。

④ 会社で取得していた許認可・資格免許等の取扱

　会社で取得していた許認可や資格免許等が会社固有のものである場合、それらを引継ぐ方法や個人事業としての新規取得等を考慮しなければならない。許認可や資格が営業の前提となる業務の場合には、引き継いだ後の個人での事業継続に支障をきたすことも想定され、事前に確認が必要となる。

⑤ 消費税の免税事業者制度の適用可否

　個人事業において、消費税の事業者免税点制度を適用することが可能であれば、消費税負担が軽減され納税コストを削減できるため、それにつき検討の余地がある。また、個人事業において、清算会社からの多額の事業用資産の譲渡を受ける場合には、あえて消費税の課税事業者になることを選択し、当該申告における消費税還付手続の適用について検討することも必要である。

参考文献

〔単行本〕

伊東博之・木村直人『Q&A 特殊な役員の給与・退職金をめぐる税務－非常勤
　　役員・みなし役員・出向役員等－』新日本法規出版（2013 年）

衛藤政憲『役員給与の損金不算入制度 重要点解説－具体的な適用関係と実
　　務のポイント－』大蔵財務協会（2007 年）

衛藤政憲『グループ法人税制下における Ｑ＆Ａ 同族会社と役員をめぐる
　　税務』大蔵財務協会（2010 年）

大澤幸宏『法人税基本通達逐条解説（七訂版）』税務研究会出版局（2014 年）

太田達也『「役員給与の実務」完全解説－法律・会計・税務のすべて（改訂二
　　版）』税務研究会出版局（2011 年）

太田達也『第 3 版「純資産の部」完全解説』税務研究会出版局（2013 年）

太田達也『「解散･清算の実務」完全解説（第 3 版）』税務研究会出版局（2017）

太田達也『新会社法の完全解説（改訂増補版）』税務研究会出版局（2006 年）

太田達也『合同会社の法務・税務と活用事例』税務研究会出版局（2014 年）

太田達也『決算・税務申告対策の手引』税務研究会出版局（2015 年）

大坪和敏、鈴木潤子監修『図解 会社法〈平成 23 年版〉』大蔵財務協会（2011
　　年）

金子雅実『「徹底解説 役員給与」法的根拠・判例・最新通達に基づく税務・
　　会計・法律の取扱い』清文社（2011 年）

川尻慶夫、今西浩之『第 8 次改訂 会計税務マニュアルシリーズ 第 2 巻
　　増資・減資』ぎょうせい（2015 年）

川村文彦、武田茂著『法人実務問題シリーズ 同族会社（第 6 版）』中央経済
　　社（2009 年）

熊王征秀『すぐに役立つ消費税の実務Ｑ＆Ａ』税務研究会出版局（2013 年）

公認会計士桜友共同事務所『第5版 同族会社をめぐる税務相談Q&A』清文
社（2010年）

小松芳明『法人税法概説（五訂版）』有斐閣（1993）

笹岡宏保『平成19年11月改訂 Q&A税理士のための資産税の税務判断実
務マニュアル』清文社（2007年）

笹岡宏保『平成25年2月改訂 具体事例による財産評価の実務Ⅱ』清文社
（2013年）

品川芳宣監修『新制度完全対応 実務家のための役員給与の税務』ぎょうせい
（2007年）

品川芳宣『第三版 重要租税判決の実務研究』大蔵財務協会（2014年）

下﨑寛『実務家のための土地の時価評価と活用100問100答』ぎょうせい
（2009年）

税理士法人山田&パートナーズ『Q&A親族・同族・株主間資産譲渡の法務
と税務 改訂版』ぎょうせい（2014年）

高橋敏則『消費税／有利選択の実務』税務研究会出版局（2014年）

武田昌輔監修『DHCコンメンタール相続税法』第一法規

武田隆二『最新財務諸表論』中央経済社（1995年）

谷口裕之『平成25年版 財産評価基本通達逐条解説』大蔵財務協会（2013
年）

垂井英夫、那須香織『自己株式の課税関係』財経詳報社（2009年）

TKC税務研究所監修『「消費増税」への実務対応』TKC出版（2013年）

出口秀樹編著『最新 よくわかる会社整理・清算・再建の実務手続き』日本
実業出版社（2011）

戸島利夫共著『税法・会社法からみた役員給与 全訂版』税務研究会出版局
（2008年）

鳥飼重和、大野木孝之監修『実践企業組織改革③増資・減資・自己株式・新
株予約権 法務・税務・会計のすべて 改訂版』税務経理協会（2011年）

成松洋一『否認項目の受け入れを中心とした法人税申告書別表四、五㈠のケー

参考文献　*383*

　　ス・スタディ』税務研究会出版局（2015 年）

平川忠雄編『改訂版 事例式 資産をめぐる複数税目の実務』新日本法規出版
　　（2014 年）

平野敦士『改訂新版　個人事業者・自由職業者のためのＱ＆Ａ法人化の税務
　　と設立手続マニュアル』清文社（2007 年）

平山昇『法人実務問題シリーズ役員給与（第 3 版)』中央経済社（2010 年）

前田庸『会社法入門（第 12 版)』有斐閣（2009）

松岡啓二編『平成 27 年版 税務相談事例集』大蔵財務協会（2015 年）

松本好正『「無償返還」「相当の地代」「使用貸借」等に係る借地権課税のすべ
　　て』税務研究会出版局（2013 年）

松山秀樹編『消費税実務問答集　平成 25 年版』清文社（2013 年）

溝端浩人、妙中茂樹、野田正史、山本敬三、松本栄喜『「図解・業務別」会社
　　の税金事務必携　平成 24 年度版』清文社（2012 年）

宮島司『新会社法エッセンス（第 4 版)』弘文堂（2014）

三輪厚二『平成 21 年 12 月改訂　税理士・FP のための不動産活用の税務』清
　　文社（2009 年）

森谷義光・北村猛ほか共編『平成 26 年版 所得税基本通達逐条解説』大蔵財
　　務協会（2014 年）

森田政夫『改訂新版　会社役員間取引の税務』清文社（2005 年）

諸星健司『三訂版　事例詳解　資本等取引をめぐる法人税実務』税務研究会
　　出版局（2014 年）

渡邉正則『二訂版 不動産・非上場株式の税務上の時価の考え方と実務への応
　　用～裁決・判決からみた税務上の時価～』大蔵財務協会（2014 年）

山内喜久夫『役員をめぐる法人税務』財団法人大蔵財務協会（1995 年）

山下孝一『図解法人税　平成 25 年版』大蔵財務協会（2013 年）

〔雑誌〕

植木康彦「改正された清算中の法人税申告の実務」税務通信
No.3140,3143,3145,3147,3150,3154,3158,3160,3165,3171,3174,3177,3181,3186

石川克彦「相続税における同族会社の行為計算の否認に関する一考察」税大
論叢 39 号

奥田周年「非上場株式の物納、金庫株制度」税務弘報 2007 年 3 月号

木島裕子「個人から法人への無利息貸付け」JTRI「税研」(2002 年 11 月 20
日)

小島俊朗「一括譲渡された土地・建物の各譲渡価格の区分について」税大
ジャーナル第 11 号 2009 年 6 月

税務通信編集者「税務の動向」税務通信　No.3357、3358、3362、3363

針塚遵「東京地裁商事部における現物出資等検査役選任事件の現状」旬刊
商事法務 1590 号

横尾美紀「相談事例から読み解く関係者間取引における「適正額」の判断
関係者間の資産の売買」税理 2008 年 9 月号

〔その他〕

青山修一郎「債務の株式化に伴う課税問題に関する一考察：債務消滅益課税
の妥当性をめぐる検証」納税協会連合会

経済産業省　経済産業局　産業再生課　事業再生に係る DES 研究会報告書

国税庁 HP　タックスアンサー他

財務省 HP「平成 22 年度税制改正の解説」他

千葉県税理士会 3 支部合同チーム「自己株式の法務・会計・税務」第 8 回千
葉県税理士会シンポジウム（2012 年）

朝長英樹「利益剰余金の資本組入れを行った場合の申告調整及びその法令の
根拠」日本税制研究所

日本税理士会連合会業務対策部「現物出資等における財産の価額の証明等に
関する実務（改訂版）」

【著者紹介】（税理士登録順）

伊藤　正彦（いとう　まさひこ）

慶応義塾大学商学部卒業

平成13年税理士登録（千葉県税理士会成田支部所属）

現在　伊藤・細矢税理士法人代表社員、千葉税務研究所副所長（相談室長）、
千葉県中小企業診断士協会理事

＜主な著書＞「連結財務諸表原則詳解」中央経済社（1998年；共著）、「研
究開発費・ソフトウェアの会計と税務」税務研究会出版局（1999年；共
著）、「新リース税制と実務問答」財経詳報社（2008年；共著）、「ディス
クロージャーの業務がわかる！」税務経理協会（2013年；共著）、「よく
わかる投資型クラウドファンディング」中央経済社（2014年；共著）　他

房田　圭吾（ふさだ　けいご）

大東文化大学経済学部経営学科卒業

平成14年税理士登録（千葉県税理士会成田支部所属）

現在　税理士法人山田良輝事務所社員税理士、千葉県税理士政治連盟成田
支部支部長

山本　秀和（やまもと　ひでかず）

亜細亜大学法学部法律学科卒業

亜細亜大学大学院法学研究科修士課程修了

千葉商科大学大学院商学研究科修士課程修了

平成 14 年税理士登録（千葉県税理士会成田支部所属）

平成 30 年社会保険労務士登録

現在　税理士法人山田良輝事務所社員税理士、千葉県税理士会成田支部副
　　支部長、社会保険労務士

根本　直明（ねもと　なおあき）

法政大学工学部経営工学科卒業

平成 15 年税理士登録（千葉県税理士会成田支部所属）

明治大学大学院法学研究科　租税訴訟補佐人講座 修了

現在　根本直明税理士事務所所長、千葉県税理士会理事

藤井　裕士（ふじい　ひろし）

三重大学生物資源学部（旧水産学部）卒業

平成 17 年税理士登録（千葉県税理士会成田支部所属）

現在　税理士法人成田綜合事務所社員税理士、千葉県税理士会調査研究部
　　参事

池田　光徹（いけだ　こうてつ）

東海大学法学部法律学科卒業

平成 17 年 2 月税理士登録（千葉県税理士会成田支部所属）

現在　池田勝治税理士事務所副所長

守友　英徳（もりとも　ひでのり）

　明治大学政治経済学部経済学科卒業

　平成 21 年税理士登録（千葉県税理士会成田支部所属）

　現在　守友英徳税理士事務所所長、千葉県税理士会総務部参事、千葉税務
　　　研究所研究員

佐々木　宏之（ささき　ひろゆき）

　慶應義塾大学法学部法律学科卒業

　早稲田大学大学院法学研究科修士課程修了

　平成 22 年税理士登録（千葉県税理士会成田支部所属）

　現在　伊藤・細矢税理士法人執行役員

本書の内容に関するご質問は、ファクシミリ等、文書で編集部宛にお願いいたします。(fax 03-6777-3483)
なお、個別のご相談は受け付けておりません。

本書刊行後に追加・修正事項がある場合は、随時、当社のホームページにてお知らせいたします。

事例で理解する
オーナーと同族会社間の税務

平成28年6月30日	初版発行	（著者承認検印省略）
令和元年12月25日	第2版第1刷発行	
令和2年6月26日	第2版第2刷発行	

©編著者　伊　藤　正　彦

発行所　税 務 研 究 会 出 版 局

週刊「税 務 通 信」発行所
　　　「経 営 財 務」

代 表 者　山　根　　毅

郵便番号 100-0005
東京都千代田区丸の内1-8-2 鉄鋼ビルディング
振替 00160-3-76223
電話〔書 籍 編 集〕03 (6777) 3463
　　〔書 店 専 用〕03 (6777) 3466
　　〔書 籍 注 文〕03 (6777) 3450
　　（お客さまサービスセンター）

●　各事業所　電話番号一覧　●

北海道 011 (221) 8348	中　部 052 (261) 0381	九　州 092 (721) 0644
東　北 022 (222) 3858	関　西 06 (6943) 2251	神奈川 045 (263) 2822
関　信 048 (647) 5544	中　国 082 (243) 3720	

〈税研ホームページ〉 https://www.zeiken.co.jp

乱丁・落丁の場合は，お取替えします。　印刷・製本　藤原印刷株式会社

ISBN978-4-7931-2520-1